金城出版社
GOLD WALL PRESS

图书在版编目（C I P）数据

心理学统治世界 . 2 /（法）勒庞著；高永译 . —北京：金城出版社，2012.1（2020.8 重印）

ISBN 978-7-5155-0284-7

Ⅰ. ①心… Ⅱ. ①勒… ②高… Ⅲ. ①政治心理学–通俗读物 Ⅳ. ① D0-49

中国版本图书馆 CIP 数据核字（2011）第 223683 号

心理学统治世界.2

作　　者　[法] 古斯塔夫 · 勒庞
译　　者　高　永
责任编辑　张礼文
文案编辑　尹　晶
开　　本　710 毫米 × 1000 毫米　1/16
印　　张　24
字　　数　300 千字
版　　次　2012 年 2 月第 1 版
印　　次　2020年 8 月第 2 次印刷
印　　刷　唐山富达印务有限公司
书　　号　ISBN 978-7-5155-0284-7
定　　价　49.80 元

出版发行　**金城出版社**　北京市朝阳区利泽东二路3号
邮编：100012
发 行 部　（010）84254364
编 辑 部　（010）64228516
总 编 室　（010）64228516
网　　址　http://www.jccb.com.cn
电子邮箱　jinchengchuban@163.com
法律顾问　北京市安理律师事务所（电话）18911105819

目 录

CONTENTS

第一部分 乌合之众

第一卷

群体心理

第二卷

群体的意见和信念

第三卷

不同群体的分类及其特点

第二部分：革命心理学

第一卷

革命的一般特征

目 录
CONTENTS

第二卷

革命中的主流心理形态

第三卷

法国大革命的起源

第四卷

制宪会议

第五卷

古代传统与革命原则之间的冲突

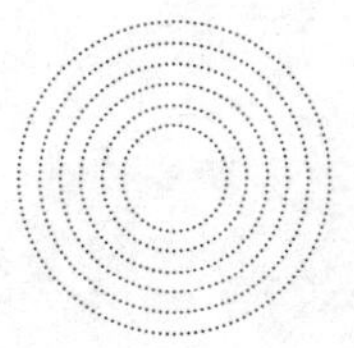

第一部分　乌合之众

第一卷

群体心理

第一章
群体的一般特征

一般而言，“群体”一词是指聚集在一起的个人，不管他们的民族、职业或者性别，也无论他们因何走到了一起。不过，从心理学的角度看，却有着完全不同的重要含义。在一些既定的条件下，并且只有在这些条件下，一群人会表现出很多新的特点，与群体中的个人的特点完全不同。因为聚集成群的人，他们的感情和思想全都集体转向了同一个方向，自觉的个性消失了，形成了一种集体性的心理。虽然它是暂时的，然而确实表现出了某些非常明确的特点。他们进入了另一种状态，因为没有更好的定义，我姑且把它称为一个组织化的群体，或是更为可取的说法——一个心理群体。这样，他们形成了一种独特的存在，受到群体精神统一的支配。

很显然，人们偶然性地站在了一起，仅仅这样的表现，不能使他们获得一个组织化的群体特点。就像有 1000 个偶然聚集在公共场所的人，他们没有任何明确的目标，从心理学的意义上说，根本不算是一个群体。要想具备群体特征，必须有某些前提条件起作用，也必须对他们的性质加以确定，这是基本前提。

组织化群体中的人所表现出的首要特征，是他们自觉的个性的消失，以及感情和思想转向了一个不同的方向，但这不一定总是需要他们作为个体同时出现在某一个地点。有时候，在某种狂暴的感情——比如国家大事的影响下，成千上万孤立的个人也会因此获得一个心理群体的重要特征。

当这种情况发生时，一个偶然事件就足以使他们闻风而动，迅速聚集在一起，从而立刻获得了群体行为特有的属性。从这个角度讲，一方面，五六个人就能构成一个心理群体，而数千人偶然聚在一起时，却也不会发生这种现象，由此可见，组织化群体完全取决于他们的目的；另一方面，虽然不可能看到整个民族聚在一起，但在某些巨大影响的作用力下，它当然也会变成一个群体。

一个心理群体一旦形成，它就会获得一些暂时的，但又十分明确的普遍的特征。除了这些以外，它还会有另一些附加的特征表现，这种附加的特征表现，因为组成群体的人而各有不同，并且它的精神结构也会发生改变。因此，对于心理群体，我们不难进行分类。当我们对这个问题深入研究时就会看到，一个异质性的群体（即由不同成分但为了同一目的组成的群体）会表现出一些与同质性群体（如由相同的宗派、等级或者阶层组成的群体）非常相同的特征，除了这些共同的特征以外，它们还具有一些自身的特点，从而使两者有所区别。

不过在我们深入地研究不同类型的群体之前，很有必要先考察一下它们的共同特点。我们将像自然科学家一样开展这项工作，自然科学家总是先来描述一个族系所有成员的共同特点，然后再去探查那些使该族系所包含的种类有所区别的具体的特点——我们也会如此。

对于群体心理，我们不易做出精确的描述，因为这样的组织不仅有种族和构成方式上的不同，而且还因为支配这个群体的刺激因素的性质和强度的区别而有所不同。同样，个体心理学的研究也会遇到相同的困难。因为一个人让自己的性格始终保持不变是不可能做到的，这种事只会发生在艺术创作中。只有单一性的环境，才能造成明显的性格的单一性。对此，我曾经在其他的著作中给予指出，一切精神结构都包含了各种性格的可能性，环境的突变就会使这种可能性表现出来。这就解释了法国的国民公会中那些最野蛮的成员，为何原来都是一些谦和君子。在正常的环境和条件下，他们自然会是一些平和的公证人或者性格善良的官员。在风暴过后，他们又会恢复这样平常的性格，安静守法，典型的好公民。因此，拿破仑才在他们中间为自己找到了全世界最为恭顺的臣民，正是基于对这一个特质的把握。

在这里，我们不可能对群体表现出来的强弱不同的组织程度做全面的研究，因此只能专注于那些较为明显的、已达到完全组织化阶段的群体，然后我们就会看到群体可以变成什么样子，而不是它们一成不变的形态。只有在这种发达的组织化阶段，一个种族一成不变的主要特征才会被赋予某些新的特点。这时，你会发现，集体的全部感情和思想中所显示出来的变化，就会表现出一个明确的方向。只有在这种情况下，前面所讲到的群体精神统一性的心理学规律，才会开始发生作用。

在群体性的心理特征中，有一些与孤立的个人可能无有不同，而有一些则完全是群体所特有的，只能在群体中才能看到。现在我们所研究的首先就是这些群体性的特征，以便揭示其重要性。

一个心理群体所表现出来的最惊人的特点是：无论是谁，只要构成了这个群体，他们的生活方式、职业、性格或者智力，不管同与不同，变成了一个群体这个事实，都会使他们获得一种集体心理。这将使他们的感情、思想和行为变得与其单独一人时大为不同。如果不是形成了一个群体，有些情感或瞬间的思维在个人的身上根本就不会产生，至少不可能变成行动。但当他们结成一个心理群体时，就像因为结合成一种新的存在而构成了一个生命体的细胞一样，就会表现出一些集体特点，与单个的细胞所具有的特点非常不一样。

与人们在机智的哲学家赫伯特·斯宾塞笔下发现的观点相反，在形成一个群体的人群中，构成因素的总和或者它们的平均值并不存在，其实际表现出来的，是由于出现了新特点而形成的一种组合，就像某些化学物质——比如碱和酸——发生反应后形成的一种新物质一样，它具有的特性不同于使它得以形成的那些物质。也就是说，组成一个群体的个人不同于孤立的个人。证明这一点并不难，然而找出这种不同的原因却不那么容易。

我们要想了解一些原因，首先必须记住在现代心理学中所确认的那些真理：无意识现象不但在有机体的活动中，而且在智力的活动中，都发挥着完全压倒性的作用。这种精神生活中的无意识因素力量巨大，有意识因素只能起着很小的作用。就算最细心的分析家和最敏锐的观察家，充其量也只能找出很少的支配他的行为的无意识动机。我们有意识的行为，主要受到了遗传影响，而造成了无意识的深层心理结构。在这个深层心理结构中包含着世代相传的无数共同特征，构成了一个种族先天的禀性。在可以为我们的行为给予说明的原因背后，毫无疑问地隐藏着没有说明的原因，但在这些原因背后，还有另外的许多我们一无所知的神秘原因（经常是不被发现的）。人们的大多数日常行为，其实都是无法观察的一些隐蔽动机导致的结果。

在无意识构成种族的先天禀性这个方面，该种族的个人之间总是十分相似，彼此之间有所不同的，主要是他们性格中那些有意识的方面——这是教育的结果，但更多的是因为他们独特的遗传条件形成的差别，以此区分彼此。在智力上人们的差异最大，不过却有着非常相似的本能与情感。而在属于情感领域的每一件事情上，比如宗教、政治、道德、爱憎等，即使最杰出的人也很少能比芸芸众生高明多少。从智力上相比较，一个伟大的数学家和鞋匠之间一定会有天壤之别，但是在性格上，一定差别甚微，甚至根本没有差别。

很普遍的性格特征，受到我们无意识因素的支配，一个种族中的大多数普通人，他们都在同等程度上具备这些特征。因此我认为，正是这些特征变成了群体中的共同属性，然后在集体心理中，个人的才智与个性被削弱了。结果就是，异质性被同质性所吞没，无意识的品质在群体中占了上风。

对群体而言，它一般只具有很普通的品质，这一事实解释了它为何不能完成那些需要高智力的工作（这表明群体的非理性）。涉及普遍利益的决定，是由议会中的杰出人士共同做出的，但是各行各业的专家并不会比一群笨蛋所采纳的决定更加高明。实际上，他们通常只能用每个普通人与生俱来的平庸的才智来处理面前的工作。群体累加在一起的只是愚蠢而不是天生的智慧。这是事实，如果“整个世界”指的是一个群体，那就根本不像人们平常所言，整个世界比伏尔泰更加聪明，倒不如说，伏尔泰比整个世界更聪明。

也就是说，群体中的个人如果只是把他们共同分享的寻常的品质集中在一起，那么这只会带来明显的平庸，绝不会和我们实际说过的那样，创造出一些新的特点。

这些新的特点是如何形成的呢？这个正是我们现在要研究的问题。有一些不同的原因，对这些群体所独有的、孤立的个人并不具备的特点起着决定性的作用。

首先，即使仅从数量的角度去考虑，形成群体的个人也会感觉到一种势不可当的力量（保护性的），这使他敢于发泄出本能的欲望，但在他独自一人时，却必须对此加以限制。他很难约束自己不产生下面的念头：

群体是一个无名氏，因此也不必承担什么责任。如此一来，总是约束着个人的责任感就在群体中彻底地消失了。

其次，传染的现象也对群体的特点起到了决定性的作用，同时还决定着它所能接受的倾向。传染很容易确定其是否存在，是普遍现象，却不易解释清楚。我们必须把它看作一种催眠方法，下面，就对此做一些简单的研究。在群体中，每一种感情和行动都有传染性，其达到的程度足以使个人随时准备为集体的利益牺牲他自己的个人利益。这是一种与他的天性极为对立的精神倾向，如果不是作为群体的一员，他很少会具备这样的念头和能力。

最后，群体特点同孤立的个人所表现出的特点正好对立相反。在这里，我指的是那些易于接受暗示的表现，它也正是上面所说的相互传染所造成的直接结果。

要想理解这种群体暗示的现象，就必须注意最近一些心理学发现。现在我们已经知道，通过不同的过程，个体可以被带入一种完全失去人格意识的状态，他对使自己失去人格意识的暗示者绝对服从，会做出一些同他平时的性格和习惯极为矛盾的举动。我们通过最为细致的观察已经证实，那些融入群体行动很长时间的个人，不久就会发现自己进入了一种特殊状态——或是因为在群体发挥催眠影响的作用下，或是由于一些我们无从知道的原因，它类似于被催眠的人受到了催眠师的操纵而进入了一种迷幻的状态。他的大脑活动被麻痹了，变成了自己的脊椎神经受催眠师随意支配的一切无意识活动的奴隶。他有意识的人格消失得无影无踪，辨别力和意志力也不复存在，所有的感情和思想都受到了催眠师的左右。

大体而言，群体中的个人也会如此，他不再意识到自己的行为，就像受到催眠的人一样，他的一些能力被破坏，同时另一些能力却极大强化。在某种暗示的影响下，他会因为难以抗拒的冲动而采取某些行动。这种群体中的冲动，比被催眠者的冲动更加难以抗拒——因为暗示对群体中的所有的个人都有着同样的作用，且相互影响，使其力量倍增。其中，具备了强大的个性、足以抵制这种暗示的个人则是非常稀少的，所以根本无法逆流而动。他们充其量只能利用暗示的力量，去违背原则地做些事情，比如，有时只需一句悦耳的言辞或者一个被即时唤醒的形象，就可以阻止群体最为血腥的暴行了，这是群体中的明智者唯一可做的。

现在我们知道，组成群体的个人所表现出来的共同特点如下：有意识人格的消失、无意识人格的壮大，思想与感情因为暗示和相互传染作用而转向一个共同的方向，以及立刻把暗示的观念转化为行动的倾向。这时，他已不再是他自己，而是变成了一个不再受自己的意志支配的玩偶。

进一步说，就他变成一个有机群体的成员这个事实，就能使他发生文明的倒退。孤立时的他可能是一个有教养的人，但在群体中却会变成一个野蛮人：一个行为受到本能支配的动物，他会表现得身不由己，狂热残暴，原始似的热情和英雄主义。且与原始人更为相似的是，他甘心地让自己被各种形象和言辞所打动。相反，他以个体孤立存在时，这些形象和言辞对他根本不会产生任何影响。他能够以最熟悉的习惯做出符合自己利益的举动进行警惕和分析。而在群体中的个人，则如同众多沙砾中的一颗，他可以被风吹到无论什么地方。

基于这些原因，人们就会看到陪审团做出了陪审员作为个人不会赞成的判决，议会则实施着每个议员个人都不可能同意的法律和措施。在法国大革命时期，国民公会的那些委员，个个都是举止温和的开明型公民，但当他们结成一个群体时，却毫不犹豫地听命于最野蛮的提议，把清白无辜的人送上了断头台，并且对自己人也大开杀戒，放弃了他们那些不可侵犯的权力，违背了自己的根本利益。

群体中的个人不但在行动上和他本人有着本质区别，甚至在完全失去独立性之前，其思想和感情就已经发生了巨大的变化。这种变化是如此深刻，可以让一个守财奴从此挥霍无度，将怀疑论者改造成忠实信徒，把老实人变成罪恶的犯人，让懦夫成为豪杰。比如在 1789 年 8 月 4 日那一个值得纪念的晚上，法国的贵族们一时间激情勃发，毅然地投票放弃了自己的特权，可他们如果是单独地考虑这件事，没有一个人会表示同意的，死也不会同意。

由此得出的结论是，群体在智力上总会低于孤立的个人，但从感情以及激起的行动这个角度来看，群体可以比个人表现得更好或者更差，这全看所处的环境如何，而且一切取决于他们所接受的暗示具有什么性质。从犯罪学角度研究群体的专家，是完全理解不到这一点的。群体当然是经常犯罪的群体，但它也常常是英雄主义的群体。正是这样的群体，而不是孤立的个人，才会不顾一切地慷慨赴难，为了一种教义或者观念的凯旋，提供了数量和力量的保证。他们会怀着赢得荣誉的热情赴汤蹈火，会导致一种“伟大”行为的诞生。就像十字军时代那样，在几乎全无粮草和装备的情况下，去向异教徒讨还上帝的墓地；或者像 1793 年那样保卫自己的祖国。在这种英雄主义的行为中，有着无可置疑的无意识的成分，也正是这种英雄主义创造了人类的历史。因为如果人们只会以一种残酷无情的办法去做大事，历史上也就不会留下多少他们的记录了。

第二章
群体的感情和道德观

在概括了群体的主要特点之后，我们还要对这些特点的细节进行详细研究。首先应当指出的是，群体的某些特点，比如冲动、急躁，缺乏理性，没有判断力、批判精神和夸大感情等，几乎总是可以在处于低级进化形态的生命中看到，像妇女、儿童和野蛮人（非歧视，只是指不文明的人）。但这一点我只是附带一说，本书并不论证。而且，这对熟悉原始人心理的人没有用处，也很难让对此事一无所知的人相信。

现在我们将逐个讨论在大多数群体中可以看到的那些不同的特点。

（1）群体的冲动、易变与急躁

我们在研究其基本特点时曾经说过，群体几乎完全受无意识动机的支配。它的行为主要不受大脑的支配，而受脊椎神经的影响。在这个方面，群体和原始人非常相似。就表现来说，他们的群体行动当然可以十分完美，然而却并不受大脑的支配，个体是按照他所受到的刺激因素决定自己行动的。所有的刺激因素都会对群体起到控制作用，并且其反应会不停地变化。可以说，群体是刺激因素的奴仆。孤立的个人和群体中的个人一样也会受刺激因素的影响，但他的大脑会给他提醒，受冲动的摆布是不可取的，因此他能约束自己，避免受到这种摆布。此道理可以用心理学的语言表述为："孤立的个人拥有主宰自己的反应行为的能力，群体则相当缺乏。"

根据产生兴奋、刺激的原因的不同，群体所服从的各种冲动可以是豪爽的、残忍的、勇猛的或者懦弱的，这种冲动总是极为强烈和强大，因此个人利益甚至保存生命的利益也难以支配它们。刺激因素多种多样，群体总会屈从这些刺激，因此它也非常多变。这就解释了为什么我们会发现，群体可以在转眼之间就从最血腥的狂热变成最极端的宽宏大量，以及表现得英雄主义。群体很容易成为刽子手，又很容易慷慨就义，为了每一种信仰的胜利，它们不惜血流成河。如果想了解群体在这方面能做出什么事情，我们不必回顾所谓的英雄主义时代，在起义中它们就从不吝惜自己的生命。就在不久前，突然出现一位名声大噪的将军，他可以轻而易举地拉过来上万人，然后一声令下，这些人就会为他的事业牺牲自己的生命。

所以，群体绝不会做任何预先的策划。它们可以先后被最矛盾的情感所激发，但是又总会受到当前刺激因素的影响。它们就像被风暴卷起的树叶，向着每一个方向飞舞，再落到地上。后面在我们研究革命群体时，就会举出一些群体感情多变的例子。

这种易变性使群体难以统治，当公共权力落到它们手里时更是如此。在日常生活中，当各种必要的事情不再对生活构成看不见的约束时，民主就几乎不可能持续下去了。另外，群体虽然有着各种狂热的愿望，却不可能持久，因为它根本无能力做出任何的长远打算或者思考。

群体冲动而多变，不仅如此，它像野蛮人一样，还不承认。在愿望和愿望的实现之间会出现任何的障碍，但群体没有能力理解这种中间障碍，因为数量上的强大会让它感觉自己势不可当。对其中的个人来说，没有不可能，只有不敢想。每个人都很清楚，在他孤身一人时，不能焚烧宫殿或抢劫商店，即使有这样的诱惑，他也很容易抵制。但在他成为群体的一员时，却马上意识到了人数给予他的力量，这足以让他生出杀人和抢劫的念头，并且会马上屈从。他会狂暴地摧毁障碍，他们的机体产生大量狂热的激情，因此，愿望受阻的群体所形成的正常状态，就是这种激愤的状态。

种族的基本特点是我们产生一切情感的不变的来源，它也总会对群体的急躁、冲动和多变产生影响，就像它会影响到一切大众的感情一样。所有的群体总是急躁而冲动，这毋庸置疑，不过程度却大不相同。比如拉丁人的群体和英国人的群体就有很显著的差别。在最近的法国历史中发生的事件为此提供了生动的说明。二十五年前，据说某位大使仅仅因为一份侮辱性的电报被公布，就足以触犯众怒，结果是立刻引起了一场可怕的战争。几年后，在谅山关于一次很轻微的失败的电文，再次激起了人们的怒火，导致政府立刻垮掉。不过就在同时，英国远征喀土穆时遭受了一次严重的失败，在英国国内的反响却很轻微，甚至没有一名被解职的大臣。任何地方的群体都有一些女人气，拉丁族裔的群体则最多，凡是赢得了它们的信任的人，命运会立刻为之大变。但是这样做，无一例外是在悬崖边上散步，指不定哪一天便坠入深渊了。

（2）群体的易受暗示和轻信

在定义群体时我们说过，群体的一个普遍的特征是极易受到暗示的影响，我们还指出，在一切人类的集体中暗示的传染性会达到什么样的程度，解释了群体感情向某个方向的迅速转变（不受理性控制的）。不管你认为这一点多么无足轻重，群体总是处在一种期待被注意的状态中，所以很容易受人暗示。暗示产生后，通过相互传染，会很快进入群体中所有人的头脑（暗示变成控制），群体感情的共同倾向就立刻成为既成事实了。

正像所有处于暗示影响下的个人所示，进入大脑的念头很容易会变成行动。不管是纵火焚烧宫殿还是自我牺牲，都会在所不辞。这一切都取决于外在的刺激因素，而不像孤立的个人那样，对受到暗示的行动与合理的理由非常重视，后者可能与采取这种行动极为对立而且非常理性。

就此，群体永远在无意识的领地漫游，随时听命于任何的暗示，像对理性的影响无所反应的生物一样，失去了批判能力，除了极端轻信以外再没有别的。在群体中间，不可能的事是不会存在的，如果想对那种编造和传播子虚乌有的神话和故事的能力有一定的理解，就必须牢记这一点。

那些能够轻易地在群体中流传的神话之所以能够产生，不仅是因为群体极端轻信，也是事件在人群的想象中经过了奇妙的曲解之后产生的结果。在群体众目睽睽之下发生的最简单的事情，不久即面目全非了。群体的思维是形象的，形象本身又会立刻引起与它没有逻辑关系的一系列的其他形象。只要我们想一下，有时我们会因为头脑中想到的任何事实而产生一系列的幻觉，就很容易理解这种状态了。理性告诉我们，它们之间没有任何关系，但群体对此事实却视若无睹，将歪曲性的想象力引起的幻觉和真实事件混为一谈了。群体很少对主观和客观进行区分。头脑中产生的景象，也会被它当作一种现实，尽管事实上，它们之间的关系微乎其微。

群体对于自己看到的事件进行歪曲的形式，既多又杂，各不相同，因为组成群体的个人有着彼此不同的倾向。不过，事情并非如此。因为作为相互传染的一种结果，其歪曲程度是一样的，在群体中的所有个人都会表现出相同的状态。

群体中的某一个人对真相的第一次歪曲，是这种传染性的暗示过程之起点。比如耶路撒冷墙上的圣乔治，它出现在所有的十字军官兵面前之前，在场的人中肯定有一个人第一个感觉到了它的存在。然后在暗示和相互传染的作用下，由一个人编造的谎言立刻就会被所有的人接受，成为一种奇迹。

这种集体幻觉的机制，历来如此，历史上经常出现。这种幻觉似乎具备一切公认的真实性的特点，因为它就是被成千上万个人所观察到的现象，尽管都产生了幻觉。

如果要反驳以上所说，我们没有必要考虑组成群体的个人的智力和品质。这无足轻重，从他们成为群体的一员开始，有知识的人就像白痴一样，他们都失去了自己的观察能力。

这个论点似乎有不通之处，因此如果要消除人们的疑虑，必须要研究大量的历史事实，就算写下很多书，也难以达到这个目的。

但是我不希望读者认为这是些无法得到证实的主张。因此我会为它举出几个实例，它们都能从可以引用的无数的事例中被随便挑出来，并具备可信度。

下面是一个最为典型的例子，它来自使群体成为牺牲品的集体幻觉。

其中的人既有最无知的，也有最有学问的。有一名海军上尉朱利安·费利克斯在他的《海流》一书中提到了这件事，《科学杂志》也曾在过去加以引用。

护航舰“贝勒·波拉”号在海上游来游去，想寻找到在一场风暴中失去联系的巡洋舰“波索”号。那时是白天，阳光灿烂，值勤兵突然发现一艘船只遇难的信号。船员们顺着信号指示的方向看去，都清楚地看到了一只载满了人的木筏被发出遇难信号的船拖着。但是，这却是一种集体的幻觉。德斯弗斯上将放下了一条船去营救，在接近目标时，船上的官兵看到“有一大群活着的人，他们伸着手，能够听到许多混乱的声音在哀号”。可到达目标时，人们却发现自己不过是找到了几根长满树叶的树枝，是从附近的海岸漂过来的。在铁证如山的事实面前，幻觉才算消失。

我们可以从中清楚地看到我们已经解释过的集体幻觉的作用机制。一方面，我们看到了一个在期待中观望的群体；另一方面，则是值勤者发现海上有遇难船只的信号这样的一个暗示。相互传染开始了，这一暗示被全体官兵接受。

在眼前发生的事遭到歪曲，无关的幻觉取代真相——群体中出现这种情况，不一定需要很多人数。只要几个人就能形成一个群体，就算博学无比，也同样会表现出群体的所有特点，他们每个人所具有的观察力和批判精神就会马上消失。

作为敏锐的心理学家，达维为我们提供了一个非常奇妙的例子，最近的《心理学年鉴》提到了这件事。他把一群杰出的观察家召集在一起，包括英国最著名的科学家之一华莱士。在让他们仔细看了物体并根据自己的想法标记以后，当着他们的面，达维演示了精神现象（灵魂现形）的过程，并让他们记录下来。结果这帮人全都同意，他们观察到的现象只能用超自然的手段来获得。但他却向他们表示，这不过是一种简单的骗术。

“达维的研究最令人吃惊的特点，不是骗术本身的神奇，而是外行的目击者所提供的报告的极端虚假。”文献的作者说，“甚至众多的目击者也会列举出一些完全错误的条件关系，但其结论是，假如他们的描述被认为是正确的，那么该现象便不能用骗术来解释。达维发明的办法非常简单，人们对他竟然敢采用这些方法不免感到吃惊。但是他具有支配群体大脑的能力，能让这些人相信，他们看到了自己并没有看到的事情。”我们在此遇到的依然是催眠师影响被催眠者的能力。由此说明，对于头脑比较严谨、事先就要求其抱着怀疑态度的人，这种能力都可以发挥作用，它当然更能轻易地让普通群体上当受骗了。

类似的例子有许多。就在我们讨论此问题时，报纸上还有两个小女孩在塞纳河溺水身亡的报道，有五六个目击者确信地说，他们认出了这两个孩子。所有的证词都是这样，不容预审法官再有任何的怀疑，于是签署了死亡证明。但就在为她们举行葬礼时，一个偶然的事件让人们发现，本来以为死了的人却仍然活着，并且她们和溺水而死的人没有什么相似的地方。就如同前面的例子，第一个目击者本人就是幻觉的牺牲品，他的证词对其他的目击者产生了影响。

像这样的事情，暗示的起点一般都是某一个人多少有些模糊的记忆所产生的幻觉，在此幻觉得到肯定之后，就会引起相互传染了。如果第一个观察者非常没有主见，他相信自己已经辨认出了尸体，有时当然会有一些相似的特征，比如一块伤疤什么的，或者其他让别人产生同感的装束细节。这种同感就会变成一个肯定过程的核心，征服理解力，扼杀一切的判断力。观察者这时看到的不再是客体本身了，而是头脑产生的幻象。在报纸所记录的事例中，孩子的尸体竟然也被自己的母亲认错了，由此可以向我们解释，我们从这种现象中，一定能够找到我刚才已经指出其作用的两种暗示。

有一个小孩认出了这个孩子，但是他搞错了。然后又开始了没有根据的辨认之旅。接下来，一件特别的事情发生了。在同学辨认了尸体的第二天，有一个女人大喊："天啊，这是我的孩子！"

她走近尸体并观察他的衣服，又看了看他额头上的伤疤。"这肯定是我的儿子，"她说，"他在去年七月失踪，一定是被人拐走杀害了。"

她是福尔街的看门人，姓夏凡德雷。她的表弟也被叫到现场，说："那是小费利贝。"这条街上的好几个人，也认出了这个孩子是费利贝·夏凡德雷，其中也有孩子的同学，他的根据是尸体佩戴的一枚徽章。

然而，这些人全搞错了。六周后，那个孩子的身份得到了确认。他是波尔多人，在那里被人杀死，又被人运到了巴黎。应该指出，产生这种误认的经常是妇女和儿童，也就是最缺乏主见的人。这件事同时向我们表明，这样的目击者在法庭上会有什么价值。尤其对儿童来说，绝不能相信他们的证词。地方长官习惯说童言无忌，但如果他们有一点点的心理学知识，他们就会知道，事实恰恰相反，儿童一直就在撒谎。当然这是一种很无辜的谎言——可它仍然是谎言。就像经常发生的情况那样，凭借孩子的证词来决定被告的命运，倒不如采用扔钱币的方式来得合理。

还是回到群体的观察力，我们的结论是，它们的集体观察很可能出错，大多数时候，它们所表达的不过是传染过程中影响同伴的个人幻觉。各种事实都证明，我们应当明智地认为群体的证词很不可靠，甚至能到达无以复加的程度。比如二十五年前的色当一战，数千人参与了骑兵进攻，但是面对那些最为矛盾的目击者的证词，我们根本不可能确定指挥这场战役的到底是谁。英国将军沃尔斯利爵士在他最近的一本书中证明，关于滑铁卢战役中一些最重要的事件，至今为止总有人在犯最严重的事实错误：这是由数百人证明过的所谓的事实。

这些事实向我们证明了群体的证词价值几乎为零。讨论逻辑学的文章有无数证人的一致同意，因此属于可以用来支持事实准确性的最为强有力的证明了。但是我们的群体心理学知识却告诉我们，在这个问题上，其文章需要重写。要知道，受到最严重怀疑的事件，应该是那些观察者人数最多的事件。如果说一件事同时被数千名目击者所证实了，这通常也就是说，真相与他们公认的记述相差太远了，完全不可信。

由此得出的明确结论是，我们只能把史学著做当作纯粹想象的产物。它们是对观察有误的事实所做的毫无根据的记述，并且混杂着一些对于思考结果的自我解释。写这样的东西，完全是在虚度光阴。如果历史没有给我们留下它的文学、艺术和不朽之作，我们对过去的真相就一无所知了。那些在历史上发挥过重大作用的伟大人物的生平，像赫拉克利特[①]、释迦牟尼或穆罕默德，我们拥有过一句真实的记录吗？极可能没有一句。可实事求是地说，他们的真实生平对我们没什么紧要。我们想要知道的是伟人在大众神话中呈现出了什么形象。你要知道，打动群体心灵的往往是神话中的英雄，而不是当时的真实的英雄。

很不幸，神话虽被清楚记录，却毫无稳定性可言。随着时光的流逝，特别是由于种族的缘故，群体的想象力在不断地改变着它们。《旧约全书》中嗜血成性的耶和华与圣德肋撒[②]爱的上帝有着天壤之别；在中国受到崇拜的佛祖，与印度人所尊奉的佛祖也没有多少的共同点。

---

① 赫拉克利特（Heracleitus，约公元前540—约前480），古希腊哲学家，最早提出世界受“逻各斯”（理性）支配，其对立统一学对后世影响甚巨。——译注

② 圣德肋撒（Saint Therese，1873—1897），法国著名的天主教修女，死于肺结核。——译注

英雄的神话就因为群体的想象力而改变了，让英雄离我们而去，也不需要几百年的时间，有时就发生在几年之内。我们在现在的时代就能看到，历史上最了不起的伟人之一的神话，不到五十年的时间就改变了很多次。比如在波旁家族的统治下，拿破仑成了田园派和自由主义的慈善家，一个卑贱者的朋友。在诗人的眼里，他注定会长期留存在乡村人民的记忆之中。可三十年后，这个安详、仁爱的英雄又变成了一个嗜血成性的暴君，他在篡夺权力并毁灭了自由之后，仅仅为了满足野心，就使接近三百万人丢掉了性命。现在，我们看到这个神话又发生了变化。在数千年之后，未来的博学家面对这些矛盾百出的记载，也许会对是否真有过这位英雄表示怀疑了，就像现在已经有人怀疑释迦牟尼一样。从他的身上，人们只会看到一个光彩照人的神话或者一部赫拉克利特式传奇的演变。对于这种缺乏确定性的情况，人们很容易心安理得，因为和今天的我们比起来，他们更加明白群体的特点与心理，同时也知道，除神话之外，历史无多少保存其他记忆的能力。

(3) 群体情绪的夸张和单纯

群体感情无论好坏，突出的特点就是极为简单夸张。和许多其他方面一样，群体中的个人类似于野蛮的原始人，不能做出细致区分，而是将事情视为整体，看不到中间的过渡状态。群体情绪的夸张也受到了另一种事实的强化：无论什么感情，一旦表现出来，通过暗示和传染过程迅速地传播，其所明确赞扬的目标就会力量剧增。

结果就是，它全然不知怀疑，就像女人一样，瞬间便会陷入极端。而怀疑一经出口，立刻就会成为不容反驳的证据了。像厌恶或者反对，发生在孤立的个人身上不会有什么力量，但若是群体，却能立刻勃然大怒。

群体感情的狂暴，特别是在异质性的群体中间，又会因为责任感的彻底消失而强化。意识到肯定不会受到惩罚，人数越多，对这一点就越肯定，而且因为人多势众产生的力量感，就会使群体表现出一些孤立的个人不可能有的情绪以及行动。在群体中间，傻瓜、白痴和心怀妒忌的人，他们摆脱了卑微、无能的感觉，会感到一种残忍、短暂但又极为巨大的力量。

更可怕的是，这种群体的夸张倾向，经常作用于一些恶劣的感情。说起来，这是原始人的本能隔代遗传的残留物，孤立而负责的个人因为担心受到惩罚，会对其有所约束，但群体却不会，因此很容易干出最为恶劣的、极端的勾当。

不过，这并不意味着群体无能力经由巧妙的影响，表现出英雄主义、献身精神或者最崇高的美德。有时，他们甚至比个人更能表现出这些品质。当我们研究群体道德时，很快还有机会回到这个话题。

因为夸大自己的感情，因此群体只会被极端的感情所打动。那些希望感动群体的演说家必须出言不逊，且信誓旦旦。夸大其词、言之凿凿、不断重复和绝不以说理的方式去证明任何的事情，这些是公众集会上的演说家惯用的伎俩。

进一步来说，对于他们自己英雄的感情，群体也会做出类似的夸张。英雄所表现出来的品质与美德，肯定总被群体夸大。早就有人很敏锐地指出，观众会要求舞台上的英雄具有在现实生活中不可能存在的勇气、道德和美好的品质。

这种在剧场中观察事物的特殊立场，早就有人认识到了其重要性。它毫无疑问是存在的，但是它的原则与常识逻辑基本上不相关，打动观众的艺术当然品味低下，不过也需要特殊才能。像通过阅读剧本来解释一出戏多么成功，往往不可能。剧院经理在接受一部戏时，自己通常并不知道它能否成功，因为若想作出判断，就必须把自己变成观众。

所以我们又一次可以做更广泛的解释。我们会说明种族因素的压倒性影响，比如一部在某国掀起了热情的歌剧，在另一个国家却很失败，或者只是取得了部分的以及平常的成功，这是因为它没产生能够作用于另一些公众的影响力。

我没有必要再进行补充说明群体的夸张倾向只作用于感情，而对智力不起作用。我已经表明，个人一旦成为群体中的一员，其智力会迅速下降。有一位学问官员塔尔德先生，他在研究群体犯罪时也证实：群体仅仅能把感情提升到极高或者极低的境界。

（4）群体的偏执、专横和保守

群体只懂简单而又极端的感情。外界提供的各种意见、想法和信念，它们或全盘接受或一概拒绝，将其视为绝对真理或者绝对的谬论。用暗示的办法加以诱导而不是做出合理解释的信念才有效果，历来如此。和宗教信仰有关的偏执，以及对人们的头脑实行的专制统治，早已为大家所熟知了。

一方面，群体对什么是真理和谬误的认知是毋庸置疑的；另一方面，又清楚地意识到自己的强大，于是便给自己的理想和偏执赋予了专横的性质。个人可以接受矛盾进行讨论，但群体绝对不会这样做。就像在公众集会上，演说者哪怕做出最轻微的反驳，都会立刻招来怒吼和粗野的叫骂。在一片嘘声以及驱逐声中，演说者很快将大败而归。而且，如果现场缺少当权者的代表这种约束性的因素，反驳者可能会被打死。

专横和偏执是一切类型群体的共性，但是它们的强度各有不同。在此方面，支配人们感情和思想的最基本的种族观念将一再表现。尤其拉丁民族，专横和偏执更能发展到难以理喻的程度。事实上，这两种态度在拉丁民族的群体中的发展，已彻底破坏了盎格鲁－撒克逊人的那种强烈的个人独立意识。拉丁民族的群体只关心其所属宗派的集体独立性，对独立，他们有独特的见解，认为必须让那些与自己意见相左的人立刻强烈推翻他们自己的信念。在拉丁民族中，从宗教法庭时代以来，每个时期的雅各宾党人，他们对于自由一直做不到另一种理解。

群体有着明确认识的感情就是专横和偏执，它们很容易产生这种感情，只要有人在它们中间进行煽动，就随时都会将其付诸实施。群体对于强权俯首帖耳，但很少为仁慈心肠所打动，它们认为那不过是软弱可欺的另一种形式。群体的同情心从不听命于作风温和的领袖，只向严厉欺压它们的暴君低下脑袋，而且总是为这种人塑起一座最为壮观的雕像。它们似乎很喜欢践踏被它们剥夺了权力的专制者，但那是因为在失势之后他也变成了一介平民。他受到蔑视是因为他不再让人害怕。群体喜欢的英雄，永远像恺撒。他的权杖吸引着它们，他的权力威慑着它们，他的利剑让它们心怀敬畏。

它们会随时起来反抗，然而对强权却始终低声下气。不是很稳定，而群体又总是被极端情绪所左右，它们便会表现得反复无常，时而无法无天，时而卑躬屈膝。

然而，如果以为群体中的革命本能处在主导地位，那就对它们的心理完全误解了。在这件事上使我们上当的，不过是它们的暴力倾向。它们的反叛和破坏行为的爆发总是十分短暂的，群体受到无意识因素的支配，很容易屈从世俗的等级制，难免会十分保守。如果对它们撒手不管，它们很快就会对混乱感到厌倦和恐惧，本能地变成奴才。当波拿巴将一切自由都压制住，让每个人都对他的铁腕有切肤之感时，向他发出欢呼的正是那些最桀骜不驯的雅各宾党人。

如果忽略了群体深刻的保守本能，就难以理解历史，特别是民众的革命。不错，它们可能希望改朝换代，为了取得这种变革，它们有时甚至发动暴力革命，然而这些旧制度的本质仍然反映着种族对等级制的需要，因此它们不可能得不到种族的服从。群体的多变，只会影响到表面的事情。事实上，它们有着坚不可摧的保守本能。它们对一切传统怀有绝对的迷恋与崇敬；它们对一切有可能改变自身生活基本状态的新事物，有着根深蒂固的无意识恐惧。在发明纺织机或出现蒸汽机和铁路的时代，如果民主派掌握着他们今天拥有的权力，这些发明也不可能实现，至少要付出革命和不断杀戮的代价。对于文明的进步而言，值得庆幸的是，只是在伟大的科学发明和工业出现之后，群体才开始掌握了权力。

（5）群体的道德

假如“道德”指的是持久尊重一定的社会习俗，不断抑制私心的冲动，那么显然，由于群体太好冲动和多变，因此它不可能是道德的。相反，如果我们把某些一时表现出来的品质，如舍己为人、自我牺牲、不计名利、献身精神和对平等的渴望等，也算作“道德”的内容，那么我们可以说，群体经常会表现出很高的道德境界。

研究过群体的少数心理学家，只着眼于它们的犯罪行为，在看到经常发生这种行为后，他们得出的结论是，群体的道德水平十分低劣。

这种情况当然经常存在。但为何是这样呢？这仅仅是因为我们从原始时代继承了野蛮和破坏性的本能，它蛰伏在我们每个人的身上。孤立的个人在生活中满足这种本能是很危险的，但是当他加入一个不负责任的群体时，因为知道不会受到惩罚，他便会彻底放纵这种本能。在生活中，我们不能向自己的同胞发泄这种破坏性本能，因而便把它发泄在动物身上。群体捕猎的热情与凶残，有着同样的根源。群体将没有反抗能力的牺牲者慢慢杀死，表现出一种十分懦弱的残忍。不过在哲学家看来，这种残忍，与几十个猎人聚集成群用猎犬追捕和杀死一只不幸的鹿时表现出的残忍，有着相当密切的关系。

群体可以杀人放火，无恶不作，但是也能表现出极崇高的献身、牺牲和不计名利的精神，即孤立的个人无法做到的极崇高的行为。以名誉、光荣和爱国主义作为号召，最有可能迅速传染给个人，而且经常可以达到使他热血沸腾、慷慨赴死的地步。像十字军远征和1793年的志愿者那种事例，历史上随处可见。只有集体才能够表现出伟大的不计名利和献身的精神。群体为了自己只有一知半解的信仰、观念和只言片语，便视死如归，这样的事例何止千万！不断举行示威的人群，更有可能是为了服从一道命令，而不是为了增加一点养家糊口的薪水。孤立的个人唯一的行为动机就是私人利益，然而它却很少成为群体的强大动力。在群体的智力难以理解的多次战争中，支配群体的肯定不是私人利益——在这种战争中，它们甘愿自己被人屠杀，就像是被猎人施了催眠术的小鸟。

即使在一群罪大恶极的坏蛋中间，经常会出现这样的情况也是屡见不鲜，他们仅仅因为是群体中的一员，便会暂时表现出严格的道德纪律。泰纳告诉人们一个事实，“九月惨案”的罪犯把他们从牺牲者身上找到的钱包和钻石放在会议桌上，其实这些东西他们本可以据为己有的。1848 年革命期间，在占领杜伊勒里宫时呼啸而过的群众，并没有觊觎那些让他们兴奋不已的物品，而其中的任何一件都可以使他们享受基本的生活。

群体对个人的这种道德净化作用，肯定是要发生变化的，然而它却是一种经常可以看到的常态。甚至不像我刚才说过的在那样严重的环境下，也可以看到这种情况。我前面说过，剧院里的观众要求作品中的英雄有着夸张的美德，一般也可以看到，一次集会，即使其成员的品质极为低劣，通常也会表现得一本正经。放荡不羁的人、拉皮条的人和粗人，在有些危险的场合或交谈中，也经常会模仿一下绅士所表现出的风度，虽然与他们习惯的谈话相比，这种场合不会造成更多的伤害。

群体虽然经常放纵自己低劣的本能，但它也经常树立起崇高道德行为的典范。如果不计名利、顺从和绝对献身于真正的或虚幻的理想，都可算作美德，那就可以说，群体经常具备这种美德，而且它所达到的水平，即使最聪明的哲学家也难以望其项背。它在实践这些美德时，当然不会有清醒的意识，然而这无碍大局，我们不该对群体求全责备，说它经常受无意识因素的支配，不善于动脑筋。在某些情况下，如果它开动脑筋考虑起自己的眼前利益，那么人类文明则不会出现，人类也不会有自己的历史了。

第三章
群体的观念、推理与想象力

（1）群体的观念

我们在前一本著作研究群体观念对各国发展的影响时，就已经指出，每一种文明都是寥寥无几的几个基本观念的产物，这些观念很少受到革新。我们说明了这些观念在群体心中是多么根深蒂固，影响这一过程是多么困难，以及这些观念一旦得到落实所具有的力量。最后我们又谈到，这些基本观念的变化所引发的结果就是历史大动荡。

我们对这个问题已经讨论得很详尽了，因此我现在不想旧话重提。这里我只想简单谈谈群体能够接受的观念这一个问题，以及它们领会这些观念的方式。

这些观念大体分为两类：一类是那些因一时的环境影响而捉摸不定的观念，譬如那些只会让个人或某种理论着迷的观念；另一类是基本观念，它们因为环境、遗传规律和公众意见而具有极大的稳定性。过去的宗教观念以及今天的社会主义和民主观念，都在这类观念的范畴之内。现在，被我们的父辈视为人生支柱的那些伟大的基本观念，正面临坍塌。它们的稳定性已不存在了，同时，建立于其上的制度也因此受到了严重的动摇。我刚才说过的那种过眼云烟一般的观念每天都在大量形成，但是看来它们很少具有生命力，而且发挥的影响也绝不会很持久。

给群体提供的无论是什么观念，只有当它们具有绝对的、毫不妥协的和简单明了的形式时，才能产生其有效的影响。因此它们都会披上形象化的外衣，也只有以这种形式，群众才可能接受它们。在这些形象化的观念之间，没有任何逻辑上的相似性或连续性，它们可以相互取代，就像操作者从幻灯机中取出一张又一张叠在一起的幻灯片一样。这解释了最矛盾的观念在群体中同时流行的原因。随着时机不同，群体会处在它的理解力所及的不同观念之一的影响之下，因此能够做出大相径庭的事情。由于群体完全缺乏批判精神，因此也察觉不到这些矛盾。

这种现象并不是群体所特有的。许多孤立的个人，不只是野蛮人，还包括在智力的某个方面接近于原始人的所有人——比如宗教信仰中的狂热宗派成员——这种现象同样可以发生在他们身上。我曾看到，在我们欧洲大学里受过教育并拿到了文凭的有教养的印度人，就令人费解地表现出这种现象。一部分西方观念被附着于他们一成不变的、基本的传统观念或社会观念之上。根据场合的不同，他们会表现出这一套或那一套的观念，并伴之以相应的言谈举止，多种观念都集中到一个人身上，会显得极为矛盾。不过，这些矛盾与其说真正存在，不如说只是一种表面现象。因为如果相对孤立的个人产生足够的影响，那非世代相传的观念莫属。只有当一个人因为不同种族的通婚而处在不同的传统倾向中间时，他的行为才会真正不时表现得背道而驰。这些现象虽然在心理学上十分重要，不过在这里纠缠它们并无益处。我的意见是，要想充分理解它们，至少要花上十年时间到各地去观察一下。

群体若要接受一种观念，那么这种观念必须要采取简单明了的形式，因此它必须经过一番彻底的改造，才能变得通俗易懂。当我们面对的是一些高深莫测的哲学或科学观念时，我们需要注意到，为了适应群体低劣的智力水平，对它们需要进行多么深刻的改造。这些改造是由群体或群体所属的种族的性质决定的，不过其一般趋势都是观念的低俗化和简单化。这解释了一个事实，那就是，从社会的角度看，现实中很少存在观念的等级制，换言之，很少存在有高下之分的观念。一种观念，不管它刚一出现时多么伟大或正确，它那些高深或伟大的成分，仅仅因为它进入了群体的智力范围并对它们产生影响，便会被剥夺殆尽。

不过从社会的角度看，一种观念的等级价值，重要的并不是它的固有价值，而是它所产生的效果。中世纪的基督教观念、20世纪的民主观念，或今天的社会主义观念，都算不上十分高明。从哲学的角度看，它们只能算是一些令人扼腕的错误，但是它们却有着十分强大的威力，在未来很长一段时间里，它们将是决定各国行动的最基本因素。

甚至当一种观念经过了彻底的改造，但是群体若要真正地接受它，它也只有在进入无意识领域，变成一种情感时才会产生作用，其中涉及的各种过程，我们将在下文予以论述。

不要以为一种观念仅仅因为它正确，便至少能在有教养者的头脑中产生作用。只要看一下最确凿的证据对大多数人的影响多么无足轻重，立刻就可以搞清楚这个事实。十分明显的证据，也许会被有教养的人所接受，但是信徒很快就会被他的无意识的自我重新带回他原来的观点。人们看到的是，过不了几天他便又故态复萌了，用同样的语言重新提出他过去的证明。实际上他仍处在以往观念的影响之下，它们已经变成了一种情感；只有这种观念支配着我们的言行举止最隐秘的动机。群体中的情况也不会例外。

当观念通过不同的方式，终于深入群体的头脑之中并且产生了一系列效果时，和它对抗是毫无用处的。引发法国大革命的那些哲学观念，花了将近一个世纪才得以深入人心。一旦它们根深蒂固地植根于人们的内心，其不可抗拒的威力不言而喻。整个民族为了社会平等、为了实现抽象的权利和理想主义自由而做的不懈追求，使所有的王室都行将崩溃，使西方世界陷入深刻的动荡之中。在二十年的时间里，各国都内讧不已，欧洲出现的大屠杀甚至连成吉思汗看了也都心惊胆战。世界还从未见过因为一种观念的传播而引起如此大规模的悲剧性的后果。

让观念在群众的头脑里扎根需要一段漫长的时期，而要彻底地根除它同样也会持续很长时间。因此就观念而言，群体总是落后于博学之士和哲学家好几代人。今天所有的政客都十分清楚，我刚才提到的那些基本观念中混杂着错误，然而由于这些观念的影响力依然十分强大，他们也不得不根据自己已经不再相信的真理中的原则进行统治。

（2）群体的理性

不能绝对地说，群体没有理性或不受理性的影响。

但是它所接受的论证，以及能够对它产生影响的论证，从逻辑上都是相当拙劣的，因此把它们称为推理，只能算是一种比喻。

如同高级的推理一样，群体低劣的推理能力也需要观念来辅助，不过，在群体所采用的各种观念之间，只存在着表面的相似性或连续性。

群体的推理方式与爱斯基摩人的方式很相似，他们知道，冰这种透明物质放在嘴里可以融化，于是认为同样属于透明物质的玻璃，放在嘴里也会融化；他们又像一些野蛮人，以为吃下骁勇敌手的心脏，便得到了他的胆量；或是像一些受雇主剥削的苦力，便愚蠢地认为天下的所有雇主都在剥削他们的人。

群体推理的特点，是把彼此不同，只在表面上相似的事物搅在一起，并且立刻把具体的事物普遍化。谙于如何操纵群体的人，给他们提供的也正是这种论证。它们是能够影响群体的唯一论证，对群体来说完全是有理可据的，因此可以说，他们并不推理或只会错误地推理，也不受推理过程的影响。读读某些演说词，是显而易见的，甚至令人吃惊，但是它们对听众却产生了巨大的影响。人们忘记了一点，它们并不是让哲学家阅读的，而是用来煽动、蛊惑、说服集体的。熟悉群体的演说家，能够在群体中激发出对他们有诱惑力的形象。只要他成功地做到了这一点，目的便实现了。二十本滔滔不绝的长篇论证，还不如几句有号召力的话。

进一步指出群体没有推理能力，这是毫无必要的。因此它也无法表现出任何批判精神，换而言之，它不能辨别真伪或对任何事物做出正确的判断。群体所接受的判断，仅仅是强加给它们的判断，但绝非是经过讨论后得到采纳的判断。在这方面，也有无数的个人比群体水平都高明许多。有些意见轻而易举就得到了普遍赞同，因为大多数人感到，他们不可能根据自己的推理形成自己的独特看法。

（3）群体的想象力

正像缺乏推理能力的人一样，群体形象化的想象力是很强大而活跃的，并且非常敏感。一个人、一件事或一次事故在它们头脑中产生的形象，全都栩栩如生。从一定意义上来说，群体就像个睡眠中的人，他的理性已被暂时束缚起来，因此他的头脑中能产生出极鲜明的形象，但是只要他能够开始思考，这种形象也会随即迅速消失。既然群体没有思考和推理能力，因此它们认为世上没有做不到的事情。一般而言，它们也会认为，最不可能的事情便是最惊人的事情。一个事件中不同寻常的、传奇式的一面会给群体留下特别深刻的印象，原因便在于此。实际上，分析一下一种文明便会得出结论，使它得以存在的真正基础，恰恰是那些神奇的、传奇般的内容。在历史上，表象总是比真相起着更重要的作用，不现实的因素总是比现实的因素更重要。

只会形象思维的群体，最终的结果，也只能被形象所打动。只有形象能吸引或吓住群体，成为它们的行为动机。

因此，最能栩栩如生地反映出人物形象的戏剧表演，总是对群体产生巨大的影响。在罗马民众的眼里，面包和宏大壮观的表演构成了他们心目中幸福的理想，于是他们非常满足。在此后的所有时代里，这种理想几乎没有改变。戏剧表演对各种群体的想象力起的作用是最大的。同样的感情被所有观众同时体验着，这些感情没有立刻变成行动，不过即使是最无意识的观众也会认识到，他不过是个幻觉的牺牲品，他的笑声与泪水，都是为了那个想象出来的离奇故事。然而有时因为形象的暗示而产生的感情却十分强烈，因此就像暗示通常所起的作用一样，它们很快地就会变成行动。这类故事我们时有所闻：大众剧场的经理仅仅因为上演了一出让人情绪低沉的戏，便不得不在扮演叛徒的演员离开剧院时为他提供保护，以免受到那些对叛徒的罪恶义愤填膺的观众的粗暴攻击，尽管那些罪行完全是虚幻的。我认为，我们在这里看到的是群体的心理状态，尤其是对其施以影响的技巧之最显著的表现。虚幻的因素对它们的影响几乎与现实无异，它们有着对两者不加区分的明显倾向。

侵略者的权力和国家的威力，便是建立在群体的想象力上的。在领导群体时，尤其要在这种想象力上进行研究。所有重大的历史事件，佛教、基督教和伊斯兰教的兴起，宗教改革，法国大革命，以及我们这个时代社会主义的崛起，都是因为对群体的想象力产生强烈影响所造成的直接或间接的后果。

除此之外，任何时代和国家的伟大政客，包括最专横的暴君，也都把群众的想象力视为他们权力的基础，他们从来没有设想过通过对它使用暴力而进行统治。拿破仑对国会说："我通过改革天主教，停止旺代战争，通过变成个穆斯林教徒，在埃及立足，通过成为一名信奉教皇至上的人，赢得了意大利神父的支持，如果我去统治一个犹太人的国家，我也会重修所罗门的神庙。"自从亚历山大和恺撒以来，大概从来没有一个伟大的人物更好地了解怎样影响群众的想象力。他始终全神贯注的事情，就是强烈地作用于这种想象力。在胜利时、在屠杀时、在演说时，在自己的所有行动中，他都把这一点铭记于心。直到他躺在床上就要咽气时，依然对此念念不忘。

怎样影响群众的想象力呢？我们很快就会知道。这里我们只需说明，若要掌握这种本领，万万不可求助于智力或推理，也就是说，绝对不可以采取论证的方式。安东尼[①]让民众反对谋杀恺撒的人，采用的办法并不是机智地说理，而是让民众意识到他的意志，是用手指着恺撒的尸体。

无论刺激群众想象力的是什么，采取的形式都是令人吃惊的鲜明形象，并且没有任何赘余的解释，或仅仅伴之以几个不同寻常或神奇的事实。有关的事例是一种大奇迹、一场伟大的胜利、大罪恶或大前景。事例必须摆在作为一个整体的群众面前，其来源必须是秘密的。上千个小罪或小事件，丝毫也不会触动群众的想象力，而一个大罪或大事件却会给他们留下深刻的印象，即使其后果造成的危害与一百个小罪相比不知小多少。就是几年前，流行性感冒仅在巴黎一地便造成了五千人的死亡，但是它对民众的想象力几乎没有任何影响。原因在于，这种真实的大规模死亡没有以某个生动的形象表现出来，而是通过每周发布的统计信息知道的。相反，如果一次事件造成的死亡只有五百人而不是五千人，但它是在一天之内发生于公众面前，则是一个极其令人震惊的事件，譬如说是因为埃菲尔铁塔轰然倒塌，就会对群众的想象力产生重大影响。人们因为得不到相关的消息，以为一艘穿越大西洋的汽轮可能已在大洋中沉没，此事对群众的想象力的影响整整持续了一周。但是官方的统计表明，仅仅 1894 年一年，就有八百五十条船和二百零三艘汽轮失事。以造成的生命和财产损失而论，它们比那次大西洋航线上的失事严重得多，而群众在任何时候都没有关心过这些接连不断的失事。并不是事实本身影响民众想象力的，而是它们发生和引起注意的方式。如果让我表明看法的话，我会说，必须对它们进行浓缩加工，它们才会形成一种令人矫舌不下的惊人形象。掌握了影响群众想象力的艺术，也就掌握了统治它们的艺术。

---

① 安东尼（Marcus Antonius，公元前 82—公元前 30），古罗马著名政治家，恺撒的密友。——译注

第四章
群体信仰所采取的宗教形式

我们已经证明，群体并不需要推理，它对观念全盘接受也好，或是完全拒绝也罢，对它产生影响的暗示，会彻底征服它的理解力，并且使它立刻行动起来。我们还证明，对群体给予恰当的影响，它就会对自已所信奉的理想敬若神明。我们也看到，它只会产生狂暴而极端的情绪，同情心很快就会变成崇拜，而一旦心生厌恶，立刻就会变为仇恨。这些一般性解释，已经为我们揭示了群体信念的性质。

在对这些信念作更为细致的考察时，我们还会发现，无论是在有着狂热宗教信仰的时代，还是发生了政治大动荡的时代，它们采取的总是一种特殊的形式，我除了把它归结为宗教感情之外，再没有比这更好的称呼了。

这种感情有着十分简单的特点，比如对想象中某个高高在上者的崇拜，对生命赖以存在的某种力量的畏惧，不切实际地服从它的命令，没有能力对其信条进行思考，传播这种信条的愿望，倾向于把不接受它们的任何人视为仇敌。这种感情所涉及的不管是一个看不见的上帝、一具木头或石头偶像，还是某个英雄或政治观念，只要它拥有上述特点，它便总是有着宗教的本质。可以看到，在同等程度上它还会表现出超自然和神秘的因素。群体下意识地把某种神秘的力量看作一时激起它们热情的政治信条或获胜的领袖。

一个人如果仅仅是单纯地崇拜某个神，他还算不上是有虔诚信仰的信徒，只有当他把自己的一切思想资源、一切自愿的服从行为、发自肺腑的幻想热情，全部奉献给一项事业或一个人，将其作为自己全部思想和行动的目标与标准时，才能够说他是个虔诚的人。

偏执与妄想随着宗教感情的出现而产生。凡是自信掌握了现世或来世幸福秘密的人，难免都会出现这样的情况。当某种信念激励起聚集在一起的人时，在他们中间也会出现这两个特点。恐怖统治时代的雅各宾党人，骨子里就像宗教法庭时代的天主教徒一样虔诚，他们残暴的激情也有着同样的来源。

盲目的服从、残忍的偏执以及要求狂热的宣传等，这些宗教感情所固有的特点存在于群体的信念中，因此，它们的一切信念都具有宗教的形式。受到某个群体拥戴的英雄，这个群体就会将他当作神一样来看待。拿破仑就当了十五年这样的神，一个受到狂热的崇拜、随便置人于死地的神。基督教的神和异教徒的神，对处在他们掌握中的头脑，也从来没有实行过如此绝对的统治。

一切宗教或政治信条的创立者之所以立足，皆因他们成功地支配了群众想入非非的感情，他们使群众在崇拜和服从中仿佛找到了自己的幸福，因此随时准备为自己的偶像赴汤蹈火。这在任何时代都无一例外。德·库朗热在论述罗马高卢人的杰作中正确指出，并不是武力维持着罗马帝国，而是它所激发出的一种虔诚的赞美之情。他正确地写道："一种在民众中受到憎恶的统治形式，竟还能维持了五个世纪之久，世界史上从未有过类似的现象……帝国的区区三十个军团，如何能让一亿人言听计从，这真是匪夷所思。"他们服从的原因在于，皇帝已经成为罗马伟业的人格化象征，他就像神一样受到了全体人民的一致虔诚膜拜。在他的疆域之内，即使最小的城镇也有膜拜皇帝的祭坛。"当时，从帝国的一端到另一端，一种新宗教的兴起随处可见，而皇帝本人就是它的神。在基督教以前的许多年里，一座城市所代表的整个高卢地区，都建起了和里昂城附近的庙宇相似的纪念奥古斯都皇帝的神殿……其祭司由统一的高卢城市选出，他是当地的首要人物……我们不可能将这一切归因于畏惧和奴性。整个民族不可能全是奴隶，尤其不可能是长达三个世纪的奴隶。并不仅仅是那些廷臣崇拜君主，而是整个罗马；不仅仅是罗马，还有高卢地区、西班牙、希腊和亚洲。”

大多数控制着人们头脑的大人物，而今已经不再设立圣坛，但是他们依然有雕像，或者他们的赞美者手里有他们的画像，他们为对象的崇拜行为和他们的前辈所得到的相比毫不逊色。只要对群众心理学的这个基本问题深入探究一下，就很容易破解历史的奥秘。不管群众需要什么，他们首先需要的就是一个上帝。

切莫以为，这些事情只是过去时代的神话，早已被理性彻底清除。在同理性永恒的冲突中，感情从未失过手。对于“神”“宗教”这种词群众固然是听不到了，过去，正是以它们的名义，群众长期被奴役和压迫着。但是在过去的一百年里，他们从未拥有过如此多的崇拜偶像，古代的神也无缘拥有这样多受到崇拜的塑像。近年研究过大众运动的人深知，在布朗热主义的旗号下，群众的宗教本能是多么容易复活。在任何一家乡村小酒馆里，都能找到这位英雄的画像。他被赋予匡扶正义、铲除邪恶的全权，成千上万的人会为他献出生命。如果他的性格与他传奇般的名望不相上下，他肯定能在历史上占据伟人的地位。

由此看出，断言群众需要宗教，实在是十分无用的老生常谈，因为一切政治、神学或社会信条，若想植根于群众当中，不得不采取宗教的形式——能够把危险的讨论排除在外的形式。即便有可能使群众接受无神论，这种信念也会表现出宗教情感中所有的偏执狂，它很快就会变成一种崇拜。实证主义者这个小宗派的演变，为我们提供了一个稀罕的例证。同阳斯安耶夫斯基这位深刻思想家的名字联系在一起的虚无主义者，发生在他们身上的事情，很快也会发生在实证主义者身上。他在某一天受到理性之光的启发，撕碎了小教堂祭坛上一切神仙和圣人的画像，将蜡烛吹灭，立刻用无神论哲学家——如比希纳和莫勒斯霍特的著作将那些被破坏的物品代替，然后他又虔诚地点燃了蜡烛。他的宗教信仰的对象改变了，然而真能说他的宗教感情也跟着改变了吗？

我再重申一遍，除非我们研究群体信念长期采取宗教形式，否则对于一些肯定十分重要的历史事件便不可能真正地理解。对某些社会现象的研究，更需要从心理学的角度出发，而不是着眼于自然主义的角度。史学家泰纳只从自然主义角度研究法国大革命，因此一些事件的起源他往往是看不到的。他对事实有充分的讨论，然而从研究群体心理学的要求看，他并不能够找出大革命的起因。事件中血腥、混乱和残忍的一面令他感到惶恐，但是他从那部伟大戏剧的英雄身上，很少能够看到还有一群癫狂的野蛮人肆无忌惮，对自己的本能丝毫不加约束。这场革命的暴烈，它的肆意屠杀，它对宣传的需要，它向一切事物发出的战争宣言，只有当认识到这场革命只是一种新的宗教信仰在群众中的建立时，才能得到恰当的解释。同类的现象还有宗教改革、圣巴托洛缪的大屠杀、法国的宗教战争、宗教法庭、恐怖时期，都是受宗教感情激励的群众所为，凡是怀有这种感情的人，必然会用火与剑去铲除那些反对建立新信仰的人。宗教法庭的办法，是一切有着真诚而不屈信念的人所采用的办法。假如他们采用了别的办法，他们的信念也就得不到这样的评语了。

正如刚才提到的这些大事件，只有当群众的灵魂想让它们发生时，它们才有可能发生。甚至最绝对的专制者也无法造成这种事件。当史学家告诉我们圣巴托洛缪惨案是一个国王所为时，他们的群体心理表现得和君王一样愚昧。这种命令只能由群体的灵魂来贯彻。握有绝对权力的最专制的君主，充其量只能加快或延缓其显灵的时间。基巴托洛级惨案或宗教战争，其实并不完全是国王所为，就像恐怖统治不完全是罗伯斯庇尔、丹东或圣鞠斯特所为一样。在这些事件的深处，总可以找到的绝不是统治者的权力，而是群体灵魂的运作。

第二卷

群体的意见和信念

第一章
群体的意见和信念中的间接因素

在研究过群体的精神结构之后，我们了解了它的思维和推理方式，现在让我们来看看它的意见和信念的形成。

决定着这些意见和信念的因素分为两类，即间接因素和直接因素。

间接因素是指这样一些因素，它们能够使群体深刻地接受某些信念，并且使其再也容不下其他的信念。这些因素为以下情况的出现准备了基础：突然会冒出来一些威力与结果都令人吃惊的新观念，虽然它们的自发性仅仅是一种表象。某些观念的爆发并被付诸行动，有时看上去显得十分突然。然而这只是一种表面结果，在它背后肯定能够找到一种延续良久的准备性力量。

直接因素是指这样一些因素，随着上述长期准备性工作的延续，使之能够成为实际说服群体的资源，不过，若是没有那种准备性工作，它们也不可能发生作用。这就是说，它们是使观念采取一定形式并且使它能够产生一定结果的因素。集体突然开始加以贯彻的方案，就是由这种直接因素引起的。一次骚乱的爆发，或决定一个罢工，甚至民众授予某人权力去推翻政府，都可归根于这种因素。

在所有的重大历史事件中，都可以发现这两种因素相继发生作用。这里仅以一个最令人震惊的事件为例，法国大革命的间接因素包括哲学家的著作、贵族的苛捐杂税以及科学思想的进步。有了这些准备，群众的头脑便很容易被演说家的演讲以及朝廷用不疼不痒的改良进行的抵抗所激怒。

有些间接因素具有普遍性，可以看出，群体的一切信念和意见都植根于间接因素。这些因素就是种族、传统、时代、各种典章制度和教育。

现在我们就来研究一下这些不同因素的影响。

（1）种族

我们不得不把种族的因素列在第一位，因为它本身的重要性远远超过其他因素。我在前一本著作中曾对它有过细致的研究，因此不需要再详细地讨论。在前一本著作中，我们说明了一个历史上的种族有什么特点，以及它一旦形成了自己的秉性，作为遗传规律的结果，它便具有了这样的力量，它的信仰、制度和艺术，总之，它在文明中的一切成分，仅仅是它的气质的外在表现。我们指出，种族的力量具有这样的特点，没有任何要素在从一个民族传播给另一个民族时，不会经历深刻的变化。

环境和各种事件代表着一时的社会暗示性因素，它们可能会带来相当大的影响，但这种影响如果与种族的暗示因素对立，换言之，如果它与一个民族世代继承下来的因素相反，那么它注定是不会持久的。

我们在本书下面的一些章节里，还会不时提及种族的影响，我们会说明，这种影响是非常强大的，它决定着群体气质的特征。这一事实造成的后果是，不同国家的群体表现出大不同的信念和行为，受到影响的方式也不尽相同。

(2) 传统

传统代表着过去的观念、欲望和感情。它们是种族综合作用的产物，而且对我们发挥着巨大影响。

自从胚胎学证明了过去的时间深刻地影响着生物进化以后，生物科学便发生了很大的变化；如果这种理论更加广为人知，历史科学想必也会出现相似的变化。然而目前它尚未得到足够广泛的普及，许多政客同20世纪的学者相比，仍然高明不了多少，他们相信社会能够和自己的过去决裂，完全遵照理性之光所指引的唯一道路前进。

民族是在历史中形成的一个有机体，因此就跟其他有机体一样，它只能通过缓慢的遗传积累过程发生变化。

支配着人们的是传统，当他们形成群体时，就更加如此。他们能够轻易地给传统造成的变化，就像我一再指出的那样，仅仅是一些名称和外在形式而已。

对这种状况不必感到遗憾。不管是民族气质还是文明，一旦脱离了传统，都不可能存在。因此自从有人类以来，它便一直有着两大关切：一是建立某种传统结构；二是当有益的成果已变得破败不堪时，人类社会便疯狂地毁灭这种传统。没有传统，文明不可能产生；没有对这些传统的破坏，社会也不会产生进步。困难在于如何在稳定与求变之间取得平衡。如果一个民族使自己的习俗变得过于牢固，它便不会再发生变化，于是就像中国一样，变得没有改进能力。在这种情况下，暴力革命也无济于事，由此造成的结果，或是打碎的锁链被重新拼接在一起，让整个过去原封不动地再现，或是对打碎的事物撒手不管，无政府状态便随之会取代衰败。

因此，对一个民族来说，保留过去的制度是最理想的状态，只用不易察觉的方式循序渐进地加以改进。这个理想的实现并非易事。使它变成现实的几乎只有古罗马人和近代英国人。

那种抱残守缺，极其顽固地反对变革传统观念的，正是群体。有地产的群体更是如此。我坚持认为群体具有保守主义精神，并且指出，最狂暴的反叛最终也只会造成一些嘴皮子上的变化。20世纪末，教堂被毁，僧侣或是被驱逐出国，或是殒命于断头台，人们或许会认为，旧日的宗教观念已经被一扫而光。但是没过几年，为了顺应普遍的要求，遭禁的公开礼拜制度便又重新建立起来了，被暂时消灭的旧传统，又卷土重来。

没有任何事例能更好地反映传统对群体心态的威力。最不受怀疑的偶像，并不住在庙堂之上，也不是宫廷中的那些最专制的暴君，他们很快就可以被人打碎。支配我们内心最深处的自我，是那些看不见的主人，它可以安全地避开一切反叛，只能在数百年的时间里被慢慢地磨损。

(3)时间

时间对社会问题就像对生物学问题一样，这个因素是最有力的。它是唯一的真正创造者，也是唯一的伟大毁灭者。积土成山要靠时间，从地质时代模糊难辨的细胞到产生出高贵的人类，靠的同样是时间。数百年的作用足以改变一切原有的现象。人们正确地认为，如果蚂蚁有充足的时间，它也能将勃朗峰夷为平地。如果有人掌握了随意改变时间的魔法，他便具有了信徒赋予上帝的权力。

不过，这里我们仅仅讨论时间对群体形成意见的影响。从这个角度看，它也有着巨大的作用。一些重大的要素，譬如说种族，也取决于它，没有它便无法形成。它引起一切信仰的诞生、成长和死亡。它们获得力量靠的是时间，同理，失去力量也是因为时间。

具体而言，群体的意见和信念是由时间装备起来的，或者它至少为它们提供了生长的土壤。一些观念可实现于一个时代，却未必能在另一个时代实现，源系于此。是时间把各种信仰和思想的碎屑堆积起来，从而使某个时代能够产生出它的观念。这些观念的出现并不是像掷骰子一样全凭运气，它们都深深植根于漫长的过去。当它们开花结果时，是时间为它们做好了准备。如想了解它们的起源，就必须回顾既往。它们既是历史的儿女，也是未来的母亲，然而却永远是时间的奴隶。

因此，时间是我们最可靠的主人，为了看到一切事物的变化，应当让它任意地发挥作用。今天，面对群众可怕的抱负以及它所预示的破坏和骚乱，我们感到深深地不安。要想看到平衡的恢复，除了依靠时间，再也没有其他的办法。拉维斯先生所言甚是：“没有哪种统治形式可以建立于一夜之间。政治和社会组织是需要数百年才能打造出来的产物。封建制度在建立起它的典章之前，经历了数百年毫无秩序的混乱。绝对君权也是在存在了数百年之后，才找到了统治的成规。这些等待的时期是极为动荡的。”

（4）政治和社会制度

制度能够清除社会的弊端，国家的进步是改进制度与统治带来的结果，社会变革可以用各种命令来实现——我认为这些想法仍然得到普遍的赞同。它们是法国大革命的起点，而且目前的各种社会学说也仍然以它们为基础。

最具连续性的经验一直未能动摇这个重大的谬论。哲学家和史学家千方百计地想证明它的荒谬，不过他们却可以毫不费力地证明，各种制度是观念、感情和习俗的产物，而观念、感情和习俗并不会随着改写法典而被改写。一个民族并不能随意选择自己的制度，如同它不能随意选择自己的头发和眼睛的颜色一样。制度和政府都是种族的产物，它们并不是某个时代的创造者，而是这个时代造就了它们。对各民族的统治，不是根据它们一时的奇思妙想，而是它们的性质决定了它们注定要被统治。一种政治制度的形成需要上百年的时间，改造它也同样如此。各种制度并没有固定的优点，就它们本身而言，它们无所谓好坏。在特定的时刻对一个民族有益的制度，对另一个民族也许是极为有害的。

进一步说，一个民族并没有真正改变其各种制度的能力。毋庸置疑，以暴力革命为代价，它可以改变其名称，但是仍然无法撼动其本质。名称不过是些无用的符号，历史学家在对事物的深层进行研究时，很少对它们多加留意。正是因为如此，英国这个世界上最民主的国家仍然存活于君主制的统治下，而经常表现得十分嚣张的最具压迫性的专制主义，却是存在于那些原属西班牙的美洲共和国，尽管它们都有共和制的宪法。决定着各民族命运的是它们的性格，而不是它们的政府。我曾在前一本书中，通过提出典型事例来证实了这一观点。

因此，把时间浪费在炮制各种煞有介事的宪法上，就像是小孩子的把戏，是愚蠢的修辞学家徒劳的工作。必要性和时间承担着完善宪政的责任，我们最明智的做法，就是让这两个因素同时发挥作用。这就是盎格鲁－撒克逊人采用的办法，如同他们伟大的史学家麦考利在一段文字中告诉我们的，拉丁民族各国的政客，应当由衷地学习这种方法。他指出，法律所能取得的一切好处，从纯粹理性的角度看，表现出一片荒谬与矛盾，然后他又对拉丁民族蜂拥而上发疯般制定出来的宪法文本与英国的宪法进行了对比。他指出，后者总是循序渐进慢慢地发生变化，影响来自必要性，而不是来自思辨式的推理：

从来不考虑是否对称严谨，仅仅考虑它是否方便实用；从来不单纯地以不一致为理由将不一致消除；除非感到有所不满，绝对不会进行变革；除非能够消除这种不满，绝对不进行革新；除了针对具体情况必须提供的条款之外，绝对不制定任何范围更大的条款——这些原则，从约翰国王的时代直到维多利亚女王的时代，一直控制着我们长达二百五十年的议会，因而使它变得从容不迫。若要说明各民族的法律和各项制度在多大程度上表达着每个种族的需要，没有必要对其进行粗暴的变革，而要对它们逐一进行审查。比如，对集权制的优点和缺点，可以专注于哲学上的研究。但是，当我们看到，一个由不同种族构成的国民用了一千年的时间来维护这种集权制；当我们看到，一场目的在于摧毁过去一切制度的大革命，也必须尊重这种集权制，甚至使它进一步强化，在这种情况下，我们就该承认它是迫切需要的产物，承认它是这个民族的生存条件。对于那些侈谈毁掉这种制度的政客，我们应当对他们可怜的智力水平报以怜悯。如果他们碰巧做成了这件事，他们的成功马上会预示着一场残酷的内战，这又会立刻带来一种比旧政权更具残酷性的新的集权制度。

由此而论，深刻影响群体秉性的手段，是不能到制度中去寻找的。我们看到，某些国家，譬如美国，在民主制度下取得了高度繁荣，而另一些国家，譬如那些西班牙人的美洲共和国，在极为类似的制度下，却生活在可悲的混乱状态之中。这时我们就应当承认，这种制度与一个民族的伟大和另一个民族的衰败都是毫无联系的。各民族是受着它们自己的性格控制的，凡是与这种性格不合的模式，都只是一件借来的外套，一种暂时的伪装。毫无疑问，为强行建立某些制度而进行的血腥战争和暴力革命一直都在发生着，而且还将持续发生。人们就像对待圣人的遗骨一样对待这些制度，赋予这些制度以创造幸福的超自然力量。所以，从某种意义上来说，是制度反作用于群体的头脑，它们才引发了这些大动乱。然而并不是制度以这种方式产生了反作用，因为我们知道，不管成功或失败，它们本身并没有以这种方式产生反作用，因为它们本身并不具有那样的能力。影响群众头脑的是各种幻想和词语，特别是词语，它们的强大一如它们的荒诞，下面我就简单地揭示一下它们令人吃惊的影响力。

（5）教育

在当前这个时代的主要观念中，首先面临的是这样一种观念，即认为教育能够使人大大改变，它会万无一失地将他们改造，甚至能够把他们变成平等的人。这种主张被不断地重复，仅仅这个事实就足以让它成为最坚实的民主信条。如今要想击败这种观念，就像过去击败教会一样困难。

但是在这个问题上，就像在许多其他问题上一样，民主观念与心理学和经验的结论有着深刻的差异。包括赫伯特·斯宾塞在内的许多杰出的哲学家，已经很容易地证明，教育既不会使人变得更道德，也不会使他更幸福；它既不可能改变他的本能，也不可能改变他天生的热情，而且有时害处远大于好处。统计学家已经为这种观点提供了证据，他们告诉我们，犯罪随着教育，至少是随着某种教育的普及而增加，社会的一些最坏的敌人，也是在学校获奖者名单上有案可查的人。一位杰出的官员——阿道夫·吉约先生在最近的一本著作里说，目前受过教育的罪犯和文盲罪犯是 3 : 1，在五十年的时间里，人口的犯罪比例从每十万居民中二百二十七人骤升到了五百五十二人，即增长了 133%。他也像他的同事一样注意到，年轻人犯罪增长得尤其严重，而人尽皆知的是，法国为了他们，已经由免费义务教育制取代了交费制。

当然不可以说，即使正确引导的教育，也不可能造成十分有益的实际结果——谁也没有坚持过这种主张。就算它不会提升道德水平，至少也会有益于专业技能的发展。不幸的是，尤其在过去的二十五年里，拉丁民族把它们的教育制度建立在了十分错误的原则之上，即使有些最杰出的头脑，如布吕尔、德·库朗热、泰纳等许多人提出了意见，它们依然坚持自己的观点。我本人在过去出版的一本书中指出，法国的教育制度把多数受过这种教育的人变成了社会的敌人，它让很多学子加入了社会主义者的阵营。

这种制度的主要危险来源于这样一个事实，即它以根本错误的心理学观点为基础，认为智力是通过一心学好教科书来提高的。由于接受了这种观点，人们便尽可能强化许多书中的知识。从小学直到离开大学，一个年轻人只会死记硬背，他的判断力和个人主动性从来派不上用场。受教育对他来说除了背书和服从，没有任何别的东西。

前公共教育部部长朱勒·西蒙先生写道："学习课程，把一种语法或一篇纲要牢牢地记在心里，重复得很好，模仿也出色——这实在是一种十分荒谬的教育方式，它的每项工作都是一种信仰行为，即默认教师不可能犯错误。这种教育导致的唯一结果，就是贬低自我，让我们变得愚钝而无能。"

如果这种教育仅仅是无用，人们还可以对孩子们示以怜悯，他们尽管没有在小学里从事必要的学习，毕竟学会了一些科劳泰尔后裔的族谱、纽斯特里亚和奥斯特拉西亚[①]之间的冲突或动物分类之类的知识。但是这种制度的危险性要比这严重得多，它使服从它的人强烈地厌恶自己的生活态度，极度想要摆脱这种生活状态。工人不想再当工人，农民也不想再当农民，而大多数地位低贱的中产阶级，除了吃国家职员这碗饭以外，不想让他们的儿子从事任何别的职业。法国的学校不是让人为生活做好准备，而仅仅是打算让他们从事政府的职业，在这个行当上取得成功，无须任何必要的自我定向，或表现出哪怕一点个人的主动性。这种制度在社会等级的最底层创造了一支无产阶级大军，他们对自己的命运感到愤怒，随时都想起来造反。在最高层，它培养出一群浮躁的资产阶级，他们既多疑又轻信，对国家抱着迷信般的信任，把它视若天道，却又时

① 纽斯特里亚和奥斯特拉西亚为中世纪墨洛温王朝时代（6—8世纪）由法兰克人的两个王国。——译注

时对它怀有敌意，总是把自己的过错推到政府身上，脱离了当局的干涉，他们便一事无成。

国家用教科书制造出这么多拥有文凭的人，然而它只能利用其中的一小部分，于是只好让另一些人无所事事。因此，它只能把饭碗留给先来的人，剩下的没有得到职位的人便全都成了国家的敌人。从社会金字塔的最高层到最底层，从最卑微的小秘书到教授和警察局局长，有大量炫耀着文凭的人在攻击着各种政府部门的职位。商人想找到一个代替他处理殖民地生意的人难上加难，可是成千上万的人却在想要谋得一个最平庸的官差。只在塞纳一地，就有两千名男女教师失业，他们对农田和工厂全都蔑视，只想从国家那儿讨生计。被选中的人数自然是有限的，因此肯定有大量心怀不满的人。他们随时会参与任何革命，不管谁领导的这场革命，也不管它有什么目标。可以说，掌握一些派不上用场的知识，是让人造反的不二法门。

显然，迷途知返已经无济于事。只有经验这位最好的老师，最终会指出我们的错误。只有它能够证明，必须废除我们那些可恶的教科书和可悲的考试，代之以勤劳的教育，它能够劝导我们的年轻人回到田野和工厂，回到他们如今不惜任何代价逃避的殖民地事业。

现在，一切受教育的人所需要的专业教育，就是我们祖辈所理解的教育。今天，在凭自己意志的力量、开拓能力和创业精神支配世界的民族中，这种教育依然强盛。泰纳先生这位伟大的思想家，在一系列著名篇章——下面我还会引用其中一些重要段落——中清楚地说明了，我们过去的教育制度与今天英国和美国的制度大体很相似。他在对拉丁民族和盎格鲁－撒克逊民族的制度进行不同寻常的比较时，很明确地指出了这两种方式的后果。

也许人们在迫不得已的情况下会以为，继续接受我们古典教育中的全部弊端，虽然它只能培养出心怀不满和不适应自己生活状况的人，但是向人灌输大量肤浅的知识，不出差错地背诵大量教科书，毕竟能够提高智力水平。可是它真能提高智力水平吗？不可能！生活中取得成功的条件是来自于判断力，来源于经验，是开拓精神和个性——这些素质都不是书本能够给予的。教科书和字典可以是有用的参考工具，但长久把它们放在脑子里却没有任何用处。

怎样能使专业教育提高智力，使它达到大大高于古典教育的水平呢？泰纳先生作过出色的说明。他说：

观念只有在自然而正常的环境中才可以形成。要促进观念的培养，需要年轻人每天从工厂、矿山、法庭、书房、建筑工地和医院中获得大量的感官印象；他得用自己的眼睛看到各种工具、材料和操作；他还要与顾客、工作者和劳动者在一起，无论他们干得是好是坏，也不管他们是赚是赔。采用这种方式，他们才能对那些从眼睛、耳朵、双手甚至味觉中获悉的各种细节，有些粗略的理解。学习者在不知不觉中获得了这些细节，默默地推敲，在心中逐渐成形，并且或早或晚地产生出一些提示，让他们着手新的组合、简化、创意、改进或发明。而法国年轻人正是在最能出成果的年纪，被剥夺了所有这些宝贵的经验、所有这些不可或缺的学习因素，因为有七八年的时间他一直被封闭在学校里，切断了一切亲身体验的机会，因此对于世间的人和事，对于控制这些人和事的各种办法，不可能得到鲜明而准确的理解和判断。十个人之中，至少有九个人在几年里把他们的时间和努力白白浪费了，而且可以说，这是非常重要的，甚至是决定性的几年。他们中间有一半甚至是2/3的人，是因考试而活着——我这里指的是那些被淘汰者。还有一半或 2/3 成功地得到了某种学历、证书或一纸文凭——我指的是那些超负荷工作的人。在规定的某一天，坐在一把椅子上，面前是一个答辩团，在连续两个小时的时间里，怀着对科学家团体，即一切人类知识的活清单的崇敬，他们必须要做到正确——对这种事所抱的期望实在太过分了。在那一天的那两个小时里，他们也许正确或接近正确，但不到一个月的时间，他们便不再是这样。他们不可能再通过考试。他们脑子里那些过多的、过于沉重的新东西补充进去。他们的精神活力衰弱了，他们继续成长的能力终结了，一个得到充分发展的人出现了，然而他也是个精疲力竭的人。他成家立业，落入了生活的俗套，而只要一旦落入这种俗套，他就会把自己锁在狭隘的职业中，工作也许还称得上本分，但仅此而已。这就是平庸的生活，收益和风险不成比例的生活。而在 1789 年以前，法国就如英国或美国一样，采用的却是恰恰相反的办法，由此得到的结果并无不同，甚至更好。

此后一些著名的心理学家又向我们揭示了我们的制度与盎格鲁－撒克逊人的差别。后者并没有我们如此多的专业学校。他们的教育并不是建立在啃书本上，而是建立在专业课程上。比如，他们的工程师并不是在学校，而是在车间里训练出来的。这种办法表明，每个人都能达到他的智力所允许他达到的水平。如果他没有进一步拓展的能力，他可以成为工人或领班，如果很有天赋，他便会成为工程师。与个人前程全取决于他在十九岁或大几岁时一次几个小时考试的做法相比，这种办法更民主，对社会也更有利。

在医院、矿山和工厂，在建筑师或律师的办公室里，十分年轻便开始学业的学生们，呆板地经历他们的学徒期，非常类似于办公室里的律师、秘书或工作室里的艺术家。在投入实际工作之前，他们也有机会接受些一般性教育的课程，因此已经准备好了一个框架，可以把他们迅速观察到的东西储存起来，而且他们能够利用自己的空闲时间得以施展各种各样的技能，由此逐渐同他所获得的日常经验协调一致。在这种制度下，实践能力获得了发展，并且与学生的才能相适应，发展方向也符合他们未来的任务和特定工作的要求，这些工作就是他们今后将要从事的工作。因此在英国或美国，年轻人很快便处在能够尽量发挥自己能力的位置上。在二十五岁时——如果有充分的各种材料和条件，时间还有可能会提前——他不但成了一个有用的工作者，甚至拥有了自我创业的能力；他不只是机器上的一个零件，而且是一整个的发动机。而在制度与此相反的法国，一代又一代人越来越向中国看齐——由此造成的人力浪费是令人惋惜的。关于我们拉丁民族的教育制度与实践生活不断扩大的差距，这位伟大的哲学家得出了如下结论：

在教育的三个阶段，即儿童期、少年期和青年期，如果从考试、学历、证书和文凭的角度看，坐在学校板凳上啃理论和教科书的时间是有点长得过分了，而且负担过重。即使仅从这个角度看，采用的办法也糟糕透顶，它是一种违反自然的、与社会对立的制度。过多地延长实际的学徒期，我们的学校寄宿制度，人为的训练和填鸭式教学，功课过于繁重，对以后的时代不加考虑；对成人的年龄和人们的职业不加考虑；对年轻人很快就要投身其中的现实世界不加考虑；对我们活动于其中、他必须加以适应或提前学会适应的社会不加考虑；对人类为保护自己而必须从事的斗争不加考虑；对为了站住脚跟，他得提前得到装备、武器和训练，并且意志坚强同样不加考虑。这种不可或缺的装备，这种最重要的学习，这种丰富的常识和意志力，我们的学校都没有教给法国的年轻人。它不但远远没有让他们获得应付明确生存状态的素质，反而破坏了他们这种素质。因此从他们走进这个世界，踏入他们的活动领域之日起，他们经常只会遇到一系列痛苦的挫折，由此给他们造成的创痛久久不能修复，有时甚至失去生活能力。这种试验既困难又危险。这个过程对精神和道德的均衡产生了不好的影响，甚至有难以恢复之虞。十分突然而彻底的幻灭已经发生了。这种欺骗太严重了，失望太强烈了。

以上所说的是否偏离了群体心理学的主题？其实并非如此。如果我们想知道今天正在群众中酝酿、明天就会出现的各种想法和信念，就必须对为其提供土壤的因素有一些了解。教育能够使一个国家的年轻人了解到这个国家会变成什么样子。为当前这一代人提供的教育，有理由让人沮丧。在改善或恶化群众的头脑方面，教育至少能发挥一定的作用。因而有必要说明，这种头脑是怎样由当前的制度培养出来的，冷漠而中立的群众是怎样变成了一支心怀不满的大军，随时打算听从一切乌托邦分子和能言善辩者的暗示。今天，能够找到社会主义者的地方，正是教室，为拉丁民族走向衰败铺平道路的，也是教室。

第二章
群体意见的直接因素

我们刚才讨论了赋予群体心理以特定属性，使某些感情和观念得以发展的间接性准备因素。现在我们还得研究一下能够直接发挥作用的因素。在下面内容里我们将会看到，若想让这些因素充分发挥作用，应当怎样运用它们。

我们在本书的第一部分第一章研究过集体的感情、观念和推理方式，依据这些知识，显然可以从影响它们心理的方法中，归结出一些一般性原理。我们现在已经知道什么事情会激发群体的想象力，也了解了暗示，特别是那些以形象的方式表现出来的暗示的力量和传染过程。然而，正像暗示可以有完全不同的来源一样，能对群体心理产生影响的因素也有很大不同，因此必须对它们分别给予研究。这种研究是有益处的。群体就像古代神话中的斯芬克司[①]，必须对它的心理学问题给出一个答案，不然我们就会被它毁掉。

① 古代埃及和希腊神话中的狮身人面怪兽，向过路者出一谜语（即勤勉的“一物出生四足，长大后两足，最后三足，此为何物”——人），答不出者即被它吃掉。——译注

(1)形象、词语和套话

我们在研究群体的想象力时已经看到，它特别易于被形象产生的印象所支配。这些形象不一定随时都会有，但是可以利用一些词语或套话，巧妙地把它们激发。经过艺术化处理之后，它们毫无疑问有着神奇的力量，可以在群体心中掀起最可怕的风暴，反过来说，它们也可以平息风暴。因各种词语和套话的力量而死去的人，只用他们的尸骨，就能建造一座比古老的齐奥普斯[①]更高的金字塔。

词语的威力与它们所唤醒的形象有关系，同时又独立于它们的真实含义。最不明确的词语，有时反而影响可能最大。比如像民主社会主义、平等、自由等，它们的含义极为模糊，即使一大堆专著也不能确定它们的所指。然而这区区几个词语的确有着神奇的威力，它们似乎是解决一切问题的灵丹妙药。在各种大不相同的潜意识中的抱负及其实现的希望，全被它们集于一身。

说理与论证无法战胜一些词语和套话。它们是和群体一起隆重上市的。只要一听到它们，人人便会肃然起敬，俯首帖耳。许多人把它们当作自然的力量，乃至是超自然的力量。它们在人们心中唤起宏伟壮丽的幻象，也正是它们含糊不清，才使它们有了神秘的力量。它们是藏在圣坛背后的神灵，信众只能诚惶诚恐地来到它们面前。

词语唤起的形象独立于它们的含义。这些形象会随着时代或民族而异。不过套话并没有改变，有些暂时的形象是和一定的词语牵连在一起的：词语就像是用来唤醒它们的电铃按钮。

---

① 齐奥普斯（Cheops），公元前3—4世纪的埃及法老，曾建金字塔。——译注

并非所有的词语和套话都拥有唤起形象的力量，有些词语在一段时间里有这种力量，但在使用过程中也会逐渐失去它，不会再让头脑产生什么反应。这时它们就变成了空话，其主要作用是让使用者免去思考的义务。用我们年轻时学到的少量套话和常识把自己武装起来，我们便拥有了足以应付生活所需要的一切，再也不必对任何事情进行思考。

只要研究一下某种特定的语言，就会发现它所包含的词语在时代变迁中的变化很慢，而这些词语所唤起的形象，或人们赋予它们的含义，却不停地发生着变化。因此我在另一本书中得出的结论是，准确地翻译一种语言，尤其是那些死亡的语言，是绝对不可能的。当我们用一句法语来取代一句拉丁语、希腊语或《圣经》里的句子时，或是当我们打算理解一本二三百年前用我们自己的语言写成的书时，我们实际上是在做什么呢？我们不过是在用现代生活赋予我们的一些形象和观念代替另一些不同的形象和观念，它们是存在于古代一些种族的头脑中的产物，这些人的生活状况与我们毫无相似之处。当大革命时的人以为自己在效仿古希腊人和古罗马人时，他们除了把从来没有存在过的含义赋予古代的词语之外，还能做些什么呢？

希腊人的制度与今天用同样的词语设计出来的制度有何相似之处呢？那时的共和国实质上是一种贵族统治的制度，是由一小撮团结一致的暴君统治着一群绝对服从的奴隶构建的制度。这些建立在奴隶制上的贵族集体统治，没了这种奴隶制一天也不可能存在。

“自由”这个词也是如此。在一个从未想过思想自由的可能性，讨论城邦的诸神、法典和习俗就是最严重、最不寻常的犯罪的地方，“自由”的含义与我们今天赋予它的含义有什么相似之处？像“祖国”这样的词，对雅典人或斯巴达人来说，除了指对雅典或斯巴达的城邦崇拜之外，还能有其他的含义吗？它当然不可能指由彼此征伐不断的敌对城邦构成的全希腊。在古代的高卢，“祖国”这个词又能有何含义？它是由相互敌视的部落和种族构成的，它们有着不同的语言和宗教，恺撒能够轻易将它们征服，正是因为他总是能够从中找到自己的盟友。罗马人缔造了一个高卢人的国家，是因为他们使这个国家实现了政治和宗教上的统一。无须多言，就拿两百年前的事来说吧，能够认为今天法国各省对“祖国”一词的理解，与伟大的孔代——他和外国人结盟反对自己的君主——是同样的吗？然而词还是那个词。过去跑到外国去的法国保皇党人，他们认为自己反对法国是在恪守气节，他们认为法国已经投降，因为封建制度的法律是把诸侯同主子而不是同土地联系在一起的，因此有君主在，才保证有祖国在。可见，祖国对于他们的意义，不是与现代人大不相同吗？

意义随着时代的变迁而发生深刻变化的词语遍地都是。我们对它们的理解，只能达到过去经过了漫长的努力所能达到的水平。有人曾经十分正确地说，即使想正确理解“国王”和“王室”这种称呼对我们曾祖父一辈意味着什么，也需要作大量的研究。更为复杂的概念会出现怎样的情况也就可想而知了。

因此，词语只有变动、不定的暂时含义，它随着时代和民族的不同而改动。因此，我们若想以它们为手段去影响群体，我们必须搞清楚某个时候群体赋予它们的含义，而不是它们过去所具有的含义，或精神状态有所不同的个人所给予它们的含义。

因此，当群体因为政治动荡或信仰变化，对某些词语唤起的形象深感厌恶时，假如事物因为与传统结构紧密联系在一起而无法形成改变，那么一个真正的政治家的当务之急，就是在不伤害事物本身的同时赶紧改头换面。聪明的托克维尔很早以前就说过，执政府和帝国的具体工作就是用新的名称把大多数过去的制度重新包装一次，换言之，用新名称代替那些能够让群众想起不利形象的名称，因为它们的新鲜能制止这种联想。“地租”变成了“土地税”，“盐赋”变成了“盐税”，“徭役”变成了“间接摊派”，商号和行会的税款变成了“执照费”，如此等等。

可见，政治家最基本的任务之一，就是要对流行词语，或至少对再没有人感兴趣、民众已经不能容忍其旧名称的事物保持警惕。名称拥有如此强大的力量，如果选择恰当，它足以使最可恶的事情改头换面，变得能够被民众所接受。泰纳正确地指出，雅各宾党人正是运用了“自由”和“博爱”这种当时十分流行的说法，才能够“建立起堪比达荷美的暴政，建立起和宗教法庭相似的审判台，做出与古墨西哥人所差无几的人类大屠杀这种成就”。统治者的艺术，就像律师的艺术一样，首先在于运用辞藻的学问。这门艺术遇到的最大困难之一，就是在同一个社会，同一个词对于不同的社会阶层往往有不同的含义，表面上看他们用词相同，其实他们说着的语言不尽相同。

在以上事例中，时间是促成词语含义发生变化的主要因素。如果我们再考虑到种族因素，那么我们就会看到，在同一个时期，在教养相同，但种族不同的人中间，相同的词也经常与极不相同的观念相对应。如果见多识广的人，不可能理解这些差别，所以我不会纠缠在这个问题上。我只想指出，正是群众使用最多的那些词，在不同的民族中有着最不相同的含义。比如今天使用如此频繁的“民主”和“社会主义”，就属于这种情况。

事实上，它们在拉丁民族和盎格鲁－撒克逊民族中代表着十分冲突的思想。在拉丁民族看来，“民主”更多地是指个人意志和自主权要服从于国家所代表的社会的意志和自主权。国家在日甚一日地支配着一切，集权、垄断并制造一切。无论是激进派社会主义者还是保皇派，一切党派一概求援于国家。而在盎格鲁－撒克逊地区，尤其是在美国，“民主”一词却是指个人意志的有力发展，国家要尽可能地服从这一发展，除了政策、军队和外交关系以外，它不能支配任何事情，甚至公共教育也不例外。由此可见，同一个词，在一个民族中是指个人意志和自主权的从属性以及国家的优势，而在另一个民族中，却是指个人意志的超常发展和国家的彻底服从。

（2）幻觉

自从出现文明以来，群体便一直处在幻觉的影响之下。它们为制造幻觉的人建庙、建塑像，设立祭坛，超过了其他人。无论是过去的宗教幻觉还是现在的哲学和社会幻觉，这些牢不可破、至高无上的力量，可以在我们这个星球上不断发展的任何文明的灵魂中寻找到。古巴比伦和古埃及的神庙，中世纪的宗教建筑，是为它们而建立的；一个世纪以前震撼全欧洲的一场大动荡，是为它们而发动的；我们的所有政治、艺术和社会学说，全都难以逃脱它们的强大影响。有时，人类以可怕的动乱为代价，能够铲除这些幻觉，然而似乎注定还会让它们死而复生。如果没有它们，他不可能走出自己原始的野蛮状态；如果没有它们，他似乎很快就会重新回到这种野蛮状态。毋庸置疑地说，它们不过是些无用的虚幻，但是这些我们梦想中的产物，却使各民族创造出了辉煌壮丽值得夸耀的艺术或伟大文明。

如果有人毁坏那些博物馆和图书馆，如果有人把教堂前石板路上那些在宗教鼓舞下建起的一切作品和艺术纪念物全部推倒，人类伟大的梦想还会留下些什么呢？让人们怀抱着那些希望和幻想吧，否则他们是活不下去的。这就是存在着诸神、英雄和诗人的原因。科学承担这一项任务迄今已有五十年的时间，但是在渴望理想的心灵里，科学是有所欠缺的，因为它不敢做出过于慷慨的承诺，因为它不能撒谎。

20世纪的哲学家热情地投入到对宗教、政治和社会幻想的破坏中，我们的祖辈已在这种幻想中生活了许多世纪。他们毁灭了这些幻想，希望和顺从的源泉也就随之终结。幻想遭到扼杀之后，他们面对着盲目而无声无息的自然力量，而它对软弱和慈悲心肠一概不闻不问。哲学即使取得了再大进步，它迄今仍没有给群众提供任何能够让他们着迷的理想。然而群众不管付出多大的代价，他们必须拥有自己的幻想，于是他们便像趋光的昆虫那样，本能地转向那些追捧他们、需要他们的巧舌如簧者。推动各民族演化的主要因素，绝对不是真理，而是谬误。如今社会主义为什么如此强大，原因就在于它是仍然具有活力的最后的幻想。虽然存在着一切科学证据，它依然继续发展。它的主要力量是基于这样一个事实，即它的鼓吹者是那些非常无视现实，因而敢于向人类承诺幸福的人。如今，这种社会主义幻想肆虐于过去大量的废墟之上，未来是属于它的。群众从来就没有渴求过真理，面对那些不合口味的证据，他们会扬长而去，假如谬论对他们有吸引力，他们更愿意推崇谬论，凡是能向他们供应幻觉的，也可以轻而易举地成为他们的主人，凡是让他们幻灭的，都会沦为他们的牺牲品。

（3）经验

经验几乎是唯一能够让真理在群众心中根深蒂固、让过于危险的幻想归于破灭的有效手段。但是为了达到这个目的，经验必须发生在非常大的范围内，而且得以再次出现。通常，一代人的经验对下一代人是没太大用处的。这就是一些被当作证据引用的历史事实达不到目的的原因。它们唯一的作用就是证明了，一种广泛的经验，尽管仅仅想成功地动摇牢固地根植于群众头脑中的错误观点，也需要一代又一代地反复出现。

史学家毫无疑问会把 19 世纪以及再早一些的年代当作一个充斥着奇异经验的时代，任何时代都没有尝试过如此多的试验。

法国大革命就是最宏伟的试验。发现一个社会有待于遵照纯粹理性的指导，自上而下翻新一遍，这必然会导致数百万人死于非命，让欧洲在二十年里陷入深刻的动荡中。为了用经验向我们证明，独裁者会让拥戴他们的民族损失惨重，需要在五十年里来上两次破坏性的试验。然而，即便是试验结果明确无误，好像仍然不那么令人信服。第一次试验的代价是三百万人的生命和一次入侵；第二次试验导致割让领土并在事后表明了常备军的必要性。此后几乎还要进行第三次试验。恐怕没准儿哪天它肯定会发生。要想让整个民族相信，庞大的德国军队并不像三十年前普遍认为的那样，只是一支无害的国民卫队，就必须来上一次让我们损失惨重的战争。让人认识到贸易保护会毁掉实行这种制度的民族，至少需要二十年的灾难性试验。这种例子显然数不胜数。

（4）理性

在列举能够对群众心理产生影响的因素时，根本就没有必要提到理性，除非是为了指出它影响的消极价值。

我们已经论证过，群体是不受推理影响的，它们只能理解那些拼凑起来的观念。所以，那些知道怎样影响它们的演说家，总是借助于它们的感情而不是它们的理性。逻辑定律对群体不起作用。让群体相信什么，首先必须得搞清楚让它们兴奋的感情，并且伪装出自己也有这种感情的样子，然后以很低级的组合方式，用一些非常有名的暗示性概念去改变它们的看法，这样才可以——如果有必要的话——再回到最初提出的观点上来，慢慢地探明引起某种说法的感情。这种根据讲话的效果不断改变措辞的必要性，使一切有效的演讲完全不可能事先进行准备和研究。在那种事先准备好的演讲中，演讲者遵循的是自己的思路而不是听众的思路，仅这一个事实就会使这种演讲不可能产生什么影响。

讲究逻辑的头脑，惯于相信一系列大体严密的论证步骤，因此在向群众讲话时，不免会借助于这种说服的方式，他们面对自己的论证起不到作用，总是百思不得其解。有位逻辑学家写道：“通常，建立在三段论上——即建立在一组公式上——的数学结论是不可更改的……由于这种不可更改的性质，即使是无机物，如果它能够演算这一组公式的话，也会表示同意。”这句话说得当然不错，然而群体并不比无机物更能遵守这种组合，它甚至没有理解的能力。只要尝试一下用推理来说服原始的头脑——例如野蛮人或儿童的头脑——就知道这种论说方式是多么一文不值。

如想看清楚同感情对抗的理性是多么渺茫，甚至不必降低到如此原始的水平。我们只要试想一下，就在几百年前，与最简单的逻辑也不相符的宗教迷信是多么顽强！在接近两千年的时间里，最清醒的天才也必须在它们的规矩面前俯首称臣。只不过到了现代，它们的真实性才多多少少受到了一些挑战。中世纪和文艺复兴时代也有不少开明之士，但没有一个人通过理性来思考，认识到自己的迷信中十分幼稚的一面，或者对魔鬼的罪行或烧死巫师的必要性表示过丝毫的怀疑。

群体从来不受理性的指引，是否应该对此表示遗憾？我们不必贸然称是。毫无疑问，是幻觉引起的激情和愚顽，激励着人类走上了文明之路，在这方面人类的理性没有太大用处。作为支配着我们的无意识的力量的产物，这些幻觉无疑是必要的。每个种族的精神成分中都携带着它命运的定律，并且由于一种难以抑制的冲动，只能服从这些定律，即使这种冲动显然极不合理。有时，各民族好像被一些神秘的力量所控制，它们相似于那种使橡果长成橡树或让香星在自己轨道上运行的力量。

我们若想对这些力量存在一点认识，就不得不研究一个民族的整个进化过程，而不是这一进化过程不时出现的一些孤立的事实。如果仅仅考虑这些事实，历史就会变得仿佛是一连串不可能的偶然性所造成的结果。一个加利利的木匠[①]似乎不可能变成一个持续两千年之久的全能的神，使最重要的文明以他为基础形成；一小撮从沙漠里冒出来的阿拉伯人，似乎不大可能征服希腊、罗马世界的大部分地区并建立起比亚历山大的领土更大的帝国；在欧洲已经十分发达、各地政权都已有了等级森严的制度的时代，区区一个炮兵中尉似乎也不太可能征服众多民族及它们的国王。

因此，还是让我们把理性留给哲人，不要过于强烈地坚持让它插手对人的统治吧。一切文明的主要动力并不是理性，不用说，尽管存在着理性，文明的动力仍然是各种感情——比如尊严、自我牺牲、宗教信仰、爱国主义以及对荣誉的爱。

① 指耶稣。其父为木匠，居于古巴勒斯坦的加利利地区。——译注

第三章
群体领袖及其说服的手法

我们现在已经认识了群体的精神构成，我们也了解了能够对它们的头脑产生影响的力量。仍然有待于进一步研究的是，这些力量是怎样发挥作用的，以及是什么人把它们有效地转化成了实践的力量。

（1）群体的领袖

只要有一些生物聚集在一起，不管是动物还是人，都会本能地让自己处在一个头领的统治之下。

就人类的群体而言，所谓的头领，有时不过是个小头目或煽风点火的人，但即便如此，他的作用也相当重要。他的意志是群体形成意见并取得一致的核心。他是各色人等形成组织的第一要素，他为他们组成派别铺平了道路。一群人就像温驯的羊群，没了头儿羊就会无所事事。

领袖最初常常不过是被领导者中的一员。他本人也是被一些观念所迷惑，然后才变成了它的信徒。他对这些观念十分推崇，以致除此之外的一切事情全消失了。在他看来，一切相反的意见都是谬论或迷信。这方面的一个例子就是罗伯斯庇尔，他对卢梭的哲学观念痴迷不已，在传播它们时竟然采用了宗教法庭的手段。

我们所说的领袖，更有可能是个实干家而并非思想家。他们并没有头脑敏锐、深谋远虑的才能，他们也不可能如此，因为这种品质一般会让人产生犹疑。在那些神经有毛病的、好兴奋的、半癫狂的即处在疯子边缘的人中间，尤其容易会出现这种人物。不管他们坚持的观念或追求的目标是多么荒诞，他们的信念是如此坚定，这使得任何理性的思维对他们都起不了作用。他们对别人的轻蔑和保留态度无动于衷，或者这只会让他们兴奋不已。他们牺牲自己的利益和家庭——牺牲自己的一切。自我保护的本能在他们身上消失得全无踪迹，在绝大多数情况下，他们孜孜以求的唯一回报就是以身殉职。他们强烈的信仰使他们的话具有极强的说服力。芸芸众生总是愿意听从意志坚强的人，而他也知道如何迫使他们认同自己的看法。聚集成群的人会完全丧失自己的意志，本能地转向一个具备他们所没有的品质的人。

各民族从来就不缺乏领袖，然而，它们并非全都受着那种适合于使徒的强烈信念的激励。这些领袖往往熟悉巧言令色之道，一味地追求私利，用取悦于无耻的本能来说服众人。他们利用这种方式很可能会产生极大的影响，然而效果通常只是暂时的。有着狂热的信仰，能够打动群众灵魂的人，即隐士彼得、路德、萨伏那罗拉之流①，以及法国大革命中的人物，他们是在自己先被 7 种信条搞得眼花缭乱之后，才能够让别人也想入非非。这样他们才能够在自己信众的灵魂里唤起一股坚不可摧的力量，即所谓的信仰，它能让一个人变得完全被自己的梦想吞噬。

① 隐士彼得（Peter the Hermit，1050—1115），法国修士，创建修道院，并曾率信徒到达耶路撒冷布道。路德（Martin Luther，1483—1546），德国宗教改革家，新教创始人，影响遍及整个基督教世界。萨伏那罗拉（Cirolamo Savonarola，1452—1498），文艺复兴时期意大利著名宣教士，对当时的意大利政治和宗教生活有过重要影响。——译注

不管信仰是宗教的、政治的或社会的，也不管信仰的对象是一本书、一个人或一种观念，信仰的建立永远取决于人群中伟大领袖的影响。正是在这一点上，他们有着非常强大的影响力。在人类所能支配的一切力量中，信仰的力量是最为惊人的，福音书上说，它有移山填海的力量，确实如此。使一个人具有信仰，就是让他强大了十倍。重大的历史事件一直是由一些籍籍无名的信徒酿造的，他们除了自己赞成的信仰之外，几乎什么也不知道。传遍全球的伟大宗教，或是从这个半球扩张到另一半球的帝国，它们之所以建立，靠的并不是学者或哲学家的帮助，更不是怀疑论者的帮助。

然而，对于以上提到的这些事情，我们所关注的是那些伟大的领袖人物，他们为数不多，史学家很容易把他们清点出来。他们构成了一个连续体的顶峰，其上是些权势显赫的主人，下面则是一些出力的人，在烟雾缭绕的小酒馆里，他们不停地向自己同志的耳朵里灌输着只言片语，慢慢地使其迷恋。对于那些话的含义，他们自己也很少理解，但是根据他们的说法，只要将其付诸实行，一定会导致一切希望和梦想的实现。

在每个社会领域，由高到低，人只要一脱离孤独状态，立刻便处在某个领袖的影响之下。大多数人，特别是群众中的大多数人，除了自己的行业之外，对任何问题都不存在清楚而合理的想法。领袖的作用只是充当他们的引路人。不过，他也可以被定期出版物所代替，虽然往往效果不佳，这些定期出版物制造有利于群众领袖的舆论，向他们提供现成的套话，使他们不必再为说理操心。

群众领袖掌握非常专制的权威，这种专制性当然是他们得到服从的条件。人们常常注意到，他们的权威无须任何后盾，就能轻易使工人阶级中最狂暴的人听命于自己。他们规定工时和工资比例，他们发出罢工命令，何时开始，何时结束，全部凭借他们的一声令下。

如今，由于政府甘心受人怀疑，使自己越来越没有力量，因此这些领袖和鼓动家正日益倾向于夺取政府的位置。这些新主子的暴政带来的结果是，群众在服从他们时，要比服从政府温和得多。如果因为某种原因，领袖从舞台上消失，群众就会回到当初群龙无首、不堪一击的状态。在一次巴黎公共马车雇员的罢工中，当两个指挥的领袖一被抓起来时，罢工便立刻解散。在群体的灵魂中占上风的，并不是对自由的要求，而是当奴才的欲望。他们是如此倾向于服从，因此无论谁自称是他们的主子，他们都会本能地表示臣服。

这些首领和煽动家可以明显分成不同的两类。一类包括那些充满活力，但只一时拥有坚强意志的人。和他们相比，另一类人更为不寻常，他们的意志力更持久。前一种人一身蛮勇，在领导突然决定的暴动、带领群众视死如归、让新兵一夜之间变成英雄这些事情中，他们特别派得上用场。第一帝国时代的内伊和缪拉就属于这种人，在我们这个时代，加里波第也属于这种人物①，他虽然没有什么特长，却是个精力充沛的冒险家，他只带领一小撮人，就可以拿下古老的那不勒斯王国，即便它受着一支纪律严明的军队的保护。

不过，这类领袖的活力虽是一种应予考虑的力量，它却不可能持久，很难延续到使它发挥作用的兴奋事件之后。当这些英雄回到日常生活中时，正如我刚才谈到的情况一样，他们往往暴露出最惊人的性格弱点。他们虽然能够领导别人，却好像不能在最简单的环境下思考和控制自己的行为。他们是这样一些领袖，在某些条件下，他们本人也受人领导并

① 内伊（Michel Ney）和缪拉（Joachim Murat）均为拿破仑手下的杰出将领。加里波第（Giuseppe Garibaldi，1807—1882），意大利民族主义运动的著名领袖，游击战专家，对意大利的统一作出过重要贡献。——译注

不断地受到刺激，总是有某个人或观念在指引着他们，有明确划定的行动路线可供他们驯兽，不然他们就不能发挥自己的作用。而另一类领袖，即那些能够持续保持意志力的人，尽管不那么光彩夺目，其影响力却要大得多。在这类人中，可以找到各种宗教和伟业的真正奠基人，比如圣保罗、哥伦布和德·雷赛布皆是。他们或是聪明，或是心胸狭隘，这都无关紧要——世界是属于他们的。他们所具备的持久的意志力，是一种不寻常的、极为强大的品质，它足以征服一切。强大而持久的意志能够成就什么，并不是总能够得到充分的评价。没有任何事情能阻挡住它，不管自然、上帝还是人，都不首肯。

强大而持久的意志能够造成怎样的结果，德·雷赛布为我们提供了一个近来的例子。他是一个把世界分成东、西两半的人，他所成就的事业，过去三千年里曾有最伟大的统治者徒劳地作过尝试。他后来败在一项类似的事业上，但那是因为他年纪太大的缘故，包括意志在内的一切事情，都会在衰老面前屈服。

如想说明单凭意志的力量能够完成什么事业，只需仔细想一下与开凿苏伊士运河时必须克服的困难有关的历史记载就可以。一位见证人用令人印象深刻的寥寥数语，记录下了这项伟大工程的作者所讲述的整个故事：

日复一日，不管遇到什么样的事情，他都在讲着那个关于运河的惊人故事。他讲述他所战胜的一切，他怎样把不可能变为可能，他遇到的一切反对意见、与他作对的所有联盟，他经历的所有失望、逆境和失败，都未能让他灰心丧气。他追忆英国如何打击他、法国和埃及如何迟疑不决、工程初期法国领事馆如何带头反对他，以及他所遇到的反对的性质，有人试图用拒绝供应饮水，使他的工人因口渴而逃跑。他还说到，海军部长和工程师，一切富有经验、受过科学训练并且有责任心的人，全都自然而然地变成了他的敌人，他们全部都站在科学的立场上，断定灾难就在眼前，预言它正在逼近，并且计算出它会在某日某时发生，就像预测日食一样。涉及所有这些伟大领袖生平的书，不会包含太多的人名，可是这些名字却同文明史上最重大的事件联系在一起。

（2）领袖的动员手段：断言法、重复法和传染法

如果想在很短的时间里激发起群体的热情，让它们采取任何性质的行动，比如掠夺宫殿、誓死守卫要塞或阵地，就不得不让群体对暗示做出迅速的反应，其中效果最大的就是榜样。不过为了达到这个目的，群体应当在事前就有一些环境上的准备，特别是希望影响它们的人应具备某种品质，对于这种有待于做深入研究的品质，我称之为名望。

但是，当领袖们打算用观念和信念——比如利用现代的各种社会学说——影响群体的头脑时，他们所借助的手段会不一样。其中有三种手段最为重要，也十分明确，即断言法、重复法和传染法。它们的作用有些缓慢，然而一旦生效，却有持久的效果。

做出简洁有力的断言，忽视任何推理和证据，是让某种观念进入群众头脑最可靠的办法之一。一个断言越是简单明了，证据和证明看上去就越显得贫乏，它就越有威力。一切时代的宗教书和各种法典，总是诉诸简单的断言。号召人们起来捍卫某项政治事业的政客，利用广告手段推销产品的商人，全都深知断言的价值。

但是，如果没有不断地重复断言——而且要尽可能使措辞不发生改变——它仍不会产生真正的影响。我相信拿破仑曾经说过，极为重要的修辞法只有一个，那就是重复。得到断言的事情，是通过不断重复才在头脑中根深蒂固，并且这种方式最终能够使人把它当作得到证实的真理接受下来。

只需看一看重复对最开明的头脑所发挥的力量，就可以理解它对群体的影响。这种力量是来自这样一个事实，即从长远看，不断重复的说法会进入我们无意识的自我的深层区域，而我们的行为动机正是在这里形成的。到了一定的时候，我们会忘记谁是那个不断被重复的主张的作者，我们最终会对它坚信不疑。广告之所以有令人吃惊的威力，原因即在于此。如果我们成百上千次读到，“X 牌巧克力是最棒的巧克力”，我们就会以为自己听到四面八方都是这样说的，最终我们会确信事实就是如此。如果我们成百上千次读到，“Y 牌药粉治好了身患顽症的最知名的人士”，我们一旦患上了类似的疾病，我们终究会忍不住也去拿来试用一下。若我们总是在同一家报纸上读到张三是个臭名昭著的流氓，李四是最诚实的老实人，我们最终会相信事实就是如此，除非我们再去读一家观点相反、把他们的品质完全颠倒过来的报纸。把断言和重复分开使用，它们各自都具备足够强大的力量相互拚杀一番。

假如一个断言得到了有效的重复，在这种重复中再也不存在异议，如同在一些著名的金融项目中，富豪足以收买所有参与者一样，此时就会形成所谓的流行意见，强大的传染过程于此启动。各种观念、感情、情绪和信念，在群众中都具有病菌一样强大的传染力。这是一种十分常见的现象，因为甚至在聚集成群的动物中，也可以看到这种现象。马厩里有一匹马踢它的饲养员，另一匹马也会效仿它；几只羊感到惊恐，很快也会蔓延到整个羊群。在聚集成群的人中间，所有情绪也会迅速传染，这解释了恐慌的突发性。头脑混乱就像癫狂一样，它本身也是易于传染的。在自己是疯病专家的医生中间，不时有人会变成疯子，这已是广为人知的事情。当然，最近有人提到一些疯病，例如广场恐惧症，也可以由人传染给动物。

每个人都同时处在同一个地点，并不是他们受到传染不可或缺的条件。有些事件能让所有的头脑产生一种独特的倾向以及一种群体所特有的性格，在这种事件的影响下，相距遥远的人也能够感受到传染的力量。当人们在心理上已经有所准备，受到了我前面研究过的一些间接因素的影响时，情况更加如此。这方面的一个事例是 1848 年的革命运动，它在巴黎爆发后，便迅速传遍大半个欧洲，使一些王权面临崩塌。

很多影响要归结于模仿，其实这不过是传染造成的结果。我在另一本著作中对它的影响已经作过说明，因此在这里我只想按十五年前我就这一问题说过的一段话。下面引述的观点已由另一些作者在最近的出版物中作了进一步的论述。

人就跟动物一样有着模仿的天性。模仿对他来说是必然的，因为模仿总是一件很容易的事情。正是因为这种必然性，才使所谓时尚的力量如此强大。不管是意见、观念、文学作品甚至服装，有几个人有足够的勇气与时尚作对呢？支配着大众的是榜样，并非论证。每个时期都有少数个人同其他人作对并受到无意识的群众的模仿，但是这些有个性的人不能公然反对公认的观念。他们如果这样做的话，会使模仿他们变得过于困难，他们的影响也就无从谈起。正是由于这个原因，过于超出自己时代的人，一般不会对它产生影响。这是因为两者过于界限分明。也是由于这个原因，欧洲人的文明尽管优点很多，他们对东方民族却只有无足轻重的影响，因为两者之间的差别实在是太大了。

历史与模仿的双重作用，从长远看，会使同一个国家、同一个时代的一切都十分相似，甚至那些好像坚决不受这种双重影响的个人，如哲学家、博学之士和文人，他们的思想和风格也散发着一种相近的气息，使他们所属的时代立刻就能被辨认出来。如想全面了解一个人读什么书，他有怎样消遣的习惯，他生活于其环境中，并没有必要同他作长时间的交谈。传染的威力甚大，它不但能迫使个人接受某些意见，而且能让他接受一些感情模式。传染是一些著作在某个时期受到轻蔑——可以拿《唐豪塞》评为例——的原因，就在几年后，出于同样的原因，那些持批评态度的人，又会对它们大加褒赏。

群体的意见和信念尤其会因为传染，但绝不会因为推理从而得到普及。目前流行于工人阶级中的学说，是他们在公共场所学到的，这是断言、重复和传染的成果。当然，每个时代创立的群众信仰的方式，也大都相似。勒南就曾正确地把基督教最早的创立者比作“从一个公共场合到另一个公共场合传播观念的社会主义工人”；伏尔泰在谈到基督教时也提及，“在一百多年里，接受它的只有一些最恶劣的败类”。

应当指出的是，与我前面提到的情况相似，传染在作用于广大民众之后，也会扩展到社会的上层。今天我们看到，社会主义信条就出现了这样的现象，它正在被那些会成为它首批牺牲者的人所接受。传染的威力是这样巨大，在它的作用下，甚至个人利益的意识也会消失得不复存在。

由此解释了一个事实：得到民众接受的每一种观念，最终总是会以其强大的力量扎根于社会的最上层，不管获胜意见的荒谬性是多么清晰。社会下层对社会上层的这种反作用是个更为奇特的现象，因为群众的信念多多少少总是起源于一种更为高深的观念，而它在自己的诞生地往往一直没有任何影响。领袖和鼓动家被这种更高深的观念征服以后，就会把它取为己用，对它进行歪曲，组织起使它再次受到歪曲的宗派，然后在群众中加以传播，而他们会使这个篡改过程更上一层楼。观念变成大众的真理，它就会回到自己的发源地，对一个民族的上层产生影响。从长远看是智力在塑造着世界的命运，但这种作用是十分间接的。当哲学家的思想通过我所描述的这个过程终于大获全胜时，提出观念的哲人早已化为灰尘。

以名望利用断言、重复和传染进行普及的观念，因环境而获得了巨大的威力，这时它们就会具有一种神奇的力量，也就是所谓的名望。

世界上不管怎样的统治力量，不管它是观念还是人，其权力得到加强，主要都是利用了一种难以抗拒的力量，它的名称就是“名望”。每个人都很了解这个词的含义，但是其用法却大相径庭，因此不易做出定义。名望所涉及的感情，既可能是赞赏，也可能是畏惧。有时这些感情是它的基础，但是没有它也完全能够存在。最大的名望归死人所有，即那些我们不再惧怕的人，譬如亚历山大、恺撒、穆罕默德和佛祖。此外还有一些我们并不赞赏的虚构的存在——印度地下神庙中那些可怕的神灵，但是它们因为具有名望而让我们害怕。

在现实中，名望是某个人、某本著作或某种观念对我们头脑的支配力。这种支配会完全使我们的批判能力麻痹，让我们心中充满惊奇和敬畏。这种感觉就像所有感情一样难以理解，不过它好像与魅力人物所引起的幻觉没有什么不同。名望是一切权力的主因。无论神仙、国王还是美女，缺了它一概没戏。

形形色色的名望概括起来可以分为两大类：先天的名望和个人名望。先天的名望来自称号、财富和名誉。它可以独立于个人的名望。相反，个人名望基本上为一个人所特有，它可以和名誉、荣耀、财富共存，或者由此得到加强，不过没有这些东西，它也完全能够存在。

先天的或人为的名望更为常见。一个人占据着某种位置、拥有一定的财富或头衔，仅仅这些事实，就能使他享有名望，即便是他本人多么没有价值。一身戎装的士兵、身着法袍的法官，总会令人肃然起敬。帕斯卡尔则正确地指出，法施 和假发是法官必不可少的装扮。缺乏了这些东西，他们的权威就会损失一半。即使是最狂放不羁的社会主义者，王公爵爷的形象对他们也多少总会有所触动。拥有这种头衔会使剥夺生意人变得轻而易举。

以上所说的这种名望，是由人来体现的，除了这些名望之外，还有一些名望体现在各种意见、文学和艺术作品等事物中。后者的名望往往只是长年累月重复的结果。历史，特别是文学和艺术的历史，不过就是在不断地重复一些判断。谁也不想证实这些判断，每个人最后都会重复他从学校里学到的东西，直到出现一些再没人敢于说三道四的称号和事物。相对于一个现代读者来说，研读荷马肯定是极令人生厌的事，然而谁又敢这么说？巴台农神庙按其现存的状态，不过是一堆非常没有意思的破败废墟，但是它的巨大名望却使它看起来并不是那个样子，而是与所有的历史记忆——如果他的财产能够使他拥有自己的身份，他事先便可断定他们是爱戴他的；只要能与他交往，他们会心甘情愿地把自已的一切都交到自己手里。很容易看得出来，当他露面时，他们高兴得脸上泛红；如果他向他们说话，抑制不住的愉快会让他们满面绯红，眼睛里闪烁着不同寻常的光芒。这么说吧，他们的血液里就流淌着对贵族的崇拜，如同西班牙人热爱舞蹈、德国人热爱音乐、法国人喜欢革命一样。他们对骏马和莎士比亚的热情不十分浓烈，这些东西带给他们的满足和骄傲也算不上他们生活不可分割的一部分。讲述贵族的书销路相当不错，任何地方都可以看到它们，就如人手一册的《圣经》。——联系在一起。名望的特点就是阻止我们看到事物的本来面目，让我们的判断力彻底麻痹。群众就像个人一样，总是需要对一切事物有简明的意见。这些意见的普遍性与它们是对是错全无关系，它们只受制于名望而已。

现在我来谈谈个人的名望。它的性质与我刚才说过的那些人为的或先天的名望完全不同。这是一种与一切头衔和权力无关的品质，而且只为极少数人所具备，它能使他们对自己周围的人施以真正神奇的幻术，即便是这些人与他们有着平等的社会地位，而且他们也不具备任何平常的统治手段。他们强迫周围的人接受他们的思想与感情，众人对他们的服从，就像吃人毫不费力的动物服从驯兽师一般。

所有伟大的群众领袖，如佛祖、耶稣、穆罕默德、圣女贞德和拿破仑，都拥有这种极高的名望，他们所取得的地位也同这种名望特别有关。各路神仙、英雄豪杰和各种教义，能够在这个世界上大行其道，都是因为各有其深入人心的魔力。当然，对他（它）们是不能探讨的，只要一探讨，他（它）们便全部消失。

我提到的这些人在成名之前，早就具备一种神奇的力量，没有这种力量他们也就不可能成名。比如说，达到荣耀顶峰时的拿破仑，仅仅因为他的权力这一事实，就享有巨大的名望，但是在他还未拥有这种权力，仍然籍籍无名时，他就已经部分地具备了这种名望。当他还是个名不见经传的将军时，多亏了那些有权势者要保护自己，他被派去指挥意大利的军队。他发现自己处在一群愤怒的将军中间，他们一心要给这个总督派来的年轻外来户一点教训瞧瞧。从一开始，从第一次会面时起，他没有借助于任何语言、姿态或威胁，他们一看到这个就要变成大人物的人，就很快地被他征服了。泰纳利用当时的回忆录，对这次会面作了引人入胜的说明：

师部的将军中间包括奥热罗，一个一身蛮勇的赳赳武夫，他为自己的高大身材和彪悍而扬扬自得。他来到军营，对巴黎派给他们的那个暴发户一肚子怒气。对于他们得到的有关此人怎样强大的描述，奥热罗打算粗暴地不予理睬：一个巴拉斯[①]的宠儿，一个因旺代事件而得到将军头衔的人，他在学校里的成绩就是街头斗殴，相貌平平，有着数学家和梦想家的美名。他们被带来了，波拿巴让他们在外边等着。他终于佩戴着自己的剑出现在他们面前。他戴上帽子，说明了他所采取的措施，下达命令，然后让他们离开。奥热罗一直沉默着。直到出门后他才重新找回了自信，让自己能够像通常那样骂骂咧咧地说话。他同意马塞纳的观点，这个小个子魔鬼将军让他感到敬畏，他无法理解那种一下子就把他压倒的气势。

变成大人物后，拿破仑的名望与他的荣耀持续增长，至少在他的追随者眼里，他和神灵的名望已所差无几。旺达姆将军，一个粗悍、大革命时代的典型军人，甚至比奥热罗更粗野，1815 年，在与阿纳诺元帅一起登上杜伊勒里宫的楼梯时，他对元帅谈到了拿破仑：“那个魔鬼般的人物对我施用的幻术，我自己也搞不懂为何这么厉害，一看到他，我就像个小孩子一样禁不住打战。他简直能够让我赴汤蹈火。”

凡是和拿破仑有过接触的所有人，都能产生这种神奇的影响。达武在谈到马雷和他本人的奉献精神时说：“如果皇帝对我们说：‘毁灭巴黎，不放过任何一个人，这对于我的政策至关重要。’我相信马雷是会为他保守秘密的，不过他还不至于顽固到不想让自己的家人离开这座城市。而我会因为担心泄露真情，把我的妻儿留在家里。”

必须记住这种命令让人神魂颠倒的惊人力量，才能够理解拿破仑完全意识到了自己的名望，他深知，如果他把自己身边的人看得尚不及马

① 巴拉斯（Paul-F.-J.Barras，1755—1829），法国大革命时的政治家，贵族出身，是最早赏识拿破仑的人之一。——译注

夫，他的名望就会更上一层楼。这些人中包括国民议会里的一些令欧洲人胆战心惊的显赫人物，当时的许多闲谈都可说明这一事实。在一次国务会议上，拿破仑就曾粗暴地羞辱过伯格诺，其无礼就像对待一个男佣。发生效果后，他走到这个人面前说："喂，笨蛋，你找到脑子了吗？"伯格诺，一个如鼓手一般高大的人，深深地鞠躬。那个小个子伸手揪住大个子的耳朵，把他提起来。"这是令人心醉的宠信的表示，"伯格诺写道，"这是主人发怒时常见的亲见举动。"这些事例可以使人清楚地认识到，名望能够产生多么无耻的陈词滥调。它也能够使我们看到大暴君对其喽啰们极为轻蔑的态度——他只把他们看作"他灰"。从厄尔巴岛返回法国的壮举——他孤身一人，面对一个对他的暴政想来已感到厌倦的大国，却能闪电般地征服整个法国。他只需看一眼那些派来阻挡他、曾发誓要完成自己使命的将军，他们没作任何商量便屈服了。

英国将军吴士礼写道："拿破仑，一个来自他的王国厄尔巴岛的逃犯，几乎是孤身一人在法国登陆，几周之内便把合法国王统治下的法国权力组织统统推翻。想证明一个人的权势，没有比这更惊人的方式了！在他的这场最后战役中，从头至尾，他对同盟国又施加了多么惊人的权势！他们让他牵着鼻子走，他差一点就将他们打败了！"

他的名望远远长于他的寿命，而且有增无减。他的名望让他的一个懦弱无能的侄子变成了皇帝。直到今天他的传奇故事仍然不绝于耳，足见对他的怀念是如此强烈。随心所欲地迫害人，为了一次次的征伐，就让数百万人死于非命——只要你有足够的名望和付诸实施的天才，人们就会允许你这样做。

诚然，我所谈的都是名望的一些罕见的例子。但是为了了解那些伟大的宗教、伟大的学说和伟大的帝国的起源，提提这些事例是有益处的。

没有这种名望对群众的影响，这些发展就会成为不可思议的事情。

但是，名望并不是完全建立在个人的权势、军事业绩或宗教敬畏基础之上的。它可以有较为平庸的来源，其力量也相当可观。我们这个世纪便提供了若干实例。能够让后人世代不忘的最惊人的事例之一，是那个把大陆一分为二，改变了地球面貌和通商关系的大大有名的人物的故事。他实现了自己的壮举，是因为他拥有强大的意志，也因为他能让自己周围的人崇拜。为了克服他遇到的无数反对，他只能用自己的行为说话。他言语简洁，他的魅力可以化敌为友。英国人反对他的计划尤其卖力，然而他一出现在英国，就把所有选票都争取到了自己的一边；晚年他途经南安普顿时，一路上教堂的钟声不断；而今又有一场运动在英国展开，要为他树立一座塑像。

征服了必须征服的一切——人和事、沼泽、岩石、沙地——之后，他不再相信还有任何事情能挡住他，他想在巴拿马再挖一条苏伊士运河。他按老办法着手这项工程，但是他已经上了年纪。此外，虽有移山填海的信念，如果那座山过于高大，也是不能移动分毫的。山会进行抵抗，后来发生的灾难，也抹去了这位英雄身上耀眼的光辉。他的一生说明了名望如何出现，也说明了它怎样消失。在成就了足以同历史上最伟大的英雄媲美的业绩以后，他却被自己家乡的官僚打入最下贱的罪犯之流。他去世时没人留意，灵柩经过处，是一群无动于衷的民众。只有外国政府像对待历史上每个最伟大的人一样，怀着崇高的敬意对他表示纪念。

上面提到的这些事仍然属于罕见的例子。要想对名望的心理学有细致的认识，把它们置于一系列事例中的极端是非常必要的。这个系列的一端是宗教和帝国的创立者，而另一端则是用一顶新帽子或一件新服饰炫耀邻居的人。

在这一系列事例的两极之间，文明中的各种不同因素——科学、艺术、文学等，所导致的一切不同形式的名望，都占有一席之地，并且可以看到，名望是说服群众的一个最基本的因素。

在斐迪南·德·雷赛布受到指控后，人们不再对哥伦布的可悲下场表示惊讶。如果说雷赛布是个骗子，那么一切高贵的幻想便都成了犯罪。古人会用荣耀的光环来缅怀他，会让他饮下奥林匹克的甘露，因为他将地球的面貌改变了，完成了使万物更加完美的艰巨任务。上诉法院的首席法官因为指控斐迪南·德·雷赛布而成了不朽的人物，因为各民族总是需要一些人，他们不害怕把信徒的帽子丢向一位老人——他的一生为当代人增光——以此贬低自己的时代。

在资产阶级憎恨大胆创举的地方，再也不要谈论什么不可动摇的正义的未来！民族需要勇士，他们充满自信，只要了所有的障碍，不在乎个人的安危。天才是不可能谨小慎微的，一味谨小慎微，是绝对不可能扩大人类的活动范围的。

……斐迪南·德·雷赛布明白凯旋的狂喜与挫折的创痛——苏伊士运河和巴拿马运河。在这一点上，这颗心对成功的道德进行了叛逆。当雷赛布成功地贯通了两个海洋时，国王和人民向他表达了虔诚的尊敬；如今，当他败在科迪雷拉斯的岩石面前时，他仅仅是个毫无教养的骗子……从这种结局中我们看到了社会各阶级之间的战争，看到了资产阶级和雇主的不满，他们借助于刑法，对那些在其同胞中出类拔萃的人施加报复，在面对人类天才高远的理想时，现代立法者心里充满窘迫，而公众对这些理想也不是很理解。一个大律师不难证明，斯坦利（比利时著名探险家）是个疯子，德·雷赛布也是个骗子。

名望的人、观念或物品，会在受到的作用下，立刻受到人们自觉不自觉的效仿，使整整一代人接受某些感情或表达思想的模式。进而说，这种模仿通常是并非自觉的，这解释了它的彻底性这一事实。临摹某些原始人的单调色彩和僵硬姿态的现代画家，很少可以做到比他们灵感的来源更有生命力。他们相信自己的真诚，但若是没有哪个杰出的大师复活了这种艺术形式，人们便会一直只看到他们幼稚、低级的一面。那些效仿另一位著名大师的艺术家，在他们的画布上涂满了紫罗兰色的暗影，但是他们在自然界并没有看到比五十年前更多的紫罗兰。他们是受到了另一位画家的个性和特殊印象的影响，即受到了他的“暗示”，而这位画家尽管古怪，却成功地获得了巨大的声望。在文明的所有因素中，都可以举出类似的事例。

由此可见，名望的产生与若干因素有关，而其中成功永远是最重要的一个因素。每个成功者，每个得到承认的观念，仅仅因为成功这一事实，人们便不再怀疑他（它）。成功是通向名望的主要阶梯，其证据就是成功一旦消失，名望几乎也总是随之流逝。昨天受群众拥戴的英雄一旦失败，今天就会受到羞辱。当然，名望越高，反应也会越加强烈。在这种情况下，群众会把陌路英雄视为自己的同类，为自己曾向一个已不复存在的权威低头哈腰而进行报复。当年罗伯斯庇尔把自己的同伙和大量的人处死时，他享有巨大的名望。当几张选票的转移剥夺了他的权力时，他便马上失去了名望，群众齐声咒骂着把他送上了断头台，就像不久前对待他的牺牲品一样。信徒们总是穷凶极恶地打碎他们以前神灵的塑像。

缺少成功的名望，会在很短的时间里消失。不过它也可以在探讨中受到消磨，只是需要时间更长一些。总之，探讨的力量是极为可靠的。当名望成为问题时，便不再是名望。能够长期保持名望的神与人，对探讨都毫不宽容。为了让群众敬仰，必须与它保持一定的距离。

第四章
群体的信念和意见的变化范围

（1）牢固的信念

生物的解剖学特征和心理特征有非常密切的相似之处。在这些解剖学特征中，会看到一些不易改变或只有轻微改变的因素，它们的改变需要以地质年代来计算。除了这些稳定的、不可毁灭的特征之外，也可以看到一些极易变化的特征，比如利用畜牧和园艺技术很容易就能加以改变的特征，有时它们甚至会使观察者看不到那些基本特征。

在道德特征上也同样可以看到这样的现象。一个种族除了有不可更改的心理特征外，也能看到它有一些可变因素。因此在研究一个民族的信仰和意见时，在一个牢固的基础结构之上，总是可以观察到有一些嫁接在上面的意见，其多变就如岩石上的流沙。

因此，群体的意见和信念可以分成不同的两类。首先是我们有重要而持久的信仰，它们能够数百年保持不变，整个文明或许就是以它们为基础。例如过去的封建主义、基督教和新教，在我们这个时代则有民族主义原则和当代的民主以及社会主义观念。其次就是一些短暂而易变的意见，它们通常是每个时代生生灭灭的一些普遍学说的产物，这方面的例子有影响文学艺术的各种理论，例如那些产生了浪漫主义、自然主义或神秘主义的理论。这些意见往往都是表面的，就像时尚一样多变。它们类似于一池深水的表面不断出现和消失的涟漪。

伟大的普遍信仰数量是十分有限的。它们的兴衰是每一个文明种族的历史上令人瞩目的事件。它们构成了文明的真正基础。

用一时的意见影响群众的头脑并不困难，想让一种信仰在其中长久扎根却极为不容易。不过，一旦这种信念得以确立，要想彻底根除它也同样困难。通常只有用暴力革命才能对它进行作用。甚至当信念对人们的头脑完全失去控制力时，也要借助于革命。在这种情况下，革命的作用是对已经被人抛弃的东西作最后的清理，因为习惯势力阻碍着人们完全放弃它。一场革命的开始，其实就是一种信念的末日。

一种信念开始衰亡的确切时刻很容易辨认——这就是它的价值开始受到怀疑的时刻。一切普遍信念只是一种虚构，它唯一的生存条件就是它不能受到审察。

不过，即使当一种信念已经跌跌撞撞时，根据它建立起来的制度仍会保持其力量，并且消失得十分缓慢。最后，当信念的余威尽丧时，建立于其上的一切很快也会开始衰亡。目前为止，没有哪个民族能够在没有下决心破坏其全部文明因素的情况下完全转变它的信仰。这个民族会持续这一转变过程，直到停下脚步接受一种新的普遍信念为止，在此之前它会一直处在一种无政府状态中。普遍信念是文明不可或缺的柱石，它们决定着各种思想倾向。只有它们能够激发信仰并形成责任意识。

各民族一直清楚获得普遍信念的好处，它们本能地明白，这种信念的消失便是它们衰败的信号。使罗马人能够征服世界的信念，是他们对罗马的狂热膜拜；当这种信念销声匿迹时，罗马便注定衰亡。至于那些毁灭了罗马文明的野蛮人，只有当他们具备某种共同接受的信念，他们才取得了一定的团结；只有摆脱了无政府状态，才能做到这一点。

各民族在捍卫自己的意见时，总是表现出不宽容的态度，这显然是有原因的。这种对哲学批判表现出来的不宽容态度，代表着一个民族生命中最必要的品质。在中世纪，正是为了寻求或坚持普遍信仰，才有如此多的发明创新者被送上火刑柱，即他们逃脱了殉道，也难免在绝望中死去。也正是为了捍卫这些信念，世界上才经常上演一幕幕最可怕的混乱，才有成千上万的人战死沙场或将要死在那里。

建立普遍信念的道路可谓困难重重，不过一旦它得以立足，它便会长期具有不可征服的力量，无论从哲学上看它是多么荒谬，它都会钻入最清醒的头脑。在长达一千五百年的时间里，欧洲各民族不是一直认为，那些像莫洛克神一样野蛮的宗教神话是毋庸置疑的吗？有个上帝因为他自己创造出来的动物不顺从，便进行自我报复，让其儿子承受可怕的酷刑，在十多个世纪里，居然一直没人认识到这种神话可笑至极。有过人天赋者，如伽利略、牛顿、莱布尼茨，从来也没有想到过这种说教的真实性相当令人怀疑。普遍信仰有催眠作用，再也找不出任何事情比这个事实更具有典型性了，也没有任何事情能更确切地表明，我们的理智有着令人汗颜的局限性。

新的教条一旦植根于群体的头脑中，就会成为鼓舞人心的源泉，它由此会发展出各种制度、艺术和生活方式。在此环境下，它对人们实行着绝对的控制。实干家苦心孤诣地要让这种普遍接受的信仰变成现实，立法者则一心想把它付诸实行，哲学家、艺术家和文人全都醉心于如何以各种不同的方式表现它，除此之外再也没有其他的想法。

从基本信念中可以派生出一些短暂的观念，然而它们总是具有那些信念所赋予它们的印记。埃及文明、中世纪的欧洲文明、阿拉伯地区的穆斯林文明，都是几种宗教信仰的寥寥产物，这些文明中即使是最微不足道的事物，也都给它们留下了一眼就能辨认出来的印记。

因此，幸亏有这些普遍信念的存在，每个时代的人都在一个由相似的传统、意见和习惯组成的基本环境中成长，他们不能摆脱这些东西的检验。人的行为首先受他们的信念左右，也受由这些信念所形成的习惯支配。这些信念调整着我们生活中最无关紧要的行动，最具独立性的精神也挣脱不了它们的影响。在不知不觉中支配着人们头脑的暴政，才是唯一真正的暴政，因为你无法同它斗争。诚然，提比略、成吉思汗和拿破仑都是可怕的暴君，但是躺在坟墓深处的摩西、佛祖、耶稣和穆罕默德，却对人类实施着更为深刻的专制统治。利用密谋可以推翻一个暴君，而反对牢固的信念又有何可利用呢？在同罗马天主教的暴力对抗中，法国大革命最终屈服了，虽然群体的同情显然是在它这一边，虽然它采用了像宗教法庭一样残酷的破坏手段。人类所知道的唯一真正的暴君，历来就是他们对死人的怀念或是他们为自己编织出来的幻想。

普遍的信念在哲学上讲往往是十分荒诞可笑的，但这从来不会成为它们取得胜利的阻碍。当然，如果这些信念缺少了提供某种神奇的荒谬性这一条件，它们也就不可能获胜。所以，今天的社会主义信念虽有显而易见的破绽，但这并没有阻止它赢得群众。这种思考得出的唯一结论就是，和所有宗教信仰相比，其实它仅仅算是等而下之的信仰，因为前者所提供的幸福理想只能在来世得以实现，因此我们也无法反驳它，而社会主义的幸福理想要在现世得到落实，因而只要有人想努力实现这种理想，它许诺的空洞无物立刻就会一览无余，从而使这种新的信仰身败名裂。因此，它的力量也只能增长到它获得胜利，开始实现自身的那天为止。由于这个原因，这种新宗教虽然像过去所有的宗教一样，也以产生破坏性影响为起点，但是将来它并不能发挥创造性的作用。

（2）群体意见的多变

以上我们论述了牢固信念的力量，不过在这个基础的表层，还会生长出一些不断反反复复的意见、观念和思想。其中一些也许朝生暮死，较重要的也不会比一代人的寿命更加长久。我们已经指出，这种意见的变化有时不过是些表面现象，它们总是受到某些种族意识的影响。比如在评价法国政治制度时我们说，各政党表面上看有很大不同——保莫派、激进派、帝国主义者、社会主义者等，但是它们都有着一个绝对一致的理想，并且这个理想完全取决于法兰西民族的精神结构，因为在另一些民族中，在相同的名称下会看到一些截然对立的理想。不管是给那些意见所起的名称，还是其骗人的用法，都不会改变事物的本质。大革命时代的人饱受拉丁文学的熏陶，他们的眼睛只瞄准罗马共和国，采用它的法律、它的权标、它的法施[①]，但他们并没有变成罗马人，因为后者是处在一个有着强大的历史意义的帝国的统治之下。哲学家的任务，就是要

① 佛教语。出家人多行法施，在家人多行财施。

研究古代的信念在其表面变化的背后有什么东西支撑着它们，在不断变化的意见中寻找出受普遍信念和种族特性决定的成分。

如果不做这种哲学上的检验，人们会以为群众时常随意改变他们的政治或宗教信念。一切历史，不管是政治的、宗教的、艺术的，还是文学的，似乎都已经证明了事情就是如此。作为佐证，让我们来看看法国历史上非常短暂的一个时期，即 1790 年到 1820 年这三十年的时间，正好是一代人的时间。在这段时间，我们看到，最初是保皇派的群体却变得十分革命，然后成为极端的帝国主义者，最后又成了君主制的支持者。在宗教问题上，他们在这段时间从天主教倒向无神论，然后再倒向自然神论，最后又回到了最坚定的天主教立场上。这些变化不仅仅发生在群众中，而且也发生在他们的领导者中。我们惊讶地发现，国民公会中的一些要人，国王的死敌，既不信上帝也不信主子的人，竟会摇身一变，成为拿破仑恭顺的奴仆，在路易十八的统治下，又手持蜡烛虔诚地走在宗教队伍的行列中。

在以后的几年里，群众的意见又发生了无数次变化。21 世纪初“背信弃义的英国佬”在拿破仑的继承者统治时期，做了法国的盟友。两度受到法国入侵的俄国，以满意的心情看着法国倒退，最终也变成了它的朋友。

在文学、艺术和哲学中，随即而来的意见变化更为迅速。浪漫主义、自然主义和神秘主义等，轮番登场，生生灭灭。昨天还在受着吹捧的艺术家和作家，明天就会被人痛斥不休。

可是，当我们深入分析所有这些表面的变化时，我们又发现了什么？一切与民族的普遍信念和情感相关的东西，都没有永恒的持久力，逆流不久便又重新回到了主河道。与种族的任何普遍信念或情感毫无关联，从而不可能具有稳定性的意见，只能任凭机遇的摆布，或者——假如其说法还有可取之处——会随着周围的环境而发生变化。它们只能在暗示和传染的作用下形成一种暂时现象。它们匆匆而来，又匆匆而去，就像海边沙滩上被风吹成的沙丘。

目前，群体中易变的意见比以往任何时候都多，这里有三个不同的原因：

第一个原因，是昔日的信仰正在日甚一日地失去其影响力，因此它们也就不再像过去那样，能够在当时形成短暂意见。普遍信仰的衰败，为一大堆既无历史也无未来的偶然意见提供了机会。

第二个原因，是群众的势力在不断增长，这种势力越来越缺乏制衡力量。我们已有所了解的群体观念的极其多变这一特点，得以肆无忌惮地表现出来。

最后，第三个原因，是报业近来的发展，它们不断地将完全对立的意见带给观众。每一种个别的意见所产生的暗示作用，很快就将受到对立意见的暗示破坏。结果是任何意见都难以普及，它们全都成了过眼云烟。今天，一种意见还来不及被足够多的人所接受，就成了普遍意见，便已寿终正寝。

这些不同的原因造成一种世界史上的全新现象，它是这个时代最显著的特点。我这里是指政府在领导舆论上的愚蠢无能。

过去，就在不久以前，政府的措施、少数作家和寥寥几家报纸的影响，就是公众舆论真正的反映者，而今天作家已经毫无任何影响力可言，报纸则只是反映意见。对政客而言，他们不要说是引导各种意见，追赶意见还怕来不及。他们害怕意见，有时甚至变成了恐惧，这使他们采取了极不稳定的行动路线。

所以，群体的意见越来越倾向于变成政治的最高指导原则。它已经发展到了这种地步，竟然能够强迫国家之间结盟，例如最近的法、俄同盟，就几乎完全是由大众运动造成的。目前一种奇怪的病症是，人们看到教皇、国王和皇帝也在同意接受采访，仿佛他们也愿意把自己在某个问题上的看法交给群众评论和审判。在政治事务上不可感情用事，过去这样说也许是错误的，但是当政治越来越受到多变的群众冲动的支配，而理性又影响不到他们，只受情绪支配时，还能再这样说吗？

至于过去引导意见的报业，就像政府一样，它在群众势力面前也变得屈尊偏就。当然，它仍然存在相当大的影响，然而这不过是因为它只一味地迎合群众的意见及其不断地变化。报业既然成了仅仅提供信息的部门，它便已经放弃了让人接受某种观念或学说的努力。它在公众思想的变化中浑浑噩噩，出于竞争的要求，它也只能这样做，因为它害怕失去自己的读者。过去那些稳健而有影响力的报纸，如《宪法报》《论坛报》或《世纪报》，被上一代人当作智慧的传播者，如今它们不是已经消亡，就是转变成了典型的现代报纸，最有价值的新闻被夹在各种轻松话题、社会见闻和金融谎言之间。如今，任何一家报纸都没有富裕到能够让它的撰稿人传播自己的意见，因为对那些只想得到消息，对经过深思熟虑后做出的所有断言一概表示怀疑的读者，这种意见的价值极其微小。甚至评论家也不再能有把握地说一本书或一台戏获得了成功。他们能够恶语中伤，却不能提供服务。报馆十分清楚，在形成批评或个人意见上没有任何有用的东西，于是它们便采取压制批评的立场，只限于提一下书名，再添上两三句“捧场的话”。在多年的时间里，同样的命运或许会降临到戏剧评论的头上。

今天，密切关注各种意见，已经成为报社和政府的首要任务。它们需要在没有任何中间环节的情况下知道一个事件、一项法案或一次演说造成的效果。这并不是个轻松的任务，因为没有任何事情比群众的想法变化多端，今天，也没有任何事情，能够比群众对他们昨天还赞扬的事情，今天便给予痛斥的做法更为寻常。

不存在任何引导意见的力量，兼之普遍信仰的毁灭，其最终结果就是对任何秩序都存在着极端分歧的信念，并且使群众对一切不明确、触及他们直接利益的事情，越来越漠不关心。像社会主义这种信仰的问题，只在没有文化的阶层，譬如矿山和工厂里的工人中间，能够得势，中产阶级的下层成员以及受过一些教育的工人，若非变成了彻底的怀疑论者，就是抱着极不稳定的意见。

过去二十五年里朝着这个方向演变的速度是极其惊人的。在这之前的那个时期，虽然与我们相距并不太远，人们的意见还仍然大致保持着一般趋势，它们的产生是因为接受了一些基本的信仰，仅仅依据某人是个君主制的拥护者这一事实，就断定他持有某些明确的历史观和科学观；仅仅根据某人是共和主义者，便可以轻易地说他有着完全相反的观点。拥护君主制的人十分清楚，人不是由猴子变过来的，而共和主义者一样十分清楚，人类的祖先其实就是猴子。拥护君主制的人有责任为王室辩解，共和主义者则必须怀着对大革命的崇敬发言。凡是提到一些人名，如罗伯斯庇尔和马拉，语气中必须总要有宗教式的虔诚，还有一些人名，如恺撒、奥古斯都或拿破仑，也万万不可在提到时不予以猛烈的痛斥。甚至在法兰西的索邦，也普遍存在着这种理解历史的幼稚方式。

目前，由于讨论和分析的缘故，一切意见都丧失了名望；它们的特征很快退化，持续的时间之短会很难唤起我们的热情。现代人越发变得麻木不仁。

对于理念的衰退不必过于悲伤。不容争辩，这是一个民族生命即将衰败的征兆。当然，伟大的人、具备超凡眼光的人、使徒和民众领袖——总之，那些真诚的、有强烈信念的人——与专事否定、批判的人或麻木不仁的人相比而言，可以发挥更重要的影响，不过我们切莫忘了，由于目前群众拥有庞大的势力，所以，假如有一种意见赢得了足够的声望，使自己能够得到普遍的接受，那么它很快便会拥有强大的专制权力，使一切事情完全屈服于它，自由讨论的时代便会长久地丧失。群众偶尔是个步态悠闲的主人，就像赫利奥加巴勒和提比留斯一样，但他们也是狂暴的、反复无常的。当群众对一种文明占了上风时，它就很少有机会再延续下去了。如果说还有什么事情能够推迟自身的毁灭的话，那就是极不稳定的群众意见，以及他们对一切普遍信仰的麻木不仁。

第三卷

不同群体的分类及其特点

第一章
群体的分类

我已在本书中论述了群体动理的普遍特点。仍然有待于说明的是，不同类型的集体在一定刺激因素的影响下，变成群体时各自具有的特点。我们首先用几句话来探讨一下群体的分类。

我们的起点是简单的人群。当许多人组成的人群是属于不同种族时，我们便看到了它最初级的形态。在这种情况下，唯一能够形成团结的共同纽带，就是头领多多少少受到尊敬的意志。在几百年的时间里不断进犯罗马帝国的野蛮人，来源十分复杂，因此可以把他们当作这种人群的典型。

比不同种族的个人组成的人群更高的层面，是在某些影响下获得了共同特征，因而最终形成一个种族的那些人群。它们偶尔表现出某些群体的特征，不过这些特征在一定程度上抵挡不过种族的因素。

在本书阐述过的某些影响的作用下，这两种人群可以转变成有机的或心理学意义上的群体。我们把这些有机的群体分为以下两类：

①异质性群体

a. 无名称的群体（如街头群体）

b. 有名称的群体（如陪审团、议会等）

②同质性群体

a. 派别（政治派别、宗教派别等）

b. 身份团体（军人、僧侣、劳工等）

C. 阶级（中产阶级、农民阶级等）

我们将简单地指出这些不同类型群体的特征。

（1）异质性群体

本书前面研究的一直就是这种群体的特点。它们是由有着各种特点、各种职业、各种智力水平的个人组成的。

我们只根据事实便已知晓，人作为行动的群体中的一员，他们的集体心理与他们的个人心理有着本质的差别，而且他们的智力很容易也会受到这种差别的影响。我们已然得知，智力在集体中不起作用，它完全处在无意识情绪的支配之下。

一个基本因素，即种族的因素，使不同的异质性群体几乎完全不一样。

我们经常讨论到种族的作用，指出它是人们行动最强大的决定性因素。它的作用在群体的性格中也可寻到一些蛛丝马迹。由偶然聚集在一起的个人组成的群体，如果他们全是英国人或中国人，同有着任何不同特征但属于同一个种族的个人——如俄国人、法国人或西班牙人——组成的群体，差别将会很大。

当环境形成了一个群体，并且其中有着不同民族但比例大体相同的个人时，他们所继承的心理成分，给人的感情和思想方式造成了相当大的差异，立刻就会变得非常突出，无论让他们聚集在一起的是多么一致的利益，这种情况都会发生。社会主义者试图在大型集会中把不同国家的工人代表集合在一起的努力，最后总是以公开的分歧作为结局。拉丁民族的群体，不管它是多么革命，还是多么保守，为了实现自己的要求，无一例外地请求国家的干预。它总是倾向于集权，总是或明或暗地倾向于赞成独裁。然而，英国人或美国人的群体就不拿国家当回事，它们只求助于个人的主动精神。法国的群体特别看重平等，英国的群体则特别看重自由。这些差异解释了为什么有多少个国家就有多少种不同形式的社会主义和民主。

由此而论，种族的气质对群体性格有着重大影响。它是一种决定性力量，限制着群体性格的变化。所以可以认为，一条基本定律就是，因为种族精神的强大，群体的次要性格相比之下显得并不十分重要。群体状态或支配群体的力量类似于野蛮状态，或者说是向这种状态的回归。种族正是通过获得结构稳定的集体精神，才使自身在越来越大的程度上摆脱了缺乏思考的群体力量，最终走出了野蛮状态。除了种族因素之外，对异质性群体最重要的分类，就是把它们分为无名称的群体——如街头群体——和有名称的群体——如精心组织起来的议会和陪审团。前一种群体缺乏责任感，而后一种群体则发挥了这种责任感，这往往使它们的行动有着很大的不同。

（2）同质性群体

同质性群体包括：①派别；②身份团体；③阶级。

派别是同质性群体组织过程的第一步。一个派别包括在教育、职业和社会阶级的归属方面大不相同的个人，把他们联系在一起的是共同的信仰。这方面的例子是宗教和政治派别。身份团体是最易于组织起群体的一个因素。派别中包括职业、教育程度和社会环境大不相同的个人，他们仅仅是被共同的信仰连接在一起；而身份团体则由职业相同的个人组成，因此他们也有相似的教养和相当一致的社会地位，这方面的例子如军人团体和僧侣团体。

阶级是由来源不同的个人组成的，和派别不太一样，使他们结合在一起的不是共同的信仰，也不像身份团体那样，是因为相同的职业，而是某种利益、生活习惯以及几乎相同的教育。这方面的例子是中产阶级和农民阶级。

本书只讨论异质性群体，把同质性群体（派别、身份团体和阶级）放在另一本书里研究，因此我不打算在这里探讨后一种群体的特点。在结束对异质性群体的研究时，我会考察一下几种典型的特殊群体。

第二章
被称为犯罪群体的群体

在兴奋期过后，群体就会自动进入一种纯粹自动的无意识状态。在这种状态之下，它深受各种暗示的左右，因此似乎很难把它说成是一个犯罪群体。我暂时保留这一错误的定性，是因为最近一些心理学研究使它变得十分盛行。的确，群体的一些行为，如果仅就本身而论，的确是犯罪行为，但是在某些情况下，这种犯罪行为同一只老虎为了消退而让其幼虎把一个印度人撕得血肉模糊，然后再把他吃掉的行为是一样的。

群体犯罪的动机一般是一种强烈的暗示，参与这种犯罪的个人事后会坚信他们的行为是在履行责任，这与平常的犯罪大不相同。

群体犯罪的历史透露了实情。

巴士底狱监狱长的遇害可以视为一个典型的事例。在这位监狱长的堡垒被攻破后，一群极度兴奋的人把他团团围住，从四面八方对他拳打脚踢。有人建议吊死他，砍下他的头，把他挂在马尾巴上。在反抗的过程中，他偶尔踢到了一个在场的人，于是有人建议，让那个挨踢的人割断监狱长的脖子，他的建议立刻赢得了群众的赞同。

“这个人，一个干完活的厨子，来巴士底狱的主要原因是无所事事的好奇心，他只是想来看看发生了什么。然而由于普遍的意见就是这样，于是他也深信这是一种爱国行为，甚至自以为因杀死一个恶棍而得到一枚勋章。他用一把借来的刀切那裸露出来的脖子，因为武器有些钝了，他没能切动。所以他从自己的兜里掏出一把黑柄小刀（既然有厨子的手艺，他对切肉应当很有经验），成功地完成了任务。”

以上指出的过程的作用，清晰地反映在这个例子中。我们服从别人的蛊惑，它会因为来自集体而更为强大，杀人者认为自己是做了一件很有功德的事情，既然他得到了无数同胞的赞同，他这样想是很自然的。这种事从法律上可以看作犯罪，然而从心理上却不是犯罪。

犯罪群体的一般特征与我们在所有群体中看到的特征并无差异：易受怂恿、轻信、易变、把良好或恶劣的感情加以夸大、表现出某种道德，等等。

我们会看到，在法国历史上留下最凶残记录的群体，即参与“九月惨案”的群体中间，这些特征全部都有。其实，它与制造圣巴托洛缪惨案的群体相当类似。这里我引用了泰纳根据当时的文献所作的详细描述。

谁也不知道是谁下了杀掉犯人，空出监狱的命令。也许是丹东或其他人，这并不重要。我们关注的是这样一个事实，即参与屠杀的群体受到了强烈的怂恿。

这个杀人群体杀了大约三百个人，而且它明显是个典型的异质性群体。除了少数职业无赖，主要是一些小店主和各行各业的手艺人：鞋匠、锁匠、理发师、泥瓦匠、店员、邮差等。在别人的蛊惑下，他们就像前面提到的那个厨子一样，完全相信自己是在完成一项爱国主义任务。他们挤进一间双开门的办公室，不仅当法官而且当执行人，但是他们丝毫不认为自己是在犯罪。

他们坚信自己肩负着重要使命，着手搭起一座审判台，与这种行动联系在一起的是，他们立刻表现出群体的率直和幼稚的正义感。考虑到受指控的人数众多，他们决定把贵族、僧侣、官员和王室、仆役全部处死，没有必要对他们的案件一一进行审判——换而言之，在一个杰出的爱国者眼中，对于所有的个人，只凭职业就可判断他是罪犯。其他人将根据他们的个人表现和声誉做出判决。群体幼稚的良知以这种方式得到了满足。现在可以合法地进行屠杀了，残忍的本能也就尽情地释放了。我在别处讨论过这种本能的来源，集体总是会将它发挥得淋漓尽致。不过正像群体通常表现的那样，这种本能并不阻挡他们表现出一些相反的感情，他们的善心常常和他们的残忍一样激进。

“他们对巴黎的工人有着极大的同情和深刻的理解。在阿巴耶，那帮人中的一员在得知囚犯二十四个小时没喝上水后，甚至想把狱卒打死，如果不是犯人们为他求情，他是一定会这样做的。当一名囚犯被（临时法庭）宣告无罪以后，包括卫兵和刽子手在内的所有人都高兴地与他拥抱，疯狂地鼓掌。”然后开始了大屠杀。在这个过程中，欢快的情绪从来未间歇。他们围在尸体旁跳舞唱歌，“为女士”安排了长凳，以享观处死贵族的乐趣。而且这种表演一直充满着特殊的正义气概。

阿巴耶的一名刽子手当时就抱怨说，为了让女士们看得真实一些，将她们安排得太近了，使在场的人中只有很少一部分享受了痛打贵族的乐趣。于是决定让受害者在两排刽子手中间慢慢走过，让他们用刀背砍他以延长其受苦的时间。在福斯监狱，受害人被剥得精光，在半个小时里施以“凌迟”，直到每个人都看足了瘾以后，再一刀刀地切开他们的五脏六腑。

刽子手并非完全无所顾忌，我们指出过的存在于群体中的道德意识也表现在他们身上。他们拒绝占有受害人的钱财和首饰，把这些东西全都放在会议桌上。

在他们的所有行为中，都可以看到群体头脑特有的那种幼稚的推理方式。因此，在屠杀了一千两百个到一千五百个民族的敌人之后，有人建议说，那些关着老年人、乞丐和流浪汉的监狱其实是在养着一些没用的人，因此不如把他们统统杀掉，他的建议立刻就被采用。他们中间当然也有人民的敌人，一如一位名叫德拉卢的妇女，一个下毒者的寡妇："她肯定对坐牢非常愤怒，如果她能做到的话，她会一把火烧掉巴黎。她肯定这样说过，她已经这样说过了。除掉她算了。"这种说法好像很令人信服，囚犯被无一例外地处死了，其中包括五十名十二岁到十七岁的儿童，他们当然也变成了人民的公敌，于是全都被解决掉了。

当一周的工作结束时，所有的这些处决也终于止歇，刽子手们想来可以休息一下了。但他们深信自己为祖国立了大功，于是前往政府请赏。最热情的人甚至要求被授予勋章。

1871 年巴黎公社的历史也提供了一些相似的事实。既然群体的势力在不断增长，政府的权力在它面前节节败退，因而我们一定还会看到许多性质相同的事情。

第三章
刑事案件的陪审团

由于不可能在这里对所有类型的陪审团全部进行研究，因此我只想评价一下最重要的，即法国刑事法庭的陪审团。这些陪审团为有名称的异质性群体提供了一个很不错的例子。我们会看到，它也表现出很容易受暗示和缺乏推理能力的特点。当它处在群众领袖的影响之下时，也主要受无意识情绪的控制。在这一研究的过程中，我们不时还会看到一些不懂群众心理的人犯下错误的有趣事例。

首先，组成群体的不同成员在做出判决时，其智力水平没什么关系，陪审团为此提供了一个很好的例子。我们已经知晓，当一个善于思考的团体就某个并不是完全技术性的问题发表意见时，智力起不了太大的作用。比如，一群科学家或艺术家，仅仅因为他们组成一个团体这个事实，并不能就一般性问题做出与一群泥瓦匠或杂货商十分不同的判断。在不同的时期，特别是在 1848 年以前，法国政府规定对召集起来组成陪审团的人要谨慎地选择，要从有教养的阶层选出陪审员，即选择官员、教授、文人等。如今，大多数陪审员来自小商人、小资本家或雇员。然而令专家匪夷所思的是，不管组成陪审团的是什么人，他们的判决总是一样。甚至那些敌视陪审制度的地方长官，也必须承认判决的准确性。贝拉·德·格拉热先生是刑事法庭的前庭长，他在自己的《帼忆录》中用下面的一席话表达了自己的看法：

今天，选择陪审员的权力实际掌握在市议员手里。他们根据自己环境中的政治和选举要求，把人们列入名单或从名单上划掉。很多选陪审团的人都是商人（但并不是像过去那样重要的人）和属于某个政府部门的雇员。只要法官的开庭时间表一定，他们的意见和专长便不再发生作用。许多陪审员有着新手的热情，有着最良好的意图，被同时放在了恭顺的处境下，陪审团的精神并未改变：它的判决依然像原来一样。

对于这段话，我们必须记住的是它的结论，而非那些软弱无力的解释。对这样的解释我们不必感觉奇怪，因为法官通常和地方长官一样，对群体心理完全不知道，因此他们也不了解陪审团。我从一个与刚才提到的这位作者有关的事实中，还发现了一个证据。他认为，刑事法庭最著名的出庭律师之一拉肖先生，苦心孤诣地利用自己的权力，在所有案件中反对让聪明人出现在名单上。但是经验最终会告诉我们，这种反对是毫无益处的，这可由一个事实来证明，即今天的公诉人和出庭律师，以及所有那些关在巴黎监狱里的人，都已完全放弃了他们反对陪审员的权利，因为正如德·格拉热先生所言，陪审团的判决并无变化，“它们既不更好，也不更差”。

如同群体一样，陪审团也受感情因素极强烈的影响，很少会被证据所打动。一位出庭律师说：“他们见不得有位母亲用乳房喂孩子或者一个孤儿。”德·格拉热则说：“一个妇女只要装出一副俯首帖耳的样子，就足以赢得陪审团的慈悲心肠。”

陪审团对自己有可能成为其受害者的罪行绝不手软，当然，这些罪行对社会也是最危险的，但是对于一些因为感情原因而违法的案件，陪审团却十分犹豫不决。对未婚母亲的杀婴罪，或者用泼硫酸来对付诱好者或抛弃自己的男人的妇女，他们极少表现得十分严厉，因为他们本能地感到，社会在照常运转着，这种犯罪对它并不产生多大威胁，而且在一个被抛弃的姑娘不受法律保护的国家里，她为自己复仇，不仅无害而且有益，因为这可以事先向那些未来的诱奸者示威。

陪审团就像任何群体一样，也受名望的影响极深。德·格拉热先生十分明智地指出，陪审团的构成尽管非常民主，他们在好恶态度上却很贵族化："头衔、出身、家财万贯、名望或一位著名律师的帮助，总而言之，一切不同寻常或能给被告增光的事情，都会使他的处境变得极为有利。"

杰出律师的主要用心就在于打动陪审团的感情，而且正如对付一切群体似的，不要作很多论证，或只采用十分幼稚的推理方式。一位因为在刑庭上赢了官司而声名赫赫的英国大律师，总结出以下应当遵循的行为准则：

"进行辩护时，他要留心观察陪审团。最有利的机会一直都有。律师依靠自己的眼光和经验，从陪审员的面容上领会每句话的作用，从中得出自己的结论。第一步是要确认，哪些陪审员已经赞同他的理由。确定他们的赞同不必费很多时间，然后他应把注意力转向那些看来还没有拿定主意的人，努力搞清楚他们为什么敌视被告。这是他的工作中十分微妙的一部分，因为指控一个人除了正义感之外，还可以有许多的理由。"这几句话道出了辩护术的全部秘诀。我们可以了解，事先准备好的演说为何效果甚微，这是因为必须随时根据印象改变措辞。

辩护人不必让陪审团的每个人都接受他的观点，他只争取那些左右着普遍观点的灵魂人物就可以了。正如所有的群体一样，在陪审团里也存在着少数对别人有支配作用的人。"我通过经验发现，"前面提到的那位律师说，"一两个有势力的人物就足以让陪审团的人跟着他们走。"需要用巧妙的暗示取得信任的就是那两三个人。首先，最关键的事情就是取悦于他们。群体中已成功获得其欢心的那个人，是处在一个就要被说服的时刻，这时不管向他提出什么证据，他很可能会认为十分令人信服。我从有关拉肖的报道中摘录一段反映上述观点的趣闻逸事。

众所周知，拉肖在刑庭审判过程的一切演说中，绝对不会让自己的眼睛离开两三个他知道或感到极有影响力又很拘泥不化的陪审员。通常他会把这些桀骜不驯的陪审员争取过来。不过有一次在外省，他不得不对付一个陪审员，他花了半个小时的时间，采用最狡猾的论辩，此人依然不为之所动。这个人是第七陪审员，第二排椅子上的第一个人。局面令人尴尬。突然，在激昂的辩论过程中，拉肖停顿了片刻，向法官说："阁下是否可以命令把前面的窗帘放下来？第七陪审员已经被阳光晒晕了。"那个陪审员满脸通红，他微笑着表达了自己的谢意。他被争取到辩方一边来了。

许多作家，即使一些最出众的作家在内，最近开展了一场反对陪审制度的强大运动，而面对一个不受约束的团体犯下的错误，这种制度是保护我们免受其害的唯一方法。有些作者主张仅从受过教育的阶层招募陪审员，然而我们已经证明，即使在这种情况下，陪审团的判决同回到目前的制度全无二致。还有些作者以陪审团犯下的错误为依据，希望废除陪审团用法官取代。真是令人费解，这些一厢情愿的改革家怎么会忘了，被指责为陪审团所犯下的错误，首先是由法官犯下的错误，而且当被告被带到陪审团面前时，有一些地方官员、督察官、公诉人和初审法庭已然认定他有罪了。由此可知，若是对被告做出判决的是地方官而不是陪审团，他将失去找回清白的唯一机会。陪审团的错误历来首先是地方官的错误。所以，当出现了特别严重的司法错误时，首先应当受到谴责的是地方官，比如近来对一个医生的指控便是如此。有个愚蠢透顶的督察官根据一位半痴呆的女孩的揭发，对他提出起诉。那个女孩指控医生为了三十个法郎为她进行非法手术。若不是因为惹恼了公众，使最高法院的院长立刻给了他自由，他是一定会被送进监狱的。这个被指控的人得到了自己同胞的赞誉，这一错案的野蛮性由此昭然若揭。那些地方官自己也不得不承认这一点，但是出于身份的考虑，他们极力阻挠签署赦免令。在所有类似的事情上，陪审团在遇到自己无法理解的技术细节时，自然会倾听公诉人的意见，因为他们认为，那些在搞清楚最复杂的事态上训练有素的官员，已经对事件进行了调查。那么，谁才是错误的真正制造者？是陪审团还是地方官？我们应当大力维护陪审团，因为它是唯一不能由任何个人来取代的群体类型。只有它可以缓解法律的严酷性。这种对任何人一视同仁的法律，从原则上来说既不考虑也不承认特殊情况。法官是冷漠无情的，他除了法律条文不理会任何事情，出于这种职业的严肃性，他对黑夜中的杀人越货者和因为贫困、因为受到诱奸者的抛弃而杀婴的可怜姑娘，会施以同样的刑罚。而陪审团会本能地感到，与逃避开法网的诱奸者相比，被诱奸的姑娘罪过要小得多，对她应当宽大为怀。

在了解了身份团体的心理，也了解了其他群体的心理之后，对于一个受到错误指控的案件，我不可能依然认为，不应当去和陪审团打交道，而应当去寻求地方官。从前者那里我还有些找回清白的机会，让后者认错的机会却是微不足道。群体的权力令人望而生畏，然而有些身份团体的权力更让人害怕。

第四章 选民群体

选民群体即有权选出某人担任某职的集体，属于一种异质性群体，但由于它们的行为仅限于一件规定已经十分明确的事情，也就是在不同的候选人中做出选择，所以它们只具备前面讲到过的少数特征。在群体特有的特征中，这种群体表现出很少的推理能力，没有批判精神、轻信、易怒而且头脑十分简单。另外，从它们的决定中，我们也可以找到群众领袖的影响，以及与我们列举过的因素——断言、重复和传染——的作用。

请看一下说服选民群体的办法，从最为成功的办法中，我们可以很容易地发现它们的动力。

首先，非常重要的是，候选人应当享有名望。能够代替个人名望的只有财富。才干甚至天才，都不是非常重要的成功的因素。

极为重要的另一点是，享有名望的候选人必须能够迫使选民不经过讨论就接受自己。选民中的多数都是工人或者农民，他们很少选出自己的同行来代表自己，原因就是这种人在他们中间没有名望。当他们偶然选出一个和自己相同的人时，一般也是由于一些次要原因，比如为了向某个大人物或有权势的雇主——选民平常要依靠他——泄愤，或是因为通过这种方式他能够一时产生成为其主人的幻觉。

候选人若想确保自己取得成功，只有名望是远远不够的。选民特别在意他表现出贪婪和虚荣。他必须用最离谱的哄骗手段才能征服选民，要毫不犹豫地向他们做出最令人异想天开的许诺。

如果选民是工人，那就侮辱和中伤雇主，再多也不为过。对于竞选对手，必须利用断言法、重复法和传染法，竭力让人确信他是个十足的无赖，他恶行不断是众所周知的事实。为任何表面证据而费心是毫无用处的。对手如果不了解群体心理，他会用各种论证为自己辩护，而不是把自己限制在只用断言来对付断言，这样一来，他也就没有任何获胜的机会了。

候选人写成文字的纲领不可过于绝对化，否则他的对手将来会用它来对付自己。但是在口头纲领中，再夸夸其谈也不为过。可以毫无惧色地承诺最重要的改革。做出这些夸张能够产生巨大的作用，但它们对未来并没有约束力，因为这需要不断地进行观察，而选民绝对不想为这件事伤脑筋，他并不想知道自己支持的候选人在实行他所赞成的竞选纲领上走了多远，即便他以为正是这个纲领使他的选择有了保证。

在以上这种事情中，能够看到我们前面讨论过的所有说服的因素。我们在各种口号和套话——我们已经谈到过这些东西神奇的控制力——所发挥的作用中还会看到它们。一个明白怎样利用这些说服手段的演说家，他能够用刀剑成就的事情，用这种办法照样可以做到。像不义之财、卑鄙的剥削者、可敬的劳工、财富的社会化之类的说法，永远会产生同样的效果，虽然它们已经被用得有些陈腐。除此之外，如果候选人满嘴新词，其含义又极其匮乏，因而能够迎合极不相同的各种愿望，他也必能大获全胜。1873 年，西班牙那场血腥的革命，就是由这种含义复杂，因而每个人都可以自己做出解释的奇妙说法引起的。当时的一位作者描述了这种说法的出现，值得引用于此：

激进派已经发现集权制的共和国其实是乔装打扮的君主国，于是为了迁就它们，议会全体一致宣告建立了一个“联邦共和国”，虽然投票者中谁也解释不清楚自己投票赞成的是什么，可是这个说法却让人精神振奋。人们无比高兴并沉醉于其中。美德与幸福的王国就要在地球上揭幕。共和主义者若是被对手拒绝授予联邦主义者名称，会觉得自己受到了致命的侮辱。人们在大街上以这样的话互致问候："联邦共和国万岁！"然后便响起一片赞美之声，对军队没有纪律这种奇怪的美德以及士兵拍手称快。人们对"联邦共和国"是如何理解的呢？有些人认为它是指各省的解放，即同美国和行政分权制类似的制度；还有些人则以为它意味着消灭一切权力，迅速着手于伟大的社会变革。巴塞罗那和安达卢西亚的社会主义者赞成公社权力至上，他们提议在西班牙设立一万个独立的自治区，按照它们自己的要求制定法律，在建立这些自治区的同时终止警察和军队的存在。在南部各省，叛乱很快便开始从一座城市向另一座城市、从一个村庄向另一个村庄蔓延。有个发表了宣言的村庄，它所做的第一件事情，就是立刻毁坏电报线和铁路，以便中断与相邻地区和马德里的一切关系。处境最可怜的村庄注定只能寄人篱下。联邦制给各立门户大开方便之门，到处都在杀人放火，人们无恶不作。这片土地上充斥着血腥的狂欢。

至于理性对选民的头脑可能产生的影响，要想对这个问题不产生任何疑心，千万别去读那些有关选民集会的报道。在这种集会上，信誓旦旦、痛骂对手，有时甚至拳脚相加，此起彼伏，但绝对听不到任何论证。即使有片刻安静的时候，也是因为有个享有"粗汉"名声的人在场，宣称自己要用一些让听众开心的麻烦问题难倒候选人。然而反对派的满足是不会长久的，因为提问者的声音很快就会被对手的叫喊压倒。从报纸的上千个类似事例中选出来的关于公众集会的以下报道，可以作为这方面的典型：

会议的组织之一请大会选出一名主席，骚乱立刻席卷全场。无政府主义者跃上讲台，粗暴地占领会议桌。社会主义者极力反对；人们相互扭打，每一派都指责对方是拿了政府佣金的奸细……一个眼睛被打青了的公民愤然离开了会场。

在一片喧闹声中，会议只好拖延很长时间，说话的权利转移给了X同志。

这位演讲人开始猛烈抨击社会主义者，他们则用“白痴、无赖、流氓”等的叫骂声打断他。X同志则针对这些脏话提出一种理论，按照这种理论，社会主义者是“白痴”或“可笑之人”。

昨晚，在“五一”节工人庆祝会的预演上，阿勒曼派在福伯格宫大街的商会大厅发起了一次大会。会议的口号是“沉着、冷静”。

G同志——暗指社会主义者是“白痴”和“骗子”。所有的这些恶言恶语都会引起相互攻讦，演讲者和听众甚至会动起手来；椅子、桌子、板凳，全都变成了武器；等等，不一而足。

切莫以为，这种描述只适用于固执的选民群体，并且取决于它们的社会地位。在不管是怎样的无名称的集会中，即使参与者全是受过高等教育的人，会上的争论也没任何两样。我已经说过，当人们会聚成一个群体时，一种降低他们智力水平的机制就会发生作用，在所有的场合都可以找到这方面的证明。譬如，下面是我从1895年2月13日的《材报》上摘录的有关一次集会的报道：

那个晚上，随着时间的流逝，喧嚣声持续高涨。我不相信有哪个演讲者能够说上两句话而不被人打断。每时每刻都有人从这里或那里大声叫喊，或者是喊声四起。掌声中夹杂着嘘声，听众中的个别成员也在不断地相互激烈争吵。一些人可怕地挥舞着木棒，另一些人不停地击打地板。打断演说的人引来一片呼喊：“把他轰下去！”或“让他说！”

在C先生的嘴里，都是白痴、懦夫、恶棍、卑鄙无耻、唯利是图、打击报复之类的用语，他宣称要把这些东西全都消灭，等等。

人们或许会问，处在这种环境里的选民如何能够形成一致意见呢?提出这样的问题，等于是在集体享有自由的程度这件事上掩盖一个奇怪的谬论。群体持有别人赋予它们的意见，但是它们绝不能信口说自己持有合乎理性的意见。在这里所讨论的事情上，选民的意见和选票是操控在选举委员会的手里的，而它的领袖人物通常都是些政治人物，他们向工人许诺好处，因此在这些人中间很有影响力。谢乐先生是今天最勇敢的民主斗士之一，他说："你可知道选举委员会是什么?它不多不少，是我们各项制度的基石，是政治机器的一件杰作。今天法国就是受着长期选举委员会的统治。"

只要候选人能够被群体所接受，并拥有一定的财源，对群体产生影响是很容易的。根据挥款人的认证，三百万法郎就足以确保布朗热将军重新当选。

选民群体的心理学就是这样。它和其他群体一样：既不更好也非更差。

因此，我从以上所言并没有得出反对普选的结论。我明白了它的命运，因此由于一些实际的原因，我愿意保留这种办法。事实上，我们是通过对群体心理的调查归结出了这些原因，基于这些考虑，我要对它们作进一步的论述。

无须质疑，普选的弱点十分明显，所以人们很难做到视而不见。无可否认，文明是由少数智力超常的人创造的，他们构成了一个金字塔的顶点。随着这个金字塔各个层次的加宽，智力也相应地减少，它们就是一个民族中的群众。一种文明的伟大，如果仅仅依靠以人多势众，自夸低劣成员的选票，是不会令人放心的。另一件无须怀疑的事情是，群众投下的选票往往会很危险。它们已经让我们付出了若干次遭受侵略的代价，我们眼看着群体正在为其铺设道路的社会主义就要取得胜利，异想天开的人民主权论，十之八九会让我们付出更惨重的代价。

然而，这些不同意见虽然从理论上说颇令人信服，在实践中却毫无势力。只要还记得观念变成教条后有着不可征服的力量，我们就会承认这一点。从哲学观点上看，群体权力至上的教条就像中世纪的宗教教条一样不堪一击，但是如今它却拥有和昔日教条一样强大的绝对权力，因此，它就像过去我们的宗教观念一样不可战胜。不妨设想有个现代自由思想家被送回了中世纪。难道你会以为，当他发现盛行于当时的宗教观念有着至尊无上的权威后，会对它们进行攻击吗？假如落入一个能够把他送上火刑柱的法官之手，指控他与魔鬼有约或参与了女巫的宴飨，他还会对存在的魔鬼或女巫提出怀疑吗？用讨论的方式与飓风作对，这比群众的信念明智不了多少。普选的教条今天就有着过去的宗教所具有的威力。演讲家和作家在提到它时表现出的恭敬与媚态，即使路易十四也无缘享受得到。因此对于它必须采取和对待宗教教条一样的立场，只有时间能够对它发生影响。

除此之外，破坏这种教条的努力更加没用，因为它具有一种对自己有利的外表。托克维尔正确地指出：“在平等的时代，人们并不相信有关他们彼此之间完全相同的说法，但是这种比喻却使他们几乎不加节制地信赖公众的判断力，其原因就在于，所有的人同样开明似乎是不太可能的，真理并不会与人数上的优势携手同行。”

对于选举权进行限制，若有必要，把这种权利限制在聪明人中间，如此便可认为，这样做会改变群众投票的结果吗？我永远也无法承认会出现这种情况，这是基于我已经说过的理由，即一切集体，无论其成员如何，全都患有智力低下症。在群体中，人们总是会瞬间变得智力平平，在一般性的问题上，四十名院士的投票不会比四十个卖水人的投票更加高明。所以我一点都不相信，如果只让有教养的和受过教育的人成为选民，受到谴责的普选的投票结果就会有所不同。一个人不会因为通晓希腊语或数学，因为是个建筑师、兽医、医生或大律师，便掌握了特殊的智力或社会问题。我们的政治学家、经济学家全部受过高等教育，他们大都是教授或学者，然而他们何曾就哪个普遍性问题——如贸易保护、双本位制——取得过一致意见？原因就在于，他们的学问不过是我们的普遍无知的一种十分弱化了的形式。在社会问题上，由于未知的因素数量众多，从本质上说人们的无知没有异同。

所以，完全由掌握各种学问的人组成的选民，投票结果不会比现在的情况好上多少。这些人将依然主要受到自己的感情和党派精神的支配。对于那些我们现在必须对付的困难，还是一个也无法解决，而且肯定会受到团体暴政的压迫。

群众的选举权不管是受到限制还是普遍给予，也不管是在共和制还是君主制之下行使这种权利，不管是在法国、比利时、德国、葡萄牙或西班牙，统统都是一样的；总而言之，它所表达的不过是一个种族意识的向往和需要。在每个国家，当选者的一般意见都反映着种族的禀性，然而我们看到，这种禀性从一代人到下一代人，不会有太过明显的变化。

由此可见。我们一再遇到“种族”这个基本概念。我们经常遇到它，由此会产生另一种认识，即各种制度和政府对一个民族的生活只能产生微乎其微的影响。民族主要是受其种族的禀性控制，也就是说，是受着某些品质的遗传残余的支配，而所谓禀性，正是这些品质的总和。种族和我们日常之需的枷锁，是决定着我们命运的神秘主因。

第五章 议会

在议会中我们发现了一个有名称的异质性群体的例子。虽然议会成员的选举方式不断变化，各国亦有所不同，不过它们的特征却十分相似。在这个场合，人们会感受到种族的影响力在增加或削弱，抑或群体的共同特征得到强化，但是不会妨碍其表现。彼此有很大不同的国家，像希腊、意大利、葡萄牙、西班牙、法国和美国，它们的议会在辩论和投票上也表现出了很大相似性，使其政府面对同样的困难。

不过，议会制度却是一切现代文明民族的理想。它是一种观念的体现，即在某一个问题上，一大群人总比一小群人更可能做出明智而且独立的决定。虽然从心理学上说这种观念是错误的，但人们却普遍赞同。

议会中也可以看到群体的一般特征：头脑简单、多变、易受暗示、夸大感情以及少数领袖人物的主导。但是由于其构成特殊，也有一些表现很独特，现在我们就来简单说明。

意见的简单化是它们最重要的特征之一，在所有的党派中，尤其是拉丁民族的党派，都存在一种倾向，它们根据适用于一切情况的最简单的抽象原则和普遍规律，来解决那些最复杂的社会问题。当然，不同的党派原则也不同，但仅仅因为个人是群体一部分的这个事实，它们就总倾向于夸大自己原则的价值，并非贯彻到底不可。由此产生的结果是，议会更加严重地代表着各种极端的意见。

议会有着特别质朴的简单意见，法国大革命时期的雅各宾党人就为此提供了最完美的例证。他们待人教条而逻辑，观念普遍含混不清，忙不迭地贯彻着死板的原则，不关心事实究竟如何。对于他们，人们不无理由地认为，这帮家伙经历了一场革命，但并没有看到这场革命。在一些简单教条的引导下，他们自以为能把这个社会从上到下重新改造，结果却发生倒退，使一个高度精致的文明退到了更早期的阶段。这些人为实现梦想而采用的办法，与极端质朴的人特点相同。事实上，他们不过是把拦在其道路上的一切全部毁掉。不管吉伦特派、山岳派还是什么热月派，它们全都秉承同样的精神。

议会群体很容易受到暗示的影响，而且就像所有的群体一样，暗示都是出自名望很高的领袖人物。不过，议会群体这种易受暗示的特点，又有着比较明确的界限，指出这一点对人们十分必要。

在有关地方或某地区的一切问题上，议会的每一个成员都会有牢固而且无法改变的意见，任何的论证都无法使其动摇。比如在贸易保护或酿酒业特权这类与有势力的选民的利益有关的事情上，即使天赋如秋摩西尼[①]，也难以改变一位众议员的投票。选民们在投票期到来之前就发出了暗示，足以压倒其他方面的一切建议，使意见的绝对稳定得到了不可思议的维护。

不过，涉及一般性的问题，像推翻一届内阁、开征一种新税等，就不再有任何固定意见了，领袖的建议能够发挥影响，虽然方式与普通群体有所不同。每个政党都有自己的领袖，他们之间的势力有时不相上下，旗鼓相当。所以结果是，一个众议员发现自己被夹在了两种对立的建议之间，迟疑不决。这解释了为什么他经常会在十五分钟之内就做出相反

① 狄摩西尼（Demosthenes，公元前384—322），古希腊政治家，伟大的演说家。——译注

的表决，或者为一项法案增加一条使其失效的条款，比如剥夺雇主选择和解雇工人的权利，随后又来上一条几乎废除这一措施的修正案。

基于同样的理由，每届议会中也有一些比较稳定的意见和一些善变的意见。大体上说，一般性问题的数量更多，所以议会中议而不决的现象十分平常，之所以议而不决，是因为永远存在着对选民的担心，因为从他们那里收到的建议总是来迟一步，这对领袖的影响力是一种制约。但是在无数的辩论中，当议员们对涉及的问题没有强烈的先人之见时，那些领袖依然会处在主导地位。

领袖的必要性是显而易见的，因为在每个国家的议会中，都可以看到他们以团体首领的名义存在。这些人才是议会的真正统治者，群体没了头头儿便一事无成，因此也可以说，议会表决其实只代表极少数人的意见。

他们的影响力只在很小的程度上，是因为他们提出的论据在很大程度上来自于其名望。对此最好的证明是，一旦他们不知自己因何威信扫地，影响力也就随之消失了。

这些政治领袖的名望只属于他们个人，和头衔或名声无关。对这个事实，西蒙[①]在评论1848年国民议会（他也是其成员）的权威人物时，为我们提供了一些具体的例子：

两个月以前，路易·拿破仑还无所不能，现在却完全无足轻重了。

雨果登上了讲台，他无功而返，人们听他说话，就像听皮阿说话一样，但他并没有博得多少掌声。“我不喜欢他的那些想法，”谈到皮阿，

① 西蒙（Jules Simon，1814—1896），法国政治家、激进思想理论家，两度当选议员，1876年一度担任总理。皮特（Felix Pyat，1810—1889），法国记者，激进思想的鼓吹者，1848年进入议会，1871年再度当选议员，同年进入巴黎公社。基内（Edgar Quinet，1803—1875），19世纪法国重要思想家之一，1871年入选议会。——译注

沃拉贝勒对我说，“不过他是法国最了不起的作家和最伟大的演说家之一。”基内聪明过人，智力超群，却一点不受人尊敬。在召开议会之前，他还有些名气，但在议会中他却是个小人物。

才华横溢者对于政治集会是不关心的，他所留心的只是那些有利于党派发生在各种时间的滔滔不绝的辩才，并不在乎它是否对国家有利。如果想得到1848年的拉马丁以及1871年的梯也尔得到的那种崇敬，就需要有急迫而且不可动摇的利益刺激才可以。一旦缺乏这个或者没有危险，议会立刻就会忘记它的感激和受到的惊吓。

我引用上面的话，是因为其中包含了一些事实，而非它所提供的解释，其心理学知识十分贫乏。群体一旦对领袖效忠，不管是政党还是国家的领袖，它便马上失去了自己的个性。服从领袖的群体处在领袖名望的影响之下，并且这种服从不会受到利益或感激之情的支配。

因此，那些名望足够高的领袖几乎掌握着绝对的权力。一位著名的众议员在多年的时间里因其名望而拥有巨大的影响力，在上次大选中由于某些金融问题被击败，此事广为人知。但他只消做一个手势，内阁就倒台了。

有一位作家用下面的一席话说明了他的影响力有多大：

这位X先生，我们要为他付出三倍于通常让我们付出的代价。因为他，我们在马达加斯加的地位长期岌岌可危，在南尼日尔被骗走了一个帝国，并且失去了在埃及的优势。X先生的谬论让我们丢失的领土，比拿破仑一世的灾难有过之而无不及。

对这种领袖我们不必太苛责，虽然他使我们损失惨重，然而他的大部分影响力都是因为他顺应了民意，而民意在殖民地的事务上，目前还远没有超越过去的水平。领袖很少会超前于民意，他所做的一切几乎总是在顺应民意，所以他也会助长其中的全部错误。

在这里，我们所讨论的领袖进行说服的手段，除了他们的名望外，还包括之前多次提到过的一些因素。领袖如果想巧妙地利用这些手段，就必须对群体的心理了然于胸，至少可以自觉地做到这一点；他还必须知道怎样向它们说话，尤其应当了解各种词汇、套话和形象的神奇力量。他应当拥有特殊的辩才，包括言之凿凿，卸去证明的重负和生动的形象，再伴之以笼统有效的论证。在所有的集会中我们都可以看到这种才能，英国议会也不例外，虽然它号称最严肃的议会。

英国的哲学家梅因[①]说：

在下议院的争吵中可以不断看到，辩论不过是软弱无力的大话和愤怒的个人之间的交锋。这种一般的公式对于纯粹民主的想象产生了巨大的影响。让一群人接受惊人之语表达出来的笼统的断言，根本不是什么难事，即便它从未得到过证实——其实也不可能得到证实。

以上的引文中提到的“惊人之语”，不管说得多么重要也不过分。我们多次谈到了词语和套话的特殊力量。在措辞的选择上，它必须以能够塑造生动的形象为准。

下面的这段话摘自一位议会领袖的演说，为我们提供了一个极好的

---

① 梅因（Henry Maine，1822—1888），英国著名法学家、历史学家，主要著作包括《古代法》（有中译本）、《早期制度史》等。——译注

范本：

这艘船将驶向坐落着我们监狱的那片遍布热病的土地，把名声可疑的政客和目无政府的杀人犯关在一起。难兄难弟们可以促膝谈心，彼此视为在一种社会状态中互助互利的两派。

由此唤起的形象非常鲜活，演说者的所有对立面都会觉得自己受到了它的威胁，脑海中顿时浮现出两幅画面：一片热病肆虐的国土，一艘可以把他们送走的船。他们也有可能被放在那些定义不明确的可怕政客中间啊！由此体验到的恐惧，与当年罗伯斯庇尔用断头台发出威胁的演说之于国民公会的人的感觉是一样的。在这种恐惧的影响下，他们肯定会向他投降的。

喋喋不休地说些最为离谱的大话，对领袖永远有利。刚才我引用过的那位演说家能够断言，并且不会遇到强烈的抗议，他认为金融家和僧侣在资助扔炸弹的人，所以大金融公司的总裁也应受到和无政府主义者一样的惩罚。在人群中，这种断言永远发生作用。无论如何激烈和可怕的断言、声明，都不算过分。要想吓唬听众，没有比这种辩术更为有效的办法了。因为在场的人会担心，如果他们表示抗议，就会被当作叛徒或其同伙而打倒。

如我所言，这种特殊的辩术在所有的集会中都非常有效。在危难时刻，其作用就更加明显了。从这个角度看，法国大革命时期各种集会上的那帮大演说家的号叫，读来都十分可笑。他们总是觉得自己必须先谴责罪恶弘扬美德，然后再对暴君破口大骂，发誓不自由他就死。听众站起来热烈鼓掌，冷静下来后再坐回去。

当然，偶尔也会有高智力和高学历的领袖，但是具备这种品质对他来说，不但无益反而有害。如果他想说明事情的复杂，做出解释和促进理解，那他的智力就会帮他变得宽宏大量，这将削弱他的信徒们所必需的信念的强度与粗暴的力度。在任何时代，尤其大革命时期，群体领袖的头脑之狭隘让人瞠目结舌。不过影响力最大的，肯定也是那种头脑最为偏狭的人。

其中最著名的是罗伯斯庇尔的演说，他经常自相矛盾到令人吃惊的地步，当然只看这些演说是搞不明白的，看看这个独裁者为何有如此大的影响：

教条式的常识与废话，糊弄小孩子拉稀的拉丁文化，采用小学生歪理的攻击和辩护观点。没有思想和令人愉快的措辞，讥讽也无法切中要害。只有令人厌恶的疯狂断言。在经历过这种毫无乐趣的阅读之后，我们不免会与和蔼的德穆兰一起长叹一声："唉！"

头脑的极端狭隘结合一个强烈信念所给予一个有名望的人的权力会是什么样的，想想就让人心惊肉跳。要想无视各种阻碍，表现出很高的意志力，一个人就必须满足这些最基本的条件。群体会本能地在精力旺盛、信仰坚定的人中间寻找自己的主人和领袖，因为群体永远需要这种人物。

一次演讲要想在议会里取得成功，并不取决于演讲者提出的论证，而是完全依靠他的名望。在这方面最好的证明是，如果一个演讲者因为这样或那样的原因失去了名望，那他同时也就失去了一切的影响，就是他根据自己的意志力去影响表决的能力。

当一个无名小辈的演说者拿着一篇论证充分的讲稿出现时，如果他只有论证，那只能让人听听而已。有一位具备心理学见识的众议员德索布先生，最近用下面的这段话为我们描述了一位缺乏名望的众议员：

走上讲台后，他从公文包拿出了一份讲稿，煞有介事地摆在面前，然后开始自信地发言。

他曾经吹嘘自己能让听众确信使他本人感到振奋的事情，也一而再，再而三地抒发论证，并对那些数字和证据充满信心。他坚信自己可以说服听众。因为面对他的证据，任何反对都是没用的。于是，他一厢情愿地开讲了，他相信同事的眼力，觉得他们理所当然地只会赞同和跟随真理。

但他一开口，就惊异地发现大厅内并不安静，人们在发出噪音，而且让他有些恼怒。

为什么不能安静一会儿呢？为何不留意他的发言？对于正在讲话的人，那些众议员在想些什么？有什么要紧的事情让他们不礼貌地离开了自己的座位？

他很不安，皱着眉头停了下来。在议长的鼓励下，他又提高嗓门开始发言，加重语气，做出了各种手势。但周围的噪音越来越大，最后他连自己的话都听不见了，只好又停了下来。因为担心自己的沉默会招来可怕的叫喊："闭上你的嘴！"他便又开始说起来。然而，喧闹声变得让人难以忍受。

当议会陷入极致兴奋时，它变得和普通的异质性群体没有两样，它会表现出总爱走极端的特点。可以看到，它或是做出了最伟大的英雄主义举动，或是犯下了最为恶劣卑鄙的过失。其成员不再是他自己，而是完全失去了自我，去投票赞成一个最不符合他本人利益的措施。

法国大革命的历史充分说明，议会能够多么严重地失去自我意识，让那些和自己的利益极其对立的建议牵住鼻子。对贵族来说，放弃自己的特权的巨大牺牲。但在国民公会期间那个了不起的晚上，成员们毫不犹豫地做了。议会成员放弃了自己不可侵犯的权利，就使自己永远地面临死亡威胁，而他们却能迈出这样的一步。

这些人并不害怕对自己的阶层滥杀无辜，虽然他们很清楚，今天把自己的同伙送上断头台，明天可能就轮到他自己。实际上，他们已经进入一种完全不由自主的状态，任何建议都无法阻止他们赞成那些已经把他们冲昏了头脑的提议。

下面的话摘自于他们中的某个人，比劳·凡尔纳的回忆录，非常典型地记下了这种情况："我们一直极力谴责的是，两天前或一天前我们还不想做出的决定，居然就通过了；造成这种情况的是危机，再无其他的原因。"没有比这更正确的说法了。

在情绪激昂的所有的议会中，都可以看到同样的无意识的现象。泰纳因此说：

他们批准并且下令执行一些自己引以为荣的措施。这些措施愚蠢透顶，而且是犯罪：杀害无辜和他们的朋友。在右派的支持下，全体左派在热烈的掌声中把丹东——他们的天然首领，这场革命的发动者——送上了断头台。在左派的支持下，右派同样在最响亮的掌声中表决通过了革命政府最为恶劣的一条法令。议会全体一致地在一片热烈的赞扬声中，在对德布瓦、库车和罗伯斯庇尔等人的赞扬声中，一再举行改选，让杀人魔政府留在台上；平民派憎恶它，因它杀人如麻，山岳派厌恶它，因为这个政府草菅人命。但不管平民派和山岳派，多数派或少数派，最后都落了一个同意为它们的自相残杀出力的下场。比如雾月的22日，整个议会把自己交给了刽子手；热月的8日，在罗伯斯庇尔发言后的十五分钟内，同样的事情又发生了一次。

这幅场景看似昏天黑地，但十分准确。如果议会兴奋和发昏到一定的程度，就会表现出同样的特点。它会变成一个不稳定的流体，被一切刺激所控制。下面这段有关1848年议会的描述，来自一位有着毋庸置疑的民主信仰的议员斯布勒尔先生。我把这段很有代表性的文字转引如下。它为我曾经说过的群体富有夸张感情的特点、为它的多变性——使它始终不停地从一种感情转向另一种截然相反的感情——提供了一个绝妙例证。

共和派由于自己的分裂、嫉妒和猜疑，还有盲信和无节制的欲望而坠入了地狱。它的普遍怀疑与它的质朴、天真不相上下。和缺乏法律意识、不知纪律为何物的表现伴生的，是肆意的恐怖和幻想。在这些方面，就算农民和孩子也胜过它们。它们的冷酷和缺乏耐心一样严重，残暴与驯顺不相上下。这是性格不成熟以及缺乏教养的必然结果。没有什么事儿能让这种人吃惊，可是任何事情又会使他们慌乱不已。因为恐惧或者大无畏的英雄气概，他们既能够赴汤蹈火，又会胆小如鼠。

不管原因和后果，同时他们也不在乎事物的关系。这些人忽而灰心丧气，又忽而斗志昂扬，很容易受到惊慌情绪的影响，不是过于紧张就是过于沮丧，他们从来不会处在环境所要求的心境或者状态中。总之，他们比流水还易变，头脑混乱、行为无常。能指望这种人提供什么样的政府基础？还好这些在议会中看到的特点并非经常出现。议会只是在某一些时刻才会成为一个群体。多数情况下，组成议会的个人仍然保持了自己的个性，这就解释了议会为何能制定出非常出色的法律。其实，这些法律的起草人都是专家，他们是在安静的书房里进行拟定的，所以表决通过的法律其实是个人而非集体的产物，当然就是最好的法律。只有当一系列的修正案把它们变成集体努力的结晶时，才会产生灾难性的后果。群体的产品无论性质如何，与孤立的个人的产品相比，品质总是低劣。专家会阻止议会通过一些考虑不周全或者根本行不通的政策。这时，专家就是群体暂时的领袖。议会影响不到他，但他可以影响议会。

议会的运作虽然面对这么多困难，但它仍是迄今为止人类已经发现的最合适的统治方式，特别是人类已经找到的摆脱个人专制的最佳方式。不管是哲学家、思想家、作家、艺术家，还是那些有教养的人，一句话，对于所有构成文明主流的人，议会当然是理想的统治。

不过，现实中它们却也造成了两种严重的危险：第一种危险是财政会不可避免地浪费；第二种危险是对于个人自由会不断增加一些限制。

第一种危险是各式紧迫问题和当选的群体缺乏远见的必然产物，假如有一个议员提出一项很符合民主理念的政策，比如说，他在议案中建议，将保证所有的工人得到养老津贴，或者提议为所有的国家雇员增加薪水，那么其他的众议员因为害怕选民，就会成为这一提议的牺牲品，他们不敢无视后者的利益，反对这项政策。虽然他们清楚，这实在是为预算增加新的负担，必然要设立新税种。他们不可能在投票时有任何迟疑。开支增加的后果还在遥远的未来，不会给他们现在带来不利的结果，但如果投了反对票，当他们为争取连任而露面时，后果就会立刻展现了。

除了这是第一个扩大开支的原因以外，还有另一个同样富有强制性的原因，就是必须投票赞成一切为了地方目的的补助金。众议员没有办法反对，因为它同样反映着选民的急切需要，也因为每名众议员只有同意同事的类似要求，才有条件为自己的选民争取到这种补助。

第二种危险是议会对于自由不可避免地限制，这看起来不怎么明显，却是十分真实的。这是大量的法律——总是一种限制性的措施——造成的结果，议会觉得自己有义务表决通过，但由于它目光短浅，在很大程度上对于其结果是无知的。

危险当然是很难避免的，因为即使在提供了最通行的议会体制、议员对其选民保持了最大独立性的英国，也没有逃脱该危险。赫伯特·斯宾塞在一本他很久以前的著作中就曾经指出：“表面自由的增加必然伴随着真正自由的减少。”在最近的《人与国家》一书中，他又谈到了这个问题。在讨论英国议会时，他说：

从这个时期以来，立法机构一直按照我指出的路线前进。迅速膨胀的独裁的政策不断倾向于限制个人自由，这表现在两个方面：每年都有大量的法律被制定出来，对一些过去公民行为完全自由的事务进行限制，强迫他做一些在过去他可做可不做的事。同时，公共负担日益沉重，尤其地方公共负担，通过减少他可以自由支配的收益份额，增加公共权力，取之于并根据自己的喜好花销的份额，进一步限制他的自由。这种对于个人自由日益增加的限制，每个国家都有斯宾塞没有明确指出的具体的表现形式。正是大量的立法措施——全是些限制性的法令不断地通过，必然会极大地增加负责实施它们的公务员的数量、权力以及影响。沿着这个方向走下去，这些公务员有可能成为文明国家的真正主人。因为他们拥有更大的权力，是因为在政府不断更换的过程中，只有他们不会受到这种不断变化的触动，只有他们不承担责任，也不需要个性，而且是永久存在。实行压迫性的专制，具备了这三种特点的人非常胜任。

不停地制定限制性的法规，用最复杂的条条框框把人们最为细微的生活行为包围起来，难免会把公民的自由活动限制在越来越小的空间。各国都被一种谬见所蒙蔽，认为保障自由与平等的最好办法就是多多地制定法律，所以它们每天都在创造一些越来越让人不堪忍受的束缚。它们已经习惯于给人上套，很快就会达到需要奴才的地步，失去一切自发的精神与活力。到那时，它们不过是一些太阳下的影子，是消极顺从和有气无力的行尸走肉。

如果到了这个地步，个体注定就要去寻求外在力量，政府各部门必然与公民的麻木无望同步地增加。因此就必须表现出个人所没有的主动性、首创性和指导精神。这就迫使它们要承担和领导一切，把所有的东西都纳入自己的保护之下。于是国家成为全能的上帝。但是经验告诉我们，这样的上帝既难以持久，也不会十分强大。

某一些民族中，自由受到了越来越多的限制，尽管表面上的许可让它们产生了一种幻觉，觉得自己并没有失去自由。它们的衰老在造成这种情况上面所起到的作用，至少和任何具体的制度一样有着不可估量的力量。这是直到今天，任何文明都无法逃脱的衰落期的不祥之先兆。

基于历史的教训以及各方面都非常触目惊心的对于先兆的判断，我们的很多现代文明已经到达了衰败期之前的历史上早已有之的时代。所有的民族似乎都要不可避免地经历这样的生存阶段，因为历史总是在不断重复它已发生过的画面。

对于文明进化的这些共同阶段，很容易做出一个简单的说明，我将对它们作一个概括，来为本书做出总结。这种速记式的说明，或许能够对我们理解目前群众所掌握的权力的原因有所启迪。

假如我们依据主要线索，对我们之前那些文明的伟大和衰败的原因给出评价，我们会发现什么呢?

在文明诞生的开始，一群来源各不同的人，他们因为移民、入侵或占领等原因聚集在了一起。这些人血缘、语言和信仰都不同。使他们结为整体的唯一共同的纽带，就是没有完全得到某一个头领承认的法律。这些混乱的人具备十分突出的群体特征：有短暂的团结，既表现出英雄主义，也有着种种的弱点，容易冲动而且性情狂烈。他们是野蛮人，因此没有什么东西可以把他们牢固地联系在一起。

漫长的岁月会产生相应的作品，环境的一致、种族间不断出现的通婚和共同生活的必要性会发挥作用。不同的小群体开始融合成一个整体，形成了一个种族，一个有着共同的特征和感情的大的群体，在遗传的作用下它们日益稳固。这群人就变成了一个民族。他们有能力摆脱野蛮状态，但是只有经过长期的努力、必然不断重复的斗争以及无数次的反复后，才能使它获得了某种理想，完全形成一个民族。这个理想是什么性质并不重要，不管是对于罗马的崇拜、雅典的强盛还是真主安拉的胜利，都足以让其中的每个人在感情和思想上形成完全的统一。

到达这个阶段，一种包含着各种制度、信念和艺术的新文明就诞生了。种族在追求理想的过程中，会逐渐得到某些它建立丰功伟业所不可或缺的素质。不用怀疑，它有时依然是一群乌合之众，但在它变幻不定的特征的背后，又会形成一个稳定的基础，也就是一个种族特有的禀性，决定着一个民族在狭小的范围内进行变化，支配着历史机遇。

然而，时间在做完创造性的工作以后，就开始了破坏的过程，神仙和人都一概无法逃出它的手掌。某个文明在达到一定的强盛和复杂的程度以后，就会止步不前了，一旦这样，它注定就会进入衰落的过程了。所以此时，它的老年期就来临了。

在这种无法避免的时刻，总是以理想（种族支柱）的衰弱为明显的特点。与这种理想的衰弱对应的，是在它的激励下建立起的宗教、政治和社会结构也将逐渐发生动摇。

随着该种族的理想不断地消亡，它也慢慢地失去了使自己团结和强盛的品质。个人的个性和智力是能增长的，但种族集体的自我意识却会被个人自我意识的过度发展所替代，同时伴随着性格的弱化和行动能力的减少。本来是一个民族、联合体和整体的人群，最终却会变成一盘缺乏凝聚力的散沙，在一段时间内，他们仅仅因为传统和制度聚在一起，正是在这个阶段，因个人利益和愿望而四分五裂的人，已经失去了管理自己的能力，所以在最为细微的事情上，通常也需要别人的领导，于是国家就开始发挥引人注目的影响了。

古朴的理想丧失以后，该种族的才华也就完全消失了。它不过是一群独立的个人，由此回到了自己的原始状态，也就是一群乌合之众。它没有统一性和未来，只有“乌合之众”的特性。它的文明失去了稳定性，只能随波逐流。民众就是至高无上的权力，到处是野蛮的风气。文明也许依然华丽，因为久远的历史赐给它的外表尚在，但它已经成了一座岌岌可危的大厦，没有任何支撑，当下次风暴到来，它便立刻倾覆了。

人们在追求理想的过程中，从野蛮发展到了文明状态，然后，当这个理想失去优点时，就会走向衰落和死亡，这正是一个民族生命循环的过程。

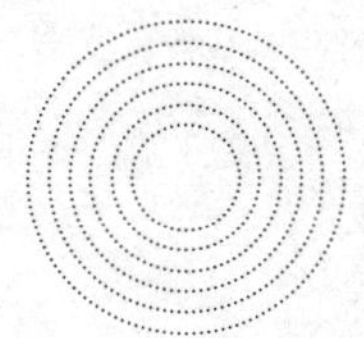

第二部分　革命心理学

第一卷

革命的一般特征

第一章
科学革命和政治革命

一、革命的分类

提起“革命”这个词，我们在潜意识里会本能地反射出“政治变革”这四个字。我们通常所说的“革命”，可以这样来解释：所谓“革命”，是由“革”和“命”两部分组成的。也就是说要先“改革”然后重新“任命”。而实际上，这个词也可以用来形容一切因质的改变而发生的突如其来的变化，既包括表面的巨大的变革，也包括内在的质的激变。例如某种信仰的突然流失、思想意识的骤然飞跃、论辩学说的突然锋变，以及科学理论的巨大进步等。

像我们所说的意见和信仰，它是定位人的行为的一种决定性因素，而像那些理性的、感性的、情感的以及神秘主义的诸多因素，在意见和信仰的起源中所起到的作用和效果，我们在别处已经探讨过了，所以在这里就不再重复赘述了。

革命的结果不仅仅是政权的交替，一场革命最终可能衍变成一种信仰，但驱动它的动机却往往是很理性的：或是对苛刻的暴政的反抗，试图改变现状；或是对令人憎恶的专制政府的反抗，发泄自己的不满；或

是对某个不得人心的君主的反抗，推翻君主专制统治；等等，不一而足

大多数革命的起源都是有一定规律性可查究的，尽管革命的爆发可能是纯粹理性的，但我们千万不能忘记，除非将理性的认识转变成感性的行为，否则革命酝酿过程中的理性不会对大众造成太大的影响。

理性逻辑可以制造充分的理论依据，以此来揭示暴政必然被摧毁的原因，但是，如果想用它来引导和影响大众来反抗暴政，恐怕所期待的效果不是很大；因为作为普通大众，受限于文化水平、政治理解等诸多原因，使得不可能对革命领袖的政治理念完全地认同、接受，只有激起民众的认同感，以及具有煽动性的神秘主义因素才能够引导人的行为，进而影响整个大众群体。例如，在法国大革命当中，哲学家运用理性逻辑和很系统的理论来指责旧制度的弊端，企图以此激发人们改革的愿望；神秘主义逻辑依靠一个社团，根据某种原则来发展其成员，激发人的信仰；情感逻辑则释放了人们多少个世代以来一直受到禁锢的热情，当这两种逻辑相撞时，导致了最恶劣的放纵；集体逻辑支配着俱乐部、议会等团体和机构，推动其成员的行动，最终的结果是：他们犯下了其他任何一种逻辑都不会导致的暴行。

无论一场革命是怎样出现的，除非它已经深入人心，渗透到大众的思维，否则它就不会取得任何成果。所以，历史事件由于大众的独特心理而获得了特殊的形式，而大众运动也因此而具备了共性的特征，以至于只要描述和分析其中的一个，我们就可以理解其他的运动。

因此，大众是一场革命的工具，却不是它的出发点。大众象征着一种无组织的存在，如果没有人在前面领导它，它终究是徒劳的。大众一旦接受了某种正确性的刺激，很快就会响应它，乃至突破和超越它原本的局限性，然而大众却不能自己创造刺激。

突然的政治革命虽然能给历史学家以突兀的惊喜和强烈的震撼，但它通常是无足轻重的；真正伟大的革命是在行为方式上的革命和思想领域中的革命。因此，变换政府的名称恐怕未必能将一个民族的精神状态改变，推翻一个民族的制度也不会重塑它的灵魂。

那什么才是真正意义上的革命呢？真正的革命，也就是那些改变民族命运的革命，总是进行得如此之缓慢，以至于这种“循序渐进”的革命状态使得历史学家甚至很难指出它是从什么时候开始的，因此，“进化”这一说法比“革命”似乎更为贴切而准确。

所以，当我们深入考察大多数革命的起源时，就会不难发现，如果要对它们进行分类的话，那么我们前面列举的各种要素就显得有些捉襟见肘了。如果仅仅从革命对象这一个角度考虑的话，我们可以把它们分为科学革命、政治革命和宗教革命。

二、科学革命

到目前为止，科学革命是这三种革命对象中最重要的革命。尽管科学革命很少引起人们的注意和重视，但它却往往能够产生重大而深远的影响，而这是非政治革命所能及的。因此，我们对它首先加以考虑，尽管我们在这里不能深入地研究它。

譬如，如果说自大革命时代以来，我们的宇宙观已经发生了深刻的变化，人们的认识已非神学时代那么浅薄，那仅仅是天文学上的发现以及试验方法的应用所产生的革命性后果。可是当人们在描述宇宙现象时，就可以从科学上寻求依据，已不再求助于上帝之类怪诞的想法，而是已经认识到它是受永恒规律支配的。

由于这样的革命进展得极其缓慢，所以我们可以恰当地称之为“进化”；但其中仍有一些例外，还有一些其他形式的科学革命，虽然有同样的效果，但由于它们进展迅捷，所以配得上“革命”之名。著名的例子，当属达尔文的理论，进化论在短短数年中就颠覆了整个生物学界；又比如，巴斯德的发现，他的科学成果，在巴氏有生之年即给医学界带来了革命性的变革；还有，物质裂变理论（theory of the dissociation of matter），之前人们都认为原子是永恒的，但自从这个理论出现后，它向人们表明，永恒的原子亦不能摆脱宇宙万物衰变、消亡的法则。

这些发生在观念领域内的科学革命都是纯粹知识性的，一般来说，我们的情感和信仰与此无关，对它们也几乎没有什么影响。由于它们所具有的独立性和权威性，人类必须无条件地服从它们，遵守它们，而由于它们的结果受到实验的控制，我们无从得知其中的真伪，所以它们可以免除外界的一切批评。

三、政治革命

接下来我们说一说宗教革命和政治革命，科学革命带来了人类的发展和文明的进步，而宗教革命和政治革命对人类长远意义上的作用则远远赶不上科学革命，它们之间也没有任何亲缘关系。科学革命的起源不同于宗教革命和政治革命，它唯一的起源就是理性因素，而政治信仰和宗教信仰完全只受神秘主义因素的影响和支配，理性对它们起源的影响是微乎其微的。

在《意见与信仰》一书中，我已经详尽地探讨了信仰的两种起源——情感的起源和神秘主义的起源，科学革命起源于理性，而政治革命和宗教革命往往都是受非理性因素的控制，它表明政治的信仰或宗教的信仰构成了一种精微的无意识信仰行为，不管其外表如何，理性对这种信仰无从施加控制；我同时也证明了信仰往往强烈到这样一种程度，以至于没有任何事物可以阻挡和左右它。人一旦受到信仰的催眠，就会变成一个虔诚的信徒，随时准备为了信仰而牺牲自己的利益、幸福乃至生命。至于说他的信仰是否荒谬绝伦，那已无关紧要；对信徒来说，信仰就是活生生地明摆在眼前的事实，信徒们对它崇拜而狂热。人们对信仰的神秘主义起源坚信不疑，使它拥有了一股神奇的力量，以至于它竟可以完全地控制人们的思想，至于说它的力量是否会消退，那也只有时光的流逝才会使它发生改变。

正是由于信仰被视为绝对真理这一事实，使它必然变得不宽容。这就往往产生暴力、仇恨和迫害等诸多因素。而恰恰是这些不宽容因素，常常是重大的政治革命或宗教革命的伴生物和派生品，其中又以宗教改革和法国大革命最为典型。

信仰往往伴随着强烈的情感因素和神秘主义因素，如果我们对此视而不见，我们就无法理解法国历史上的某些阶段。当人们互相交往时，他们不能互相宽容，不能互相调和，甚至是相互敌对或仇视，其实这都是神秘主义的信仰作用于情感而体现出来的力量。

如果我们看不到信仰的情感的起源和神秘主义的起源，看不到信仰必然的不宽容，看不到人们在交往时不可能实现的和解，看不到神秘主义的信仰对情感所支配的强大力量，那么，大革命历史中的某些阶段依然得不到理解，那就再自然不过了。

上述这些概念对历史学家来说可能显得过于新奇，还不足以改变他们的思想观念，他们试图继续通过理性逻辑来解释那些显然与理性无关的种种现象。

我们看一个例子，宗教改革在长达半个世纪的时间里湮没了法国，已经说明了它本不是由理性的影响决定的。可是，甚至是在最近的著作中，人们仍然运用理性逻辑来对它加以解释。比如，在拉维斯先生和朗鲍德先生合著的《通史》中，我们就读到这样一段关于宗教改革的解释：

这是一场遍及全国的民众自发式的革命运动，人们通过各种形式来参与这场运动，从阅读福音书到个人的自由思考——这一切都表明个人可以拥有极为虔敬的道德心和非常大胆的怀疑精神和推理能力。

与这些历史学家的断言恰好相反，我们轻而易举就可以推翻如下几点：首先，诸如此类的运动绝不是人们自发的；其次，理性在其中并没有起到什么作用。

政治信仰和宗教信仰之所以能够取得成功，拥有撼动世界的力量，恰恰就在于这样一个事实，即它们源于情感的因素和神秘主义的因素；它们既不是由理性塑造的，也不受理性的引导和控制。

政治信仰和宗教信仰有一个共同的起源，并遵循着同样的法则，那就是：它们的形成在更大程度上依靠了非理性的力量，而非理性的力量。

佛教、伊斯兰教、宗教改革、雅各宾主义、社会主义等，这些看起来似乎是迥然不同的思想形式，然而，它们却有着相同的情感基础和神秘主义基础，它们遵循的是一种与理性没有任何关系的逻辑。

政治革命可能是由深植在人们头脑中的信仰所导致的，但革命的产生还有其他许多原因，这些原因可以一言以蔽之曰“不满”。只要不满开始普遍化，人们的抱怨情绪开始高涨，一个反对派就会形成，并且迅速发展起来，其强大程度，甚至常常可以跟当时的政府相抗衡。

不满要想发挥其强大作用，必须要经过很长一段时间的酝酿和积累，正是基于这个原因，一场革命通常表现为一种连续的现象，而这期间，它的演化有加速度之势，而不会是那种一个阶段结束，另一个阶段接踵而至的现象。但是，几乎所有的当代革命都是突然爆发的运动，它们顷刻之间就导致了当时政府的垮台，比如，巴西、葡萄牙、土耳其以及中国的革命都是如此。

与我们的寻常观点相反，通常那些非常保守的民族，却往往热衷于最激烈的革命。究其原因，正是因为其保守，所以它们才不能接受缓慢的进化过程，适应不了环境的各种变化，所以，当矛盾来临，而且变得过于激烈时，它们常常倾向于突然间的猝变。于是，这种突然间的进化就演变成一场革命。

即便是那些适应渐进而缓慢演化的民族，也并不总是能够避免革命的发生，比如，在英国，君主苦心孤诣地追求个人的绝对权力和无上权威，而身处其下的人民则主张以代表为媒介实现政治上的自主和解放。这场斗争拖拖拉拉近一个世纪，直到 1688 年，它才通过一场资产阶级革命对此做了一个了断。

任何一场大的革命通常都是由上层人士引燃导火索，而不是下层人民引发的。但是，一旦人民挣脱了政治上的枷锁和精神上的枷锁，革命的威力则属于人民。

在一场革命中，军队是不可或缺的。很明显，如果离开了军队中非常重要的那一部分人的支持和拥护，革命过去就不会发生，将来也不会发生。并不是在路易十六被送上断头台的时候，王权在法国才开始丧失，而是早在国王的军队不再臣服于他，拒绝保护他的那一刻起，王权就已经不存在了。

军队渐渐生出叛逆之心，对现存秩序的存亡更加不放在心上，正是通过精神传播这种方式达到的。所以尽管希腊和土耳其这两种制度并无类似之处，但是，当土耳其少数军官的联合成功地推翻了土耳其政府时，希腊军官便受到土耳其军官的熏染，密谋步其后尘，改组希腊政权。

一次军事武装行动也许能够推翻政府，摆脱旧秩序的压迫——比如，在前西班牙殖民地

的拉美各个共和国国家，其政府几乎无一例外都是被军事政变推翻的，但是如果革命想取得重大成效和长久果实，它就必须依赖人民对旧政府的普遍不满和对建立新秩序的普遍希望。

除非广大民众的不满是普遍而强烈的，人们迫切追求新的政治生活，否则仅仅是不满还不足以引发一场革命。领着一伙人进行劫掠、破坏和屠杀当然不难，但是，要发动整个民族，或是一个民族的大部分人，取得最终革命成功的果实，则非得要革命领导人具有坚韧持久的勇气、突破重重困境的毅力和百折不挠的精神。他们夸大不满，向愤愤不平的人们灌输仇视的思想，当前的政府是一切苦难、罪恶，尤其是长久之匮乏的唯一根源；并信誓旦旦地向人们保证说，他们所提议的新制度将造就一个幸福的时代，人民如何可以享受到在旧制度下所不能享有的权利。

通过借助暗示和传染这两种途径，这些思想得以萌发、展开和传播，一旦时机成熟，革命也就水到渠成了。

基督教革命和法国大革命正是通过这种方式酝酿成熟的，只不过后者用了几年时间就完成了，而前者则颇费周折，酝酿时间比较长久。之所以发生这样的情况，是因为法国大革命很快就拥有了一支可供自己支配的军队，拥有了自己的武装力量。而基督教则花费了很长时间才赢得物质权力。开始时，基督教仅有的一些信徒就是下等人、穷人或是奴隶。他们虽然满怀热情，憧憬着自己今生悲惨的生活能换取来世的幸福，但是他们的思想还处于混沌阶段，因而忽略了如何改善自己现在的生活状态。历史不止一次地向我们证明，通过自下而上的传染，教义最终扩散到一个国家的上层。但是，新的教义必然会添加一些下层民众的意志和利益，甚至这些意志和利益与上层阶级的意志和利益逆道而行，所以君主不得不斟酌考虑。在一国之君认为新的宗教信徒众多到足以接受为国教之前，这肯定要经历很长一段时间。

四、政治革命的结果

当一个政党取得胜利时，在建立新的秩序时，它很自然地就会根据自己的意志和利益来组织社会。至于说把社会组织成什么样，这得视革命是受士兵、激进主义者，还是受保守主义者等的影响而定。获胜党派之所以取得胜利，这与背后支持它的社会阶级力量是分不开的，因此新的法律和制度将取决于获胜党派以及支持它的社会阶级的利益，比如说教士的利益。

革命如果只是通过纯粹的暴力斗争而取得胜利——法国大革命就属于这种情况，那么胜利者将全盘否定旧的法律体系，已经倒台的旧制度的支持者将不得不受到迫害、流放或消灭。

获胜的党派在保护自己的物质利益之外，还要捍卫自己的信仰，因此，在这些迫害中所使用的暴力就会达到极致，对于敌对势力绝对不会手下留情，那些被征服者休想得到一丝怜悯。这也是为什么西班牙要驱逐摩尔人，宗教裁判之所以要对异教徒施以火刑，国民公会要实行严刑酷法以及法国最近颁布法律禁止宗教集会的关键原因。

胜利者所拥有的绝对权力有时会导致他们采取极端而荒谬的措施，例如，国民公会就曾颁布法令用纸币代替金币，对商品进行限价，等等。不久，它就在生活必需品的限价上碰了壁，对它的非难之声四起，法令也得不到行之有效的实施，到大革命行将结束的时候，它几乎已被人们唾弃。同样的事情最近也发生过，澳大利亚的一个几乎完全由工人组成的社会党内阁，颁布的法律是如此荒谬，一切以工会的特权为转移，因此这项法律必然会受到其他群体阶级的不满，结果遭到公共舆论的一致谴责，不到三个月，这个内阁就倒台了。

不过，我们所考虑的这种情况一般都属于例外，大多数革命都是以一个大权在握的新元首之确立而告终。这个新元首深知，若要永保革命成功的果实，维持他的权力，首先就不能只考虑某一个阶级的利益，而应该折中调和，兼顾各方。为了达到这一目的，他必须在各种势力之间建立一种平衡，这样便不会受到任何一个阶级的威胁。允许某个阶级做大无异于听任大权旁落，卧榻之侧岂容他人酣睡？这是政治心理学中最确凿无疑的定律之一。法国历代的国王都深谙此道，他们励精图治，为了维护他们的地位，积极巩固王权，他们不得不对下层人士有所让步，先是抵制了贵族的侵蚀，随后又削弱了教士的势力。只有这样他们才避免了重蹈中世纪德意志皇帝不幸命运的覆辙，就像亨利四世，被教皇赶出了教门，名誉扫地，最后不得不前往卡诺萨觐见教皇，谦恭地乞求他的宽宥。

同样的法则在历史进程中屡试不爽，不止一次地得到印证。在罗马帝国末期，军事集团炙手可热，煊赫一时，皇帝处于这样的政治环境中，必须得完全依靠他的兵士，因为其存亡、废立全取决于他们的意愿。

因此，对法国来说，长期地由一个几乎拥有绝对权力的君主来统治，未尝不是一个巨大的优势，由于这样的君主鼓吹君权神授，以此为依托，所以他享有极高的威望和无上的权威。没有这样一种权威，他就不可能拥有钳制封建贵族、教士乃至议会的势力。如果波兰在16世纪末也拥有一个既具有绝对权力又能受人尊敬的君主，那么，它就不至于日渐衰微以致从欧洲的地图上消失了。

在这一章中，我们已经揭示了政治革命可能伴随的重大社会变革。接下来，我们就要看一看，跟宗教革命所带来的变革相比，它们显得多么举足轻重。

第二章
宗教革命

一、宗教革命与政治革命

探讨法国大革命，是本书任务之一，这场革命既然充满了暴力行为，那么它自然存在着重要的心理原因。

有一些历史事件常常让我们大吃一惊，从何而起，缘何而终，着实让人觉得不可思议。就以法国大革命为例，如果我们将其视为一种新的宗教，那它就一定遵循着所有宗教传播的普遍法则。如果从这点来看，先有群情激愤，后有血腥杀戮，其前因后果就让人恍然大悟了。

在研究一次重大的宗教革命的历史中，比如宗教改革的历史过程中，我们会看到，在法国大革命中异常活跃的一些心理因素，在这里同样发挥了重要作用。我们可以在这两种革命中，观察到同样的现象：在信仰的传播过程中，理性的价值是那么无足轻重；迫害尽管起不了什么作用，然而却从未间断过；在两种相互对立的信仰之间，必然会存在相互抵触的因素，因此几乎无不可能实现宽容；不同信念之间的冲突引发了可怕的暴力和殊死的斗争。我们同时也看到，所谓的信仰通常是利益的一个幌子，与信仰完全无关的利益往往借助一种信仰进行掠夺。最后，我们还会得出这样一个结论，那就是如果不同时改变人的生活状态，不改变自己的意志和利益，也就无法改变他们的信念。

通过这些现象的印证，我们就会明白，大革命福音的传播方式何以与一切宗教福音，尤其是加尔文教福音的传播方式毫无二致，就是因为它根本就没有其他的传播方式。

不过，虽然像宗教改革这样的宗教革命和法国大革命这样的重大政治革命，在起源上是如此相近，但它们的长远后果却迥然有别，这就可以解释为什么它们会表现出不同的持久力。在宗教革命中，虔诚的信徒限于宗教思想上的束缚，没有任何挣扎，因此没有任何经验可以向其信徒们揭示他们受到了欺骗，因为他们非得进入天堂才能验证；而在政治革命中，一种虚假教条的错误很快就会大白于天下，当民众发现自己受到欺骗和利用时，他们所积累的经验就会迫使人们不得不抛弃它。

因此，到督政府（the directory）统治末期，雅各宾主义信仰的实施导致法国陷入了如此一种毁灭、贫困和绝望的境地，以致最狂热的雅各宾主义信仰者自己都不得不弃绝他们的那套体系。他们的理论除了少数几条带着美好幻想却无法得到经验证明的原则——诸如平等会给人类带来普遍的幸福等之外，已经荡然无存了。

二、宗教改革的开始和它的第一个信徒

宗教改革对人类的情感和道德产生了深远而广泛的影响，然而其朴

素的初衷仅仅是为了反对教士的恶习。事实上，宗教改革只是对福音书的回归和皈依，但它从未奢求那些自由的思想，加尔文并不比罗伯斯庇尔更宽容。实际情况是，在那些实行了宗教改革的国家，仅仅是君主代替了罗马教皇，而几乎没有赋予人民太多的实际权利，君主给人们的权利并不比以前多，他自己所行使的权力也并不比以前少。

在法国，由于人们思想的渐渐开放和造纸术的传播，人们借助于宣传和交流的手段，新的信仰才开始慢慢地传播。大约是在 1520 年，路德招募了一批专家，而且直到 1535 年，新的信仰才得到广泛的传播，新的信仰设身处地地考虑到下层人士的权利和利益，因而受到人们的普遍欢迎，这时人们才意识到了皈依此种信仰的必要性。

遵照人所熟知的心理学规律，这些行为仅仅是有利于宗教改革的传播。宗教改革的第一批信徒包括牧师和地方官员，但是，主要是一些对这些信条含混不清的手工业工人。限于阶级性质，这些工人接受新事物的能力较为薄弱，所以他们改信新教几乎完全是传染和暗示的结果。

一旦新的信条得到了传播，我们就会看到，聚拢在这一信条周围的是一群鱼龙混杂的人物，他们对新教教条是冷淡的，漠不关心的。但是，这些人都找到了借口或机会以满足他们的热情或是贪婪，因而对旧教怀有抱怨之心，这就在一定程度上利于新教的传播，使得新教在与旧教的对抗中也有了一丝优势。这种现象在实行宗教改革的诸国比比皆是，而以德国和英国最为严重。路德在新教教义中宣称教士没有拥有财产的需要，德国的封建领主则从这一信条中受益，因为这使他们可以名正言顺地攫取教会的财产。亨利八世更是以同样的手段发家，那些常受教皇骚扰的君主则对那些政教分离的教义窃喜。诸如此类的教义使得统治者在行使自己权力的时候更加如鱼得水，因此宗教改革并没有削弱统治者绝对专制主义（absolutism of rulers）的影响，反而增强了它。

三、宗教改革教义的理性价值

整个欧洲都被宗教改革所颠覆，法兰西也随之倒了霉。它在接下来的五十年中，已经沦为了一个战场。从理性的观点出发，其所产生的影响，是任何一份事业都无法比拟的。

不胜枚举的事实可以证明，信仰的传播是与所有理性相互独立的。正如我们从加尔文那里知道的一样，神学的教义虽然能把人们高涨而热烈的热情唤醒，但在理性逻辑面前，经不起半点检验。

深受“救赎理论”（theory of salvation）的影响，路德对恶魔有一种格外的恐惧。他知道，忏悔无济于事，他就千方百计地寻找一种万无一失的手段来“讨好”上帝，以逃过炼狱之灾。从抨击教皇卖“赎罪券”（indulgences）开始，路德就不但否认了教会的权威，而且也否认了他自己的权威。路德谴责宗教仪式、忏悔、圣徒的礼拜，并宣扬基督徒“唯信称义”，他还认为每个人只能蒙上帝的恩惠而得救。

这被称为预定论（predestination）的最后一条教义连路德都摸不准，但它却被加尔文清晰地表述出来。加尔文认为多数新教教徒在上帝面前都是微不足道的。根据这项由他奠定的教义，“一些人将受火刑而死，另一些人则得救，这在全能的、永恒的上帝那里是注定的”。为什么会有如此天壤之别呢？原因只有一个，那就是“上帝的意志”。

从这一点来看，加尔文不过是根据圣奥古斯丁的某些见解有所延伸并发展而来的：全能的上帝创造了人类，有些人注定了要在来世饱受炼狱之苦，然而对于他们的功行和美德是全然不必考虑的，这样的思想显然是不公平的。如此令人厌恶的思想显然是精神错乱之作，但它却在这么长的时间里令人崇拜而虔诚地遵守着，使这么多人为之折服，实在令人匪夷所思。更不可思议的是，甚至是在今天，此种情况仍有过而无不及。

由此不难看出，加尔文的心理与罗伯斯庇尔的心理是有一定亲缘性的，同后者一样，加尔文自以为手中掌握了绝对真理，对于那些拒绝不接受他新创的教条的人，他毫不怜悯地把他们处死。对此，加尔文还打着上帝的幌子声称：上帝要求“我们在捍卫上帝的荣光时，哪怕毁掉所有人都在所不惜”。加尔文殁其信徒的例子表明，从理性的角度看，即使再悖谬不过的事情，在那些受到信仰之蛊惑，迷惑其中的人看来也是极为正常的。根据理性逻辑，将一种道德建立在预定论基础上似乎是不可能的，因为，人们无论做出什么样的努力都无法避免。要么获得上帝的拯救，要么受到审判，甚至是处死的命运。然而，加尔文却毫不费力地在这个完全非理性的基础上建立了一种非常严格而残酷的道德标准。他的信徒以上帝的选民自居，他们的自豪感和尊严感是如此强烈，以至于他们觉得必须以自己的行为作为楷模。

四、宗教改革的传播

新信仰不是通过演说来传播的，更不是通过论证来传播的，而是通过我们前述作品中描述的机制，即通过断言、重复、精神传染以及大造声势，在后来的岁月中，革命思想也效仿这样的途径在法国传播开来。

如同我们已经指出的那样，对信徒的迫害只能促进新信仰的传播，每一次迫害之后，新信仰对人们的威慑力便增长一分，因此也就会有人接受新的信仰，就像我们在基督教早年的经历中所看到的。市政议员阿内·迪堡被判火刑，就在他走向火刑柱的时候，他还在苦口婆心地规劝围观的群众改信新教，一位目击者说："比起加尔文的著作来，他坚定不移的信念让更多大学中的年轻人皈依了新教。"

旧教统治阶级为了阻止他们向人群布道，他们在烧死之前都被割掉了舌头；为了加强对他们的折磨作为对人群的警戒，在行刑时还给他们缚上一条铁链，这样在把他们投入烈火中之后，行刑的人可以再把他们拖出来，反复施虐。

但是虔诚的新教教徒却甘之如饴，他们觉得没有什么能使他们退缩，反而让他们觉得烈火的考验是一种解脱，甚至是一种无上的荣宠。

1535 年，弗朗索瓦一世放弃他先前的宽容态度，下令在巴黎同时设下六处火刑场来惩罚新教教徒，而正如我们所知的，国民公会在同一座城市中只是设了一座断头台，而且受难者的痛苦也没那么惨烈。殉教基督徒的大无畏精神亦早已有目共睹。我们现在已经知道，在其信仰的催眠和盲目追随作用下，信徒们可以变得完全无所畏惧。

新宗教得到了迅速的传播，到 1560 年，在法国就已经有了两千多座新教教堂，许多大的领主一开始还无动于衷，但目睹了新宗教的影响之剧烈，后来也渐渐地转信了新教。

五、不同宗教信仰间的冲突：宽容的不可能

我已经说过，不宽容是强势宗教信仰的必然伴生物。政治革命和宗教革命为我们提供了这一事实的大量证据，从中我们很容易发现，同一宗教内部，不同教派之间的不宽容，比起那些差距很大、互不熟悉的宗教——比如说基督教与伊斯兰教——之间的不宽容来，要有过之而无不及。实际上，如果我们仔细考察一下长期以来把法国搞得四分五裂的那些教派，我们就会发现，除了一些细枝末节之外，它们在根本的宗教理念上并没有存在多大差异。天主教和新教都信仰同一个上帝，唯一的区别就在于信仰方式的不同。要是理性能对它们的信仰产生一点作用的话，那么，它们很容易就会明白，对上帝来说，以这种方式还是那种方式崇拜他，是无关紧要的。

对那些狂热的大脑来说，理智是起不了任何作用的，新教与天主教之间继续爆发持久而激烈的冲突，历代君主试图通过各种方法让它们实现和解的努力都付诸东流。卡特琳·德·梅迪奇看到，虽然一再遭到镇压和迫害，但新教的势力增长势头却依然迅速，并吸引了一些贵族和地方官员。为了促成双方的和解，王后于 1561 年召集主教和牧师在普瓦西

举行宗教会议，就两种教义的融合问题进行讨论。尽管王后精明过人，但这一计划只能说明王后对神秘主义逻辑的法则一无所知，在人类历史上还没听说过一种信仰因为辩驳而毁灭或削减的先例。卡特琳甚至没有想过，个人之间的宽容虽然困难重重，但毕竟是可能的，而集体之间的宽容根本就不可能。她的努力最后以失败告终，与会的神学家唇枪舌剑，并对对方的首领百般侮辱，但没有一个人发生动摇。因此这次会议不但没有达到预想的效果，反而变得愈加糟糕。此后，卡特琳还在 1562 年颁布一项敕令，敕令规定："允许新教教徒以自己的方式公开集会，举行礼拜仪式。"

从一种哲学的立场来看，这种宽容是高尚而可贵的，但从政治的角度看，却是不明智的，它除了进一步激怒双方的矛盾之外，没有任何收效。在法国新教势力最为强大的米迪地区，新教教徒大肆迫害天主教教徒，企图通过暴力迫使他们改宗，如果天主教教徒不顺服，新教教徒就要割断他们的喉管，并且洗劫他们的教堂。同样的状况，在天主教的势力范围内，对新教教徒的迫害亦不分轩轾。

这样的对抗不可避免地引发了内战，这就是所谓的宗教战争。在很长一段时期内，法国饱受兵燹之灾，血流成河，城市被劫掠，居民遭到屠杀。宗教冲突和政治冲突所特有的那种残酷本性在战争中表现得淋漓尽致，这一场景在多年以后的旺代战争中再次出现。

老人、妇女和儿童，统统遭到杀戮。有个叫多普德的男爵就是一个典型，他是艾克斯市议会的第一任议长，在短短的十天时间里，他丧心病狂地杀害了三千人，毁坏了三座城池、二十二个村庄；一个叫蒙吕克的人则可以称得上是卡里埃的先驱，他把加尔文教徒悉数扔入井中，直到井被填满为止。新教教徒也仁慈不到哪里去，他们甚至连天主教的教堂也不放过，他们大肆毁坏坟墓和塑像，其行径与国民公会的代表们对待圣丹尼斯王家墓地的行为如出一辙。

在教派纷争诸多错综复杂的矛盾的影响下，法国在亨利三世统治时期就已经变得四分五裂，它被肢解成一些小的市政共和国，邦国林立，各自为政，王室的权威荡然无存。布卢瓦邦直接向被迫逃离首都寻求避难的亨利三世提出自己的要求。1577 年，旅游家利波马诺游历法国时，看到一些重要的城市，如奥尔良、图尔、布卢瓦、波瓦第尔，已经完全被毁坏，大大小小的教堂成了一片废墟，墓地也是七零八落，狼藉不堪。这一场景与督政府统治末期的法国没什么两样。

在这一时代的诸多事件当中，于 1572 年发生的圣巴托洛缪之夜大屠杀或许不是杀人最多的，但它却给人们留下了最为灰暗的记忆。历史学家认为，是卡特琳·德·梅迪奇和查理九世下令发动了这场大屠杀。

其实我们根本不需要有多少深刻的心理学知识，就可以明白，没有哪个统治者会发布这样的命令。圣巴托洛缪之夜大屠杀不是王室的阴谋，而是教众们犯下的罪行。当时，卡特琳·德·梅迪奇相信，有四五个新教教徒的首领正在策划一场威胁到她以及国王生命的阴谋，于是她就根据当时通行的做法，派人将他们刺杀。巴蒂福尔先生对随之而来的大屠杀作了很好的解释，他写道：一听到这个消息，马上谣言四起，满城风雨：整个巴黎的胡格诺教教徒都要被处死。于是，天主教的贵族，卫队的士兵、弓箭手以及普通民众一句话，所有的巴黎人纷纷冲上街头，手持利刃，随时准备参与屠杀。杀死胡格诺教教徒！杀死胡格诺教教徒！叫嚣声一时响彻街头，于是大屠杀就在这样的氛围和环境中爆发了。那些胡格诺教教徒或被击毙，或被溺杀，或被绞死，凡是被怀疑为异教徒的人都在这场争斗屠杀中惨遭厄运，在巴黎，大约有两千人被杀。

通过传染的作用，外省群众纷纷以此效尤，大约有六千名到八千名新教教徒惨遭杀害。

当时间冷却了人们的宗教狂热之后，所有的历史学家，甚至包括天主教的历史学家，只要提起圣巴托洛缪之夜大屠杀，无一不表示强烈的愤慨。这就告诉我们，一个时代的人要想理解另一个时代人的精神状态是何等困难。

然而圣巴托洛缪之夜大屠杀在当时非但没有受到责难，反而在整个欧洲的天主教人士当中激起了一种难以描述的狂热。（西班牙的）菲利普二世闻此消息之后，欣喜若狂；给法国国王的贺信纷至沓来，其热烈程度甚至远胜于他赢得了一场伟大战争的胜利。

没有谁比教皇格列高利十三世对此更兴高采烈了，为了纪念这一个大快人心的事件，他让人铸造了一枚金牌，点起狂欢的焰火，鸣炮祝贺，并多次集会，举行庆典。他还命令画家瓦萨里在梵蒂冈教廷的墙壁上绘制出大屠杀的主要场面以资纪念。此外，他还遣使者至法国，对法王的善举通令嘉奖。此类历史细节有助于我们理解信徒的心理，大恐怖时期，雅各宾主义者所具有的心理和精神状态就非常类似于格列高利。

新教教徒对这样一场大屠杀自然不会善罢甘休，于是他们奋起反抗，直到 1576 年，亨利三世被迫通过《博利厄敕令》，赋予他们完全的信教自由、对八个城市的占领，并且，在议会中天主教教徒与新教教徒各占一半议席。

然而尽管新教取得了如此骄人的成绩，但天主教这些勉强的让步并没有换回真正的和平，以吉斯公爵为首领的天主教同盟开始形成，双方的冲突愈演愈烈，不过，它并没有一直持续下去。我们知道，亨利四世在 1593 年宣誓脱离新教，后来又颁布了《南特敕令》，终于暂时结束了这场战争。

这场斗争虽然暂时平息了，但依然没有终结。在路易十三统治时期，新教教徒依然没有偃旗息鼓，1627 年，黎塞留被责成围攻拉罗谢尔，杀戮新教教徒一万五千人。后来，更多地出于政治上而不是宗教上的考虑，枢机主教还是对新教教徒表示了难得的宽容。

这种宽容没有持续多久，只要一方觉得自己有能力与对方抗衡，或者是将对方压垮，那么，相互对立的信仰之间就不会达成和解，最终的结果也往往是双方鱼死网破，两败俱伤。到路易十四时代，新教教徒的势力已经大为削弱，因此他们不得不放弃斗争，但求和平相处。此时，他们的数量在一百二十万人左右，拥有六百多座教堂和大约 700 位本堂牧师。

可是在天主教牧师看来，在法国这片土地上继续存在异教徒是不能容忍的，所以他们殚精竭虑，想尽一切办法迫害这些异教徒。由于这些迫害收效甚微，于是，路易十四在 1685 年再次向武力发起援助，派出龙骑兵大肆追捕、屠杀新教教徒，许多人惨遭屠戮，但没有更大的收获。在天主教牧师尤其是博絮埃的压力下，路易十四最终收回了《南特敕令》，新教教徒被迫走上绝路，他们只有两种选择：要么改变信仰，要么离开法国。这一悲壮的移民运动持续了很长时间，据说，大约有 40 万名法国人远走他乡，这些移民都是些品德高尚之士，他们遵从了自己的良心，置物质利益于不顾，毅然踏上了背井离乡的不归之路。

六、宗教革命的结果

如果仅仅根据宗教改革这段灰暗的历史来判断宗教革命，我们就不得不承认宗教革命是一个巨大的灾难。但也不可一概而论，有些宗教革命就产生了相当大的文明影响。

这些宗教革命通过实现精神统一，有强大的精神力量作为支柱，极大地增进了一个民族的物质力量。比较突出的就是伊斯兰教，毋庸置疑地说，由穆罕默德建立的这种新的信仰，一下子将阿拉伯那些弱小贫困的部落改造成了一个强悍的国家。

这样一种新的宗教信仰并不只限于追求一个民族的统一，往往是它取得了以往任何一种哲学、任何一部法典都不可能实现的效果：它明显地改变了那些几乎是不可变更的要素，即一个民族的情感。

人类有史以来最伟大的宗教革命——基督教的诞生就充分地证明了这一点，我们看到，它抛弃了一切异教的信仰，代之以一个来自加利利平原的上帝，新的宗教理想告诉人们：为了获得天堂中永恒的幸福，必须放弃一切世俗的欢乐。毫无疑问，这样一种理想很容易为那些穷人、奴隶以及被剥夺了所有此生幸福的人所接受，在他们看来，一种毫无希望的生活即将被美好的未来所取代，这就从而给予了他们心灵上的安抚和精神上的鼓舞。操行上一丝不苟的生活既容易为穷人所追随，也好为富人所接受。这正是新的信仰所展现的力量。

综观基督教诞生以来两千年的历史，我们可以清楚地了解到，基督教革命不但改变了人们的生活方式，而且也深刻影响了文明的紧张程度。宗教信仰随即征服了文明的一切要素，并使之很快地为宗教服务，自然而然地适应了宗教，这样，人类文明就发生了迅速的转变。作家、艺术家以及哲学家只不过是以符号在他们的作品中表达了这种新信仰。任何一种宗教信仰或是政治信仰一旦取得了统治地位，非但理性对它起不了任何作用，反而它会寻找理由迫使理性为这种信仰做出牵强的解释和合理化证明，并企图把它强加于人。在摩洛神流行的时代，大概也会有不少神学家和布道者大谈特谈以人为祭的必要性，这与其他时代的人们盛赞宗教裁判所、圣巴托洛缪之夜大屠杀以及大恐怖时期的屠杀如出一辙。

在一个教派之间水火不容的国度里，我们千万不要指望那些拥有坚定信仰的民族能够欣然地接受宽容。在古代社会中，只有多神论者才会保持宽容。在当前这个时代中，实行宽容的国家正是那些可以被恰当地称作是多神论的国家，比如英国和美国，它们已经分裂成不计其数的小教派。在同一名义下，它们实际上信奉着相去甚远的神祇。

信仰的自由和多样性既导致了这种宽容，但与此同时，这也自然而然地削弱了信仰。于是，我们就碰到了一个至今尚未解决的心理学难题：如何在保持坚定信仰的同时又能做到坚持宽容？

我们在前文中简要地阐述了宗教革命所扮演的重要角色和信仰的巨大力量，虽然它们的理性价值甚是微薄，但正是由于它们的存在，历史才得以塑造，为各民族提供凝聚力或力量，使它们不再成为一盘散沙。在任何时候，人类都依靠宗教和信仰来指导自己的思想，使自己的行为得以引导，目前为止，似乎还没有哪一种哲学能够取代它们。

第三章
革命中的政府行为

一、革命时代中政府的虚弱抵抗

现代许多的国家，如法兰西、西班牙、意大利、奥地利、波兰、日本、土耳其、葡萄牙等，在 20 世纪中革命迭起，其最为显著的特征之一就是革命以迅雷不及掩耳之势，轻而易举地推翻了旧政府。

在现代社会中，传播消息的渠道更加方便快捷，这使得精神的传染变得异常迅速，因此，革命的突发性自然是很容易理解的。然而，一旦遭到革命的袭击，政府只能做出微弱的抵抗，这就让人感到不可思议了。它向我们表明，政府由于对自己的力量过于自信，盲目乐观，结果根本无法理解和预见革命的发生。

不过，颠覆政府如探囊取物并不是什么新现象，历史已经不止一次地向我们证明了这一点：它不但发生在那些通常是被宫廷政变所推翻的独裁体制中，而且也会发生在那些得到公共舆论和人民代表支持的政府身上。

在这些迅速崩溃的体制中，一个最为显著的例子发生在查理十世颁布《四项敕令》之后，我们都知道，国王仅在短短四天之内就被推翻了。

查理十世的首相波里尼雅克几乎没有采取任何防范措施，国王本人也自信巴黎平安无事，于是就外出狩猎了。这种情况就如路易十六时代一样，军队丝毫没有反叛之意，但由于统治者没有坚定慎重对待的态度，因而导致指挥失误，结果在一小撮起义者的进攻面前居然显得不堪一击。

路易·菲利普在他统治时期并没有采取专制独裁的统治措施，但依然在顷刻间倒台，这就使得他的例子更具有典型性。这位国王并没有像查理那样最终陷入四面楚歌的境地，他的倒台起因一场本来可以轻而易举地镇压下去的不起眼的小暴动。

一个以装备精良的军队为后盾的、根基稳固的政府为什么如此轻易就被少数几个揭竿而起的乌合之众推翻呢？历史学家对此匪夷所思，于是，他们顺理成章地把路易·菲利普的倒台归咎于某种所谓“深层”的原因。实际上，这里并没有什么玄奥，那些被委以防守之重任的将军在暴乱中所做出的无能表现，就是国王倒台的真正原因。

在可以引用的例子中，这一个案例最为典型，也最富教益，因此，它值得我们花些工夫去思考。在这一案例中，埃尔兴根将军亲历其中，以亲眼所见记录下当时的情况。根据埃尔兴根将军所作的记录，博纳尔将军进行了深入的调查。当时在巴黎有三万六千名士兵，但软弱无能的军官们阵前手忙脚乱，根本无力指挥他们。不但发出的命令相互矛盾，而且，最为危险的是，普通民众竟被允许混杂于军队之中，以至于后来军队拒绝向民众开枪，如此一来，军队不免束手束脚，几乎没有进行什么战斗，起义就成功了，国王最终被迫退位。

正是把大众心理学的知识运用到上述事件中，博纳尔将军向我们揭示了，导致路易·菲利普倒台的暴动，实际上很容易就可以控制住。特别是他证明了，如果那些指挥官能够处变不惊的话，只需要派出一支非常小的军队就可以阻止起义者闯入议会，而当时的议会主要由保王派组成，他们必然会宣布由巴黎伯爵在其母摄政下继承王位。

这样的现象也发生在西班牙革命和葡萄牙革命中。

这些事实表明，在一些翻天覆地的重大事变或革命之中，常常会有一些微不足道的小事因之而起，对于其中的错综影响，其作用不可等闲视之；它同时告诉我们，对于普遍的历史规律，要依照规律进行总结，不可妄下断言。如果路易·菲利普不是被暴乱推翻，我们可能就看不到1848年的共和国、1852年的第二帝国，也就没有什么色当之役的惨败、普鲁士的入侵，当然就不会有阿尔萨斯被割占的事了。

在我刚刚提到的那些革命中，军队在捍卫政府的过程中虽然都没有起到多大作用，但它也没有背叛政府。有时也会出现相反的情况，即常常是军队引发了革命，土耳其和葡萄牙就是如此。在拉丁美洲的共和国中，军队更是进行了无数次的革命。

当革命受到军队的影响时，新的统治者必然会处在军队的支配和控制之下。罗马帝国末期，皇帝的存亡废立都是由军人决定的，这就是一个典型的例子，我在前文也已提到这一点，在此不再赘述。

这一点在当今时代亦可得到验证，下面的这段话就是从报纸上关于希腊革命的新闻中摘录下来的，它告诉我们一个处在军队支配之下政府会沦落成什么样子：

某天，八十名海军军官宣布，如果政府不解除那些受到他们指控的领导人的职务的话，他们将集体辞职。还有一次，一个属于王储的农场（梅泰里）里的农民要求瓜分土地。政府许诺晋升佐尔巴斯上校，这一举动引起了海军的抗议，于是，佐尔巴斯上校在与海军上尉台帕多斯进行了一个星期的磋商后，决定撤换参议院的议长。在此期间，市政联盟诋毁了海军军官，一名代表谴责海军军官，这些军官及其家属都应该以强盗论处。当指挥官米亚乌利斯下令向叛乱者开枪时，那些曾经为台帕多斯马首是瞻的士兵却在阵前倒戈。古希腊时代的米斯托克利与伯里克利之间的那种默契和一致已经一去不复返了。

如果没有军队的支持或者至少是中立的话，那么一场革命通常是很难取得胜利的，但是，往往在军队还没有介入之前，革命就已经发生的情形则更为常见。法国 1830 年革命、1848 年革命以及 1870 年革命都是如此，在 1870 年革命中，色当的投降使法国人蒙受了巨大的耻辱，因此人们一举推翻了第二帝国。

大多数的革命都发生在国家的政治中心，即首都，随后又借助传染的作用蔓延发展至全国，但有时也不尽然。我们知道，在法国大革命期间，旺代、布列塔尼和米迪等地就是自发起来反抗巴黎的。

二、政府的抵制如何才能克服革命

我们已经看到，在上面所列举的这些革命中，政府之所以被推翻，大多数都由于自身的软弱性而造成的毁灭，面对革命，政府几乎毫无招架之力。

但这并不代表所有的政府在革命面前都是无所作为的。发生在俄国的革命就表明，只要政府积极采取防范措施，扼制革命的发展势头，并最终取得胜利也不是不可能的事。

对一个政府来说，没有什么比革命更具有威胁了。在东方遭到惨败之后，长期处在极端专制统治之下的俄国社会各阶级——包括一部分军队和舰队，纷纷揭竿而起。铁路、邮局、通信部门罢工不断，偌大一个帝国各地之间的联系和交通由此中断。

俄国的社会主体本身是农民阶级，此时的农民阶级也开始受到革命宣传的影响。当时，在俄罗斯当时背景下的大多数农民的生活极为悲惨，在米尔制度下，他们被迫耕种土地，却得不到任何报酬。于是，政府为了防止农民暴乱，当机立断决定将这些农民转化为经营者，以此来安抚这一庞大的阶级。为了迫使地主将他们的一部分土地卖给农民，政府颁布了特别的法律，并且银行为那些土地购买者准备了必要的贷款，贷款的利息则由从每年的收成中抽取出的小额养老金来支付。

由于缓和了与农民的矛盾对立，确保了农民的中立，政府就可以腾出手来对付那些狂热分子了，这些人正在焚烧城镇，向人群中投弹，并不断挑起激烈的争端。所有的这些人都应该被赶尽杀绝，这或许是人类有史以来发现的、可以保护社会免遭破坏的唯一办法。

取得胜利的政府知道，除了必须满足国内那些开明人士的合法要求之外，还应该另有作为，于是，它建立了一个议会来指导立法，控制财政支出。

俄国革命的历史经验告诉我们，当一个政府的天然支持者逐一不存在时，它依然可以凭借其智慧和意志，克服一切棘手难缠的障碍，进而保证自己政权的巩固。因此，我们可以客观公正地说，没有哪个政府是被人推翻的，它们的失败常常是自取灭亡。

三、政府进行的革命：以中国和土耳其为例

政府几乎不可避免地要阻止一切革命，它们决不会革自己的命。有的时候，出于暂时或是长远需要的考虑，它们也会小心翼翼地进行一番自上而下的改革；但它们却不会先于这些要求进行改革，而是在迫于无奈的情形之下，为了缓和矛盾而被迫改革。但是，有时某些政府也会进行一些突发的改革，我们常称之为革命。这种改革努力的成败将取决于国民精神状态的稳定与否。

如果一个民族是由那些半野蛮的部落组成的，它们没有固定的法律和习俗，也就是说，没有稳定的民族精神（nation mind），那么，政府就能够成功地实施新的制度。彼得大帝统治下的俄罗斯就处在这样一种状态中，我们都知道他是如何通过武力将那些半亚细亚的人口欧洲化的。

日本为我们提供了由政府发动革命的又一典型，不过，被彻底改造的不是它的精神，而是它的机器。

完成这样一个任务——哪怕是部分地完成，都需要一个强而有力的独裁者，并辅之以一个天才人物。改革者常常会发现，整个民族都会起来反抗他，因此，与一般革命中的情形恰好相反，在这种情况下，独裁者是革命的，而人民则是传统而保守的。只要作一番细心研究，你很快就会发现，人民事实上极端地保守。

在这些尝试中，失败是不可避免的。不管革命是由上层阶级动员的，还是由下层阶级自发的，一般都不会改变人们长期以来所形成的精神状态，革命只能改变那些由于时间的销蚀而慢慢变得落后而腐朽的东西。

当前，中国正在进行一场十分有趣却注定要失败的实验，它试图通

过政府来改变这个国家的制度。古老的君主制王朝之所以被革命推翻，从间接原因上说，就是因为清政府为了改变中国的现状，企图强制推行改革，可是，几千年来的封建统治下的人们无法接受这种新型的政治体制，因此引起普遍的不满。禁烟禁赌、改革军队、建立新式学校等改革措施必然要提高税收，这一后果连同改革本身都引起了民众的极大不满，所以，革命也就不可避免了。

在欧洲学校里接受过教育的少数几个有文化的中国人借助这种不满，发动人民起义，并宣布建立一个共和国，而共和制根本就是中国人以前闻所未闻的。

这种共和制注定不能持久，因为，催生它的动力并不是一个进步的运动，而是一个反动的运动。“共和”一词即使对那些受过欧洲教育的中国人来说，也仅仅意味着摆脱一切法律、习俗和长期建立起来的规范之束缚与羁绊而已，然而他们仍然体会不到真正意义上的“共和”。剪掉了辫子，戴上帽子，自称为共和人士，年轻的华人试图控制他们的天性。这与大革命时期大多数法国人所接受的共和观念又是多么相似呀！

迄今为止，科学还没有发现这样的魔界，即借助于它的力量能够不通过纪律来挽救一个社会。当纪律已经内化为一种遗传因素的时候，就没有必要强力加以规制；但是，当原始的本能尽情宣泄，冲破由祖先费经年累月之功建成的种种屏障时，就只有靠一种严厉的专制才能重建秩序了。

作为上述断言的一个印证，我们可以举最近在土耳其发生的一个与中国极为相似的实验为例。几年前，几个在欧洲接受了良好教育的年轻人，满怀爱国热忱，在一群军官的帮助下成功地推翻了苏丹的政权，尽管这一政权的专制程度还不至于令人无法忍受。当时的土耳其还是一个文明和野蛮均占一半的国家，宗教仇恨和民族矛盾使这个国家四分五裂，内乱不息。然而，就在这样一个国家里，革命者对规则的神奇力量像我们拉丁人一样虔信，他们认为自己能够建立起代议制政体来。

这一努力至今仍未取得任何重大成果，改革的发起者不得不认识到，尽管自己信奉自由主义，但他们的统治方法仍然延续着苏丹政府所使用的方法，几乎没有改变。他们既不能制止，草率地处决，也不能阻止对基督教徒的大规模屠杀，他们甚至无法废除某种陋习。

因此而责备他们显然是不公正的，事实上，要想改变这样一个有着悠久而深厚传统的民族，他们又能做什么呢？在这个国家里，人们的宗教热情是如此强烈而高涨，伊斯兰教教徒虽然只占少数，却可以根据他们的法典合法地统治其信仰的圣地；在这个国家里，民法与宗教法还没彻底分离，对《古兰经》的信仰仍然是民族思想得以维系的唯一纽带，要阻止伊斯兰教成为它的国教，谈何容易？

要想打破这种状态是困难的，因此，我们必然会看到这样一种状态，专制体制打着立宪主义的旗号掩人耳目地再次登台亮相，也就是旧制度改头换面后的卷土重来。诸如此类的尝试向我们揭示了这样一个事实，那就是：一个民族除非首先改造它的精神，否则就无法选择自己的制度。

四、革命后存留的社会要素

接下来，我们将要探讨民族精神的刚性基础（the stable foundation）。民族精神的刚性基础使我们体会到了历史悠久的政府体系的力量，比如说古代的君主政体。一个君主政体很容易为一群反叛者所推翻，然而，改朝换代后依然实行原来的政体，并没有改变君主政体所体现的原则，如此看来，改朝换代的力量就显得微乎其微了。拿破仑下台以后，取代他的并不是他的嫡亲子嗣，而是波旁王朝的后代，后者体现了一种古代原则，而“皇帝的儿子”这一人格化的观念尚未在人们的心目中牢固确立。

出于同样的原因，一个大臣尽管有旷世之才、盖地之功，却很少有能推翻其君主的。俾斯麦就是这样一个例子，这位一手创建了德意志联盟，然而，他的主子却能运其生死于股掌之间。由此看出，在公共舆论支持的原则面前，一个人的力量实在是微不足道。

但是，由于各种各样的原因，即使通过政府而体现的原则随着政府的变化而消失，该社会组织的要素也并不会同时一股脑儿地消失，我们可以从法国大革命期间发生的事件中得出这一结论。

如果我们对法国以前的历史一无所知，而只知道法国大革命以来近一个多世纪的动乱的话，我们或许会认为这是一个陷入严重无政府状态的国家。然而，法国的经济生活、工业生活，甚至政治生活现在却表现出一种连贯性，似乎并不因一切革命和政府的影响而受到任何阻碍。

事实上，除了历史上那些值得大书特书的伟大事件之外，还存在着许多与日常生活息息相关的琐事，这些琐事常常并不受人重视。它们受那些不以任何人的意志为转移的、专横的必然性的支配，它们的总和构成了人类生活的真实框架。

通过对重大历史事件的研究我们了解到，名义上的法兰西政府在100多年的时间里，经历了天翻地覆的变化。然而，当我们去考察日常生活中的琐事时，我们就会发现，与这些表面上的变迁相反，真实的法兰西政府几乎未有任何改变。

主宰一个民族命运的真正力量到底是什么？毫无疑问，在一个民族生死存亡的关键时刻，至关重要的自然是国王和大臣。但是，他们却在那些构成日常生活的琐事中似乎是无足轻重的。真正对一个国家起决定性作用的是行政部门，它并不是为个人的意志服务的，政府的更迭亦不足以对这些要素产生太大的影响。行政部门守护着传统，人们很难说清它们，但它们却经久不衰，这种神秘主义的力量几乎掌握着一切其他要素。正如我们将要指出的，它们的作用甚至达到这样一种危险的程度，以至于它们可以在形式上的国家之外，构成一个权力更为强大的无名的国家。因此，可以说法兰西实际上是由各部落的首脑以及政府职员所统治的。我们越是深入地考察革命的历史，就越会发现除了标签之外，它们所引起的变化事实上根本就无从说起。发动一场革命容易，但要改造一个民族的精神却是难上加难。

第四章
人民在革命中扮演的角色

一、民族精神的刚性与柔性

如果想要理解一个民族在特定时期的历史，就一定要理解它所处的环境，尤其是要理解它的过去。个人虽然可以从理论上否认过去的历史——大革命时代的人们就是这样做的，而且今天有许多人还在这样做，但历史的影响仍然是不可避免的。

只有通过若干世纪的缓慢积累和沉淀，思想、情感、惯例乃至偏见才能够汇集成一种民族精神，它赋予一个民族以力量。没有这种民族精神，人类的进步也就无从谈起，每一代人将不得不从头开始。

只有当构成民族精神的那些要素拥有了某种程度上的刚性之后，这种民族精神才算稳定地建立起来。但这种刚性又不能超出一定的限度，或者说它还得具有柔性。

没有刚性，先辈的精神就无法继承和传播，而没有柔性，则先辈的精神就不能融合、适应由于文明的进步所带来的环境的变化。

一个民族的民族精神如果过于柔韧，其结果必然是革命的不断发生，而民族精神如果过于僵化，则会导致这一精神走向没落衰亡。同人类一样，普通物种也要遵循这一规律，如果固守原来的意识形态，不能融入新的时代，无法适应新的生存环境，那它就要面临灭亡，所谓物竞天择，适者生存。

很少有几个民族，能够在刚性与柔性这一对相互矛盾的品性之间达到一种恰当的平衡点，能够实现这种平衡的完美典型，大概就要数古代的罗马和当代的英国了。

那些精神极为稳固、持久的民族通常会爆发激烈的暴力革命。由于不能通过逐步地演进自己，以求适应环境的变化，所以当这种适应必须做出时，它们将不得不在猝然之间被迫激烈地改变自身。

民族精神的刚性绝非一朝一夕就可以形成的，一个民族若想创造属于自己的灿烂历史，首先就不得不先建立其自己的民族精神。对一个民族来说，只要它还没有形成自己的民族精神，它就是一个缺乏凝聚力和向心力、尚未开化的游牧部落。因此自罗马帝国末期法兰克人入侵以来，法兰西费了几个世纪才形成了自己的民族精神。

虽然它最终形成了自己的民族精神，但在数个世纪的演化过程中，这种精神又开始变得过于僵化。如果它再多一点柔韧性的话，古代的君主政体可能就会像其他国家那样慢慢地转变过来，而我们也就能够避免大革命及其破坏性的后果了，重塑民族精神的任务也就不至于如此艰难了。

以上思考向我们指出了大革命在民族方面的起因，以及民族精神对一个民族的重要性，并且它还揭示了同样的革命为什么会在不同的国家产生不一样结果的原因。就拿法国大革命来说，有些民族对它怀有崇高的热情，而有些民族则态度冷漠，甚至是反感厌恶。反应为什么会如此迥然相异，其实都是因为民族精神之不同的缘故。

英国经历了两次资产阶级革命，而且还把一位国王——查理一世送上了断头台，但仍然算得上是一个政治稳定的国家。为什么会出现这样的情况呢？是因为英国的民族精神非常稳定而坚固，这种稳固的精神足以守成传统，去其糟粕，取其精华，而同时它又具有一定的柔韧性，这种柔韧性足以修正自身而不逾规矩。基于英国这样的民族精神，因此英国人从来没有像我们大革命中的革命者那样，梦想着以理性的名义彻底打破古代的传统制度和观念，建立一个全新而不切实际的社会。

索列尔写道："法国人蔑视政府的无能，憎恨、厌恶牧师和贵族的腐化，反抗挣脱法律的束缚和枷锁，而英国人则把他们的宗教、宪法、贵族制以及上议院视为荣耀。在英国人看来，这些东西就像巴士底狱中林立的塔楼，擅入者以藐视罪论处。英国人承认，这一城堡内部的命令颇具争议，但是，这仅限于内部解决，他们绝不容许陌生人越俎代庖。"

民族气质对各民族命运的影响，体现在西班牙语系的南美各共和国的历史中再明显不过了。在这些国家里，革命时常发生，政变也在不断更迭变换。这些国家的人民大多是混血儿，也就是说，他们纷杂的遗传已经将其祖先固有而明显的特征稀释掉了，他们原来的民族气质和传统性格也慢慢变得不是很明显了，因此，他们很难形成一种民族精神，因而也就谈不上什么稳定。事实表明，混血的种族往往是最难统治的。

如果我们想更多地了解由于民族原因而导致政治能力的差异的话，我们就不得不去考察那些曾经先后被两个民族统治过的国家。

这种情况在历史上是相当常见的，晚近的古巴和菲律宾就是非常典型的例子。这两个国家原来都受西班牙的统治，后又易手转而由美国统治。

古巴在西班牙的统治之下时，素以混乱和贫困而著称于世；然而，当这个岛国在被美国接管统治以后，其繁荣昌盛的局面又在世界上有目共睹。

无独有偶，在菲律宾发生的情况与古巴如出一辙。西班牙控制菲律宾长达几个世纪之久，可是这个国家的状况不但没有任何改善，反而被弄得一团糟：灌木丛生，随处都流行着病疫，既没有工业，也没有商业，人民的生活相当凄惨而艰难。可是经过美国短短几年的统治以后，这个国家的交通、教育、医疗等各个方面均发生了脱胎换骨的变化：疟疾、黄热病、瘟疫和霍乱这些病疫被彻底消灭；沼泽得到了治理和改善；农村开始建设铁路、工厂和学校；十三年里，人口死亡率竟然降低了 2/3。

我们应该用这些实例给那些理论家提个醒，千万不要忽视“民族”这个词所蕴含的深刻含义，并且不要忘记一个民族的传统精神是多么重要，它是可以决定其命运的。

二、人民是如何看待革命的

人民在所有革命中的角色都无二致：他们既不会自己去发动革命，也不能胜任指导革命的艰巨使命；在革命运动当中，人民的行为必然是受革命领袖支配的。

最近香槟省（Champagne）所发生的事件非常直观地展示给我们：只有波及和触动人民的直接利益时，人民中的各个部分群体才会自发地组织起来反抗，然而这种运动局限于地方性的限制，导致最终的结果不过是一场骚乱罢了，不会形成真正的革命。

当革命领袖具有卓越的领导才能和超凡的影响力时，革命就会非常容易地发生了，葡萄牙和巴西最近发生的革命就很鲜明地证明了这一点。不过，令一种新的思想深入人心，让人民去身体力行地接受它、实践它，确实是一个极其缓慢的过程。然而一般情况下，人民往往是在他们不知其所以然的情况下，还没有对新思想真正产生全部的认识，就已经懵懵懂懂地接受了一场革命；等到他们终于理解了要革命的原因时，革命早已结束很久了。

人民参加革命仅仅受到了革命领袖的鼓动和动员，但事实上他们并没有理解革命领袖的真正意图是什么。他们以自己的方式片面地去理解革命的意图，而这种方式却绝不会是革命的真正发动者所向往和希冀的。法国大革命显然就是这样的一种情况。

1789 年法国大革命的真正目标是资产阶级想要跟贵族阶级共同分享权力，也就是说，精明强干的新精英要取代平庸无能的旧精英。

在大革命的第一阶段，革命的议题几乎涉及不了人民。虽然议题会公布人民主权的原则，但所谓的人民主权也仅仅是意味着人们享有选举代表的权利，而与人民自己的权利没有关联。

普通老百姓在文化、见识这方面的修养上普遍不高，我们不可能期望他们也像中产阶级那样，渴望跻身社会上层，当然，以他们长久以来的陈旧观念，也绝不会认为自己与贵族是平等的，甚至从来也没有同他们地位平等的奢望。因此，无论是在观点上还是在利益上，普通老百姓与社会上层阶级都有天壤之别。

一个国家，其主要群体构成毕竟还是普通民众，因此议会与王权之间的斗争都需要普通民众参与进来，以求获得这个庞大的团体的支持和拥护，因而结果是民众越陷越深，于是，资产阶级革命很快就演变成了一场大众革命。一种思想本身是没有什么力量的，只有在具备了支持和拥护它的情感以及神秘主义基础之后，它才会发挥不可估计的作用。资产阶级的理论在对普通民众产生影响之前，必须根据明显的实际利益转变为一种新的、极为明确的信仰。

当政府向人民保证说他们可以与先前的主人平起平坐时，如此强大的诱惑摆在民众面前时，他们为了改善自己的实际利益，自然会积极地响应和拥护政府的革命，于是这种转换就起到了立竿见影的效果：人们开始觉得自己是受害者，于是，他们开始烧杀抢掠，并且因受到政府的蛊惑而认为这样做就是在行使自己的权利。

革命原则之所以拥有巨大的力量，就是源于它们放纵了野蛮的原始本能，而在尚未发生革命之前，这些本能一直受到环境、传统以及法律的约束。

群众在革命领袖的许诺和鼓舞之下变得开始盲目起来，心目中原本存留的那些社会约束逐渐被卸除了，直到有一天，他们自命不凡，被那种拥有无限权力的欲望冲昏了头脑，兴高采烈地看着他们以前的主子被驱逐、被掠夺。既然大家都是主权之人民，还有什么事情是不被允许的呢?

在大革命开始的时候，革命领袖倡导的自由、平等、博爱之类的格言，确实表达了人们对真实希望和信念的执着追求，但是，随着革命的发展和深入，嫉妒、贪婪以及对优越者的仇恨到处泛滥，使人们被一时的欲望和仇恨迷失了头脑，而这些格言已失去了它本身的真正含义，而是很快地成了人们为此进行辩护的合法借口，沦为这些邪恶情感的遮羞布。在自由、平等、博爱这些口号的背后，大众要摆脱纪律的限制才是真正的动机。这就是为什么革命不久就因失序、暴力、无政府状态而告终的原因。

当革命从中产阶级蔓延到社会下层时，由于下层阶级的局限性，使得理性对本能的支配也就相应地终结了，进而转变成了本能支配理性。隔代遗传的本能对理性的这种胜利是可怕的，社会所做的一切努力——这种努力对社会的存在来说是不可或缺的——就是依靠传统、习俗以及法律的力量来限制人类的自然本能，这些自然本能是人类原始兽性的遗传。控制这些原始本能是可能的——一个民族越是能够克服这些本能，这个民族的文明程度就越高，但它们越不会彻底被根除，有各种各样的因素可以轻而易举地把它们激活，而一旦萌发，这种本能所造成的恶果是不可估计的。

这就是为什么大众的激情被释放点燃以后会变得如此危险的原因。它就像奔流的洪水，一旦冲垮了堤坝就一泻千里，直至泛滥成灾，浮尸遍野。“将一个民族的精神糟粕激发出来，无异于引火烧身！”里伐罗尔在大革命之初就曾经哀叹道，“对民众进行启蒙开导的时代已经一去不复返了。”

三、人民在大革命中的作用

大众心理学的法则告诉我们：尽管人民可以通过追随、夸大他们所受到的刺激，从而所引起的高涨热情必然会在革命中发挥相当重要的作用，但如若一场革命中缺失了领袖的指导，人民就是无所作为的，他们从来就不能引导自己的运动，也不会有开明的思想和意识去完成革命使命。回顾历史，在所有发生的政治革命中，我们都很清楚地认识到领袖的作用。他们虽然自己并不创立什么理念用以作为革命的理论基础，但他们却知道怎样将理念当作一种手段，利用它们来为自己的行为辩护。思想观念、领袖、军队和大众对一场革命来说，这四种要素缺一不可。

群众在领袖的鼓动下，队伍迅速壮大，借助人多势众蜂拥而起，这样的一股力量是不容小觑的，他们的行动就好比一颗炮弹，在借助外力的激化作用下，能够产生一种它本身所不具备的足以穿透钢板的冲击力。在民众的追随拥护下，革命如火如荼，然而群众对于革命的性质和具体这么做的原因却是一无所知；他们只知道忠实地追随其领袖，按照领袖的意志去展开革命工作，而从不问一问自己到底需要什么。群众之所以推翻查理十世，是因为他颁布了《四项赦令》，但至于这一赦令的内容，他们却毫不关心，甚至对《四项敕令》的具体内容都丝毫不知；后来他们又把路易·菲利普赶下了台，如果你问他们为什么要这样做的话，恐怕他们会十分尴尬，无言以对。

许多作家，从米什莱到奥拉尔都为事物的表面现象所蒙蔽，而没有真正看穿事物的本质，因此他们无一不认为是人民发动了我们伟大的革命。

米什莱曾经断言："革命的主角是人民。"

奥拉尔写道："这样的看法是错误的，即认为法国大革命是由少数几个杰出人物或英雄人物发动的……我相信，从 1789 年到 1799 年，在整个这段历史中，没有谁能够凭借一己之力来引导或左右事件的发展：不管是路易十六、米拉波、丹东还是罗伯斯庇尔。法国大革命的真正主角是法国人民吗——只要我们看到法国人民是一些有组织的群体，而非乌合之众的话，答案便是肯定的。"

柯钦先生在他最近出版的一部著作中还坚持这种流行的观点。

他写道：

> 米什莱说得对，这简直就是一个奇迹。我们越是深入地了解他们，就越会感到这些事实就像天方夜谭。这样一群乌合之众，既不依靠领袖，也不依靠法律，整个就是混沌一团，却在五年的时间里实现了统治，对全国发号施令，其言行所表现出的明确、连贯、一致让人感到匪夷所思。无政府状态对他们教益颇深，旧的秩序被打破，新的秩序与纪律很快就建立起来……散布于三万多个街区社团之中的两千五百万人行动起来步调一致，形同一人。

如果人民同时采取的这些行动真的像作者设想的那样，是完全自发的话，那么它确实是可以称得上是一个奇迹。但是奥拉尔先生自己很清楚这种现象是不可能的，所以，当他说起人民时，他谨慎地指出所谓人民就是指群体，并且，这些群体可能受到了某些领袖的领导。

那么，是什么令全体国民凝聚团结在一起呢？在国王发动进攻、内战威胁国家统一的紧要关头，是谁力挽狂澜拯救了这个国家呢？丹东、罗伯斯庇尔，抑或是卡尔诺匿？这些人当然发挥了重要作用，但真正维护了团结、捍卫了独立的是人民俱乐部，它把法国人民组织成为公社或群众团体；迫使欧洲反法联盟不得不撤军的正是法国的地方自治团体和雅各宾派的组织。如果作进一步的观察，我们就会发现，在这些团体当中，总有几个人在这个群体中显示着惊人的才干，无论是在政策的制定上，还是在决议的执行中，他们都表现出无与伦比的领袖风范，但我们看到（比如说，在我们阅读人民俱乐部的会议记录时），他们的力量与其说来自他们自己，远不如说来自团体。

奥拉尔先生的错误在于他认为所有这些团体都起源于“一场充满了博爱与理性的自发运动”。那个时候，数以千计的小型俱乐部遍布法国，它们唯巴黎的雅各宾俱乐部总部马首是瞻，不敢越雷池半步。这就是事实给我们的经验和教训，可是许多人出于对雅各宾派的幻想，根本不愿意承认这一事实。

四、大众及其组成要素

为了确立某些理论上的概念，人民被设想成一个神秘的实体，它无所不能，且具备一切美德，政客对它大加赞赏，溢美之词不绝于耳。接下来，我们就要看一看，人民在法国大革命中到底扮演了什么样的角色，它又是如何被编造成一个概念的。

不管是大革命时代的雅各宾派，还是今天的雅各宾派，都是将人民这一大众整体奉若神明，它不必为其所作所为负责，并且它从不会犯错误，人民的意愿必须得到满足。人民可以无所顾忌地烧杀劫掠，可以犯下滔天罪行，他们今天把英雄捧上天，明天又会把他贬得一文不值，他们就是这样。政客一刻也没有停止过吹嘘人民的崇高美德、非凡智慧，并对他们的每一个决定俯首帖耳。

那么，一个多世纪以来一直被革命者奉若神明、崇敬有加的神秘实体到底是由什么组成的呢？

我们可以把人民分成截然不同的两种类型：第一类包括农民、商人和各种各样的工人，这些人愿望得到安宁的生活和稳定的秩序，这样的话，他们就可以安心从事自己的职业了。这一类人构成了人民群体中的大多数，但这一部分人对于发动一场革命从来没有动过什么念头。他们只是想在默默无闻的劳作中维持着生计，然而历史学家常常把他们忽略。

第二类包括了那些具有破坏性和报复性的社会渣滓，这一群人受到犯罪心理的支配，国家之所以动荡不安，也往往是由于他们从中作梗。酗酒成性的穷困潦倒之徒、盗贼、乞丐、市井无赖、居无定所的雇工，所有的这些人构成起义队伍中最危险的群体。

这个群体的这些人虽然肆无忌惮，但是对惩罚却怀有恐惧之心，因此会使他们中的大多数在平时不得不收敛自己的犯罪倾向，一旦当惩罚的危险消失，他们邪恶的本能就会暴露于光天化日之下，成为一帮凶犯。

那些玷污了一切革命之美誉的大屠杀就得归咎于这一罪恶的渊薮。

正是这一帮人，在其领袖的指挥下，不断地冲击大革命时期的革命心理学议会。这群无法无天的家伙除了丧心病狂地杀人放火，打家劫舍之外没有任何理想，对革命理论、原则，他们根本就没有清醒的认识，自然也不会放在心上。

另外还有那些从最底层的平民中吸收过来的渣滓，这群人游手好闲，整日无所事事，在精神感染的作用下，他们也参与进革命中来。于是他们开始浑水摸鱼，大喊大叫，是因为其他人也在疯狂叫嚣；他们起来造反，是因为其他人也在进行暴动，他们对自己的行为的目的没有任何明确意识。他们随着外界环境和周围民众的变化而变化，外在环境的暗示力量使他们进入催眠状态，一举一动无法自持。

从古至今，这样一群骚动不安却又极其危险的投机分子和乌合之众，向来都是一切起义的始作俑者，煽动家看中了他们这一点，所以才对他们极为关注。在煽动家看来，他们就是拥有至高无上主权的人民。然而事实上，所谓拥有最高主权的人民主要是由底层的广大民众构成的，这些人正如梯也尔所描绘的：

自塔西佗见证了大众为罗马皇帝所犯下的种种罪行击节叫好以来，他们的本性始终没有发生任何改变。这帮野蛮的家伙聚集在社会的底层，蠢蠢欲动，一旦得到权力的首肯，或者是受到革命领袖的青睐，他们就准备以罪行来玷污人民的美名，破坏一切事业。

法国大革命如此持久地受到社会最底层大众的支配，像这样的情况在历史上是绝无仅有的。

自1789年开始，早在国民公会之前，一旦大众的兽性被激发释放出来后，惨绝人寰的大屠杀便已开始了。这些屠杀的残酷性令人发指，几乎无所不用其极。在“九月屠杀”中，囚徒们被暴徒用马刀一块一块地割成碎片，故意延长和加深他们的痛苦，慢慢地屠宰他们以取悦观众，而那些暴徒则从受害者抽搐的场景和痛苦的尖叫声中获得了极大的快乐。

早在大革命之初，类似的场面就在法国随处可见，当然，那时还没有对外战争可以作为借口，事实上没有任何借口可以为这种残忍开脱。

从3月到9月，一系列的烧杀抢掠使法国血流成河，泰纳曾列举了一百二十个这样的例子，鲁昂、里昂、斯特拉斯堡等城市均落入大众的占领和控制之中。

他们把特鲁瓦市市长的双眼用剪刀戳瞎，令他在经历几个小时的折磨之后死去；把原龙骑兵团团长贝尔鲁斯活活地剐成碎片。甚至在许多地方，他们惨无人道地把遇害者的心脏挖出来，用枪尖挑起，在街上招摇过市。

这就是那些底层民众原始野性的规范体系在被轻率地打破限制之后，所实施的令人发指的暴行。他们之所以如此纵容嚣张，正是因为他们的暴行迎合了那些对其百般奉承的政治家的野心。我们姑且设想一下，如果把这些数以千计的暴民压缩为一个人，那么这将是一个何等残忍、狭隘、可憎的怪物，它将是可以摧毁一切的魔鬼，比起历史上最残酷嗜血的暴君，更要可怕得多。

不过，如果有一个强有力的权威镇压得住他们，这些冲动而残忍的大众就会立即变得俯首帖耳，我们从历史上可以看出：往往是暴戾程度越高，他们的奴性也就越强。因此，各种各样的专制暴君无一不深谙此道，想方设法将他们拉拢过来加以利用，比如恺撒必然会大受他们欢迎，另外还有卡利古拉、尼禄，马拉、罗伯斯庇尔、布朗热等。

在革命的过程中，这些具有破坏性甚至是毁灭性的大众行为是主要的，但是，诚如我们上文中已经指出的，这些所谓的大众都是社会渣滓。除此之外，还存在一个真正称得上是“人民”的大众，他们不会像那些社会渣滓一样地丧心病狂，他们所要求的仅仅是劳动的权利。有时，他们确实可以从革命中受益，但他们从来就不会自己发动革命。革命的理论家对他们了解得少之又少，对他们亦不信任，因为他们知道这些人传统而保守，旧观念根深蒂固。事实上，他们才是一个国家的中流砥柱，一个国家之所以还维持着传统的力量和连续性，其实都是他们的功劳。在恐惧的作用下，他们在行为上表现得极为懦弱而驯服，甚至在领袖的蛊惑和怂恿之下一时也会做出极端过激的行为，但是，民族传统的惯性力量不久就会再次发生作用，这就是为什么他们很快就在革命开展过程中产生厌倦的原因。当革命所导致的无政府状态发展得过头时，他们的头脑中固有的传统精神将被激发出来而与之对抗。这时候，他们就会冷静地考虑，寻求一位能够重建秩序的领袖。

这样的人民，对革命领袖的命令听之任之，同时又强烈地爱好和平，可见他们显然没有什么非常崇高或是复杂的政治观念和政治理想。他们心目中的理想政府通常是非常简单的，在一个稳定的政治环境下生活，非常类似于独裁政府，这就是为什么自古希腊时代开始一直到我们这个时代，往往在无政府状态之后，独裁政治继之而起的真正原因。在法国，第一次大革命之后，拿破仑的独裁统治开始出现，并受到了普遍的欢迎；再到后来，虽然在统治之下遭到了一些反对，但路易·拿破仑依然连续 4 次当选共和国总统：当他的政变受到了人们的认可，他又重新建立了帝国，直到 1870 年普法战争之前，他的统治一直是稳固的。

毫无疑问，在最近的这些事件当中人民确实受到了蒙骗，但如若不是因为革命的阴谋导致了失序和混乱，人民就不会被迫去寻求摆脱革命的方法。

如果我们想全面地理解人民在革命期间所扮演的各种角色，那么，这一章中所回顾的这些事实就不应该被遗忘。人民在革命中发挥的作用是不容小觑的，但是它与传闻中所想象的截然不同，传闻只能再现其生动性，至于其他方面就属于郢书燕说了。

第二卷

革命中的主流心理形态

第一章
革命中个体人格的变化

一、人格的转化

在其他一些地方，我已经详尽地论述了某种关于人的性格的理论，如果对这一理论缺乏了解，我们就绝对无法理解某一时期，尤其在革命时期，人们在行为上的变化及其内在矛盾。在这里，我择其要点介绍如下：

每一个个体除了具有某些惯常的精神状态之外，还具有一些变动不安的性格：前者一般说来，只要环境不会发生变化，它就是稳定的，而后者则有各种各样的可能性，它往往由突发事件引起。

现实生活中的人都是特定环境的产物，而不是所有环境的产物。整体的自我是由难以数计的小我（cellular egos）构成的，它是祖先人格的积淀物。通过组合，这些要素达成了某种平衡，只要社会环境是稳定的，这一平衡就能持久而稳定地保持下去；一旦这种环境发生了剧烈的变化，譬如说突然爆发了动乱，那么平衡即将被打破，那些达到的平衡突然分崩离析，继之通过一种崭新的组合而形成一种全新的人格。这一全新的人格将由其思想、感觉以及行为表现出来，这时我们会看到，同一个个体将发生惊人变化，简直就是前后判若两人。因此，在雅各宾派恐怖统治时期，我们看到，诚实、敦厚的资产阶级以及那些以友善著称的温文尔雅的政府官员，竟然变得嗜血成性，残忍好杀。

所以，受到环境的影响和左右，旧的人格很可能会被一种全新的人格所取代。正是由于这个原因，许多重大宗教事件和政治事件的参与者看起来似乎与常人有着很大的不同，但实际上却与我们并无多大分别；类似事件重复发生将塑造出同一种类型的人。

拿破仑对人性的这种特征了如指掌，在圣赫勒拿岛的回忆中，他说过这样一段发人深省的话：

> 我们在做出政治决策时，偶然性的作用是不容忽视的。正是由于深刻意识到这个道理，我才能抛弃成见，对人们于动乱之中的所作所为并没有求全责备……在革命期间，人们只能说他们已经做了什么事；对那些他们力所不能及的事情说三道四则有失明智……客观地理解人类行为确实困难……大众能够真正了解他们自己在做什么吗？他们能自圆其说吗？事实上，随着环境的不同，他们表现出来的善恶大相径庭，甚至判若两人。

在特定事件的影响下，正常的人格因素开始分解，这时，新的人格又该如何塑造形成的呢？新的人格形成有很多途径，但其中最有效的就是心中对一种信仰有着强烈的执着追求，它为我们理解新人格的形成指明了方向，就像磁铁能将金属屑聚拢过来构成规则的曲线一样神奇。

在一些历史的紧要关头，特别是在像十字军东征、宗教改革以及法国大革命这样的重大历史事件中，我们会清晰地观察和认识到新的人格是如何通过这种方式形成的。

在正常情况下，由于环境的变化捉摸不定，或者是非常微小，所以我们通常只能看到现实生活中个体所具有的单一人格。但在某些时候，在特定的环境影响下，也会出现多种人格相互替代的现象。

这些人格之间可能是不相一致的，甚至是处于完全的对立状态。这种与正常情况相背离的现象，在某些病例条件下会变得相当突出。在病态心理学中，单一个体具有多重人格的现象是很常见的，我们可以参见莫顿·普兰斯和皮埃尔·珍妮特两个人所征引的案例。

在所有这些人格变异的例子当中，人的智力并没有什么异常，而是构成性格的诸多情感发生了改变。

二、大革命时期突出的性格因素

我们在革命中看到，社会的约束被打破后，一些在正常情况下受到压制的情感暗中开始滋长，等待一个可以自由发泄的机会。

这些社会约束包括法律、道德以及传统，它们不可能完全被解除。在经历了社会剧变之后，那些社会约束很大程度上是在苟延残喘，而实际上它的压制力已经非常微弱，因此，在某种程度上缓和了危险情感的恶性爆发。

在这些社会约束中最有力的约束就是民族精神。民族精神决定了一个民族中大多数人的观察、体验和志愿的面貌，它构成了一个民族的遗传性习俗，再没有比习俗更强大的纽带了。

这种民族性的影响限制了一个民族的变化，而且在特定的范围之内决定了一个民族的命运，它的作用超出了一切表面上的变化。

比如，从历史上来看，法兰西的民族精神在一个世纪之内似乎发生了沧海桑田的变化：在短短的几十年中，它就由大革命转向恺撒主义，进而复辟君主制，接下来又产生了革命，最后一位新的恺撒应运而生。从表面上看，时局风起云涌，变幻莫测，然而，实际上整个从根本上仍保持原样，根本没有被触动到什么。

在此，我们无意深究国民性变化的局限，却不能不考察某些情感因素的影响，在革命期间，这些情感因素的发展变化导致了个体和群体人格的变异。在这些情感因素中，我将特别地提到仇恨、恐惧、野心、嫉妒、虚荣和狂热。我们将考察它们在历史巨变中，尤其是在法国大革命中所产生的影响，法国大革命为我们提供了大部分的案例。

1. 仇恨

我们越是深入地研究大革命时期人们的心理，就越容易发现那些情感现象的作用是惊人的，仇恨就属于这样一种情感，但它又是一种正常的心理情绪。对人的仇恨、对制度的仇恨以及对某些事情的仇恨深深地刺激着大革命时期的人们。他们不但对他们的敌人显示出极度的仇恨，而且对自己的同党也是憎恨的，正如最近一位作者所指出的："要是我们毫无保留地接受这些革命者之间的相互指控的话，那么，我们会很容易得出一个结论，那就是他们所有的人都是叛国者，他们总是夸夸其谈，既腐败又无能，干尽了暗杀的勾当，骨子里与暴君没什么两样。"我们知道，正是带着这样一种必欲置对手于死地而后快的仇恨心理，人们才相互迫害，相互残杀：吉伦特派、丹东派、埃贝尔派、罗伯斯庇尔派等派别概莫能外。

产生仇恨心理的一个主要原因就是不宽容，这些狂热的宗派主义者以虔诚的使徒自居，他们自以为绝对的真理掌握在自己手中，因而产生骄傲情绪，但是当所有的信徒都有了这样的想法时，他们只能是相互排斥，视他人的信仰为异端的见解。神秘主义或浪漫主义的信念总是伴随着一种将自己的信仰强加于人的需要，这种信念对他们来说是绝不可更改的。所以一旦大权在握，大屠杀就如同箭在弦上，不得不发。

如果造成革命者处于分裂、对立状态的仇恨还可以具有一定的理性起源的话，那么它们就不会如此持久，但是如果仇恨是出于情感的或神秘主义的因素，那么人们是不可能遗忘的，同时也是不可能宽恕的。即使派别不同，但是他们仇恨心理的根源是如出一辙的，即都表现出同样的暴力倾向。现有的资料向我们展示出，吉伦特派的做事风格并不比山岳派温和多少，它们是最早提出失势的党派应该被消失政见的；奥拉尔先生指出，它们曾经还尝试着为“九月屠杀”进行辩护。不应该把雅各宾派的恐怖政策肤浅地认为一种自我防卫的手段，而应该看作是取得胜利的信徒运用抢来的权力来消灭其可恶对手的普遍做法。他们即使能够宽容那些在思想上与自己存在着巨大分歧的人，也绝不能容忍信仰上的差异。

我们从历史中得到一个经验，那就是往往在宗教战争和政治战争中，胜利的一方必将置失败的一方于死地而后快，失败的一方是绝不可能得到任何宽恕的。从割断两百多名罗马元老院议员的喉管、屠戮了五六千罗马人的苏拉，到镇压巴黎公社，随即枪毙了两万多人的暴徒，这一血腥的法则都得到了屡试不爽的验证。过去的历史一次又一次地证明了这一法则，恐怕未来也难逃这样的铁律。

信仰上的分歧并不完全是大革命中仇恨心理的原因，此外还有一些感情，如嫉妒、野心以及自私等，这些感情心理同样为仇恨的滋生提供了温床；那些不同派别的领袖，之所以一个接一个地被送上断头台，还有一个不容忽视的原因，那就是个人之间的权力之争。

此外，我们还应当记住，派别的分裂以及由此衍生的仇恨情绪似乎已经成了拉丁民族精神的构成要素之一。我们的祖先高卢人就曾因此而丧失了独立，这一点给恺撒留下了深刻的印象，他说：

任何一个城市都分裂为两个派别；即使是一个郡、一个村庄、一个家庭都与派系纷争脱不了干系。如果哪个城市在一年之中，没有发生武装袭击别的城市或是不曾全力抵抗外来的侵略，那反而让人感到奇怪。

由于人类现阶段还不可能进入知识的时代，所以，迄今为止控制和引导人类行为的还是感情和信仰，因此我们可以想象，仇恨在人类历史上起到了多么重大的作用。

某军事院校的教授科林指挥官，对于仇恨这种情感在战争中所起的重要作用，作了如下评述：

在战争中，仇恨是最能激发士兵的士气，鼓舞其战斗力的，普鲁士人凭借仇恨战胜了拿破仑。回顾一下那些最为壮观的演习、最具决定性的军事行动，如果它们不是腓特烈大帝或拿破仑这样的天才所创造的非凡杰作的话，那么，我们会不难发现，它们的灵感在很大程度上是来自于激情而不是出于深谋远虑的筹划。设想一下，如果没有我们对德国人的仇恨，那么我们恐怕很难预料到1870年的那场战争的最终结果会是什么样子。

科林指挥官也许还应该把日俄战争补充到他的评述中，由于日本人曾经在俄国人面前忍受过屈辱，所以日本人对俄国人怀有强烈的仇恨之心，或许这也算是日本人能够在日俄战争中取胜的一个原因吧，而俄国的士兵从一开始就对日本人怀有极度的轻蔑，根本没把日本人放在眼里，因此也就没有什么仇恨可言了，这正是俄国人失败的一个原因。

在大革命期间，确实存在大量有关博爱的言论，可这也是无济于事的。今天，这种言论更多了，“和平主义”“人道主义”和“团结”都已经成为现代各种政党宣传自己的政治理念时惯用的流行口号，可是，有没有人知道，在这些大话、套话的背后又隐藏着多少深刻的仇恨呢？它对我们现代社会又将构成怎样的威胁呢？

2. 恐惧

恐惧在革命中的作用几乎和仇恨的作用同等重要。在法国大革命期间，个人所表现的勇敢无畏的士气状态与集体所暴露的胆小懦弱并行不悖。

我们在重温革命议会的历史时，可以看到这样的场景：面对断头台，国民公会的代表们总是大义凛然，无所畏惧，显示出绝佳的勇气，但是，当暴乱者闯入议会，发出种种威胁时，他们又常常显得十分懦弱，宛如过街老鼠，对那些荒谬透顶的要求和指令言听计从，不敢违背。

在大革命期间，流行着各种形式的恐惧。其中最流行的恐惧就是怕被人指斥自己为温和派，国民公会的代表、公共检举人、国民公会的“特派员”、革命法庭的法官等，都争先恐后地表明对手远不如自己更激进、更进步。恐惧是导致这一时期一切罪行的主要来源之一。要是真的出现什么奇迹，使革命的议会能够免除恐惧的话，那么，他们的举动可能就会完全不一样，而革命本身也就可能会向着一个完全相反的方向发展。

3. 野心、嫉妒、虚荣

在正常情况下，这些情感因素的影响都被严格地限制在社会可容许的范围内。就先以野心为例，它必然会受到一种社会等级形式的限制。尽管士兵将来很可能成为一名出色的将军，但这只能是在长期的服役之后。而在革命时期，情况则会有所不同，士兵很可能在一夜之间成为将军，根本不需要等待。在很短的时间之内，每一个人几乎都有机会论功行赏，加官晋爵，所以个别之人的野心急速膨胀，即使最卑微的人也都相信自己有超凡脱俗的能力，来胜任最高的职位，正是基于这样的事实，所以，每个人的虚荣心忽然之间就被调动了起来。

所有的激情，包括野心和虚荣，一旦融入革命中，都会或多或少地增加。我们同时也可以看到，人们对于那些一夜之间飞黄腾达的人艳羡不已，而且这种羡慕之情是在不断增长的。

嫉妒心在革命时期的影响是相当重要的。这一点在法国大革命当中显得尤为明显。在这场革命中，民众对贵族的嫉恨是其中的一个重要因素，虽然，之前的中产阶级无论在能力上还是在财富上已经超过了贵族，并且表面上看似已经与贵族身份越来越像，越来越融合，但他们依然有那种被贵族拒之于千里之外的感觉，这种嫉妒心理引起了他们对贵族阶级由衷的愤恨和仇视。这种心理状态使得资产阶级自然而然地从潜意识里成了平等这一哲学教条的热诚拥护者。

受到伤害的自尊和嫉妒，因而产生了怨恨，由于在当今这个社会中，贵族的影响已经可以说是微不足道了，所以我们可能很难想到这一点。国民公会中的许多代表——如卡里埃、马拉以及其他一些人——都曾奉命于大贵族门下，他们不甘于寄人篱下、苟延残喘般地生活，因此他们视其为生平耻辱，由耻辱逐渐转化为仇恨；出身寒门的罗兰夫人终生不忘这样一件事情，在旧制度的统治之下，她和她的母亲一同应邀到一位贵妇家里去做客，结果就餐时她们被贵妇人安排到仆人的席位上，这对罗兰夫人来说无异于奇耻大辱。

哲学家里伐罗尔的一段话曾经被泰纳征引过，它一针见血地指出了因受到了伤害的自尊和嫉妒而产生的仇恨对革命的影响。

他写道："这个民族到底被什么激怒了呢？既非繁重的苛捐杂税，亦非国王的密札，也不是权力的滥用；不是国家的管理者们犯了过错，更不是司法机关效率的迟缓；事实上，引起人们深仇大恨的恰恰是贵族阶级对平民阶级的偏见和盛气凌人。这一个事实最能说明这一点：正是资产阶级、知识分子、有钱人，也就是那些对贵族因嫉妒而怀恨的人，利用了城市里的贫苦市民以及乡下的农民阶级起来造反。"

这一言之凿凿的判断居然部分被拿破仑的格言所验证，他说："革命本是由虚荣心造就的，所谓自由不过是一个幌子罢了。"

4. 热情

发动革命的始作俑者的热情，丝毫不输于那些虔诚地信仰穆罕默德的信徒，而且，第一次国民议会的资产阶级代表们的确有想过要建立一种宗教。他们试图彻底粉碎一个旧世界，从而建立起一个新世界，这一诱人的幻想比什么都更能打动人们的心灵。新教义宣称，平等和博爱将把所有的民族都带到这个永恒而幸福的国度里；未来的新生世界也将被沐浴在纯粹理性的光辉之中。于是，人们被这种教义深深地吸引，热情也忽然随之高涨不已，依据最光辉、最雄辩的原则，翘首企盼黎明的到来。

但是，暴力很快就被这种热情所取代，究其原因，正是因为改革者提出的教义不可能真正地实现，人们不可能长久地沉醉在梦幻的世界中，当幻想觉醒的那一天，可能也就是革命灾难性的一天。我们很容易想象，大革命的使徒们在看到身处的现状与自己梦想的情境完全不同时，他们的内心会是怎样的雷霆万钧，怒不可遏。革命者原本试图将过去全盘否定，拒绝传统，全面地改造人类以实现完全不一样的新生，但过去的阴影已经扎根于人们的心中，非但挥之不去，反而大有卷土重来之势，并且那些幻想破灭的人也开始对改造产生了抵触情绪。在此情况下，改革者可谓是步履维艰，但是又绝不会屈服，于是他们将借助暴力手段，强制推行他们的政治主张。这样的专政局面势必会让人们对旧制度产生无限怀念，于是，最后发生了复辟也是在所难免。

要特别指出的是，尽管激情虽然只是一时的心血来潮，在革命议会中并不能持续维持太长时间，但它却能够在军队中长久地持续而不衰退，并成为军队的主要力量源泉。实事求是地说，在法国还没有成为共和国的时候，大革命的军队就已经是共和主义者了；在君主专制复辟、共和政体被放弃之后很久，军队还一直坚持共和主义的信念。

回顾本章的内容，我们发现，人格的变异通常是以某些共同的渴望和环境的变化为条件的，它们最后会表现为少数几种非常同重化的心理状态。仅以比较典型的心理状态来看，我们可以把它们分为 4 类：雅各宾心理、神秘主义心理、革命心理和犯罪心理。

第二章
神秘主义心理和雅各宾心理

一、神秘主义心理

我们姑且将情感逻辑、理性逻辑和集体逻辑的影响放在一边，而只考虑神秘主义因素的重大影响，神秘主义的因素在许多革命中大畅其风，法国大革命尤其如此。

神秘主义逻辑的主要特征就是它为那些超人格的存在或力量赋予了一种神秘主义的色彩，这些超人格的存在或力量则常表现为偶像、崇拜物、文字、口号等形式。

神秘主义精神是所有宗教和绝大多数政治信仰的基础，如果我们抽出了宗教和政治信仰赖以为基础的神秘主义因素，那么，这些信仰，通常就会行将就木，土崩瓦解。

神秘主义逻辑常常嫁接在感情和激情的冲动之上，它是大型群众运动的力量来源。如果说为了崇高的理想而牺牲自己的人寥寥无几，那么，时刻准备着为自己崇拜的神秘偶像而献身的人却比比皆是。

大革命的信条很快就激发了一股神秘主义的热潮，这与此前那些各式各样的宗教信仰所产生的狂热几乎毫无二致。它们唯一要做的就是将几个世纪以来根深蒂固的传统心理状态的发展方向进行彻底改变。

因此，从这种角度来看，国民公会的代表们所表现出的野蛮、狂热就很容易理解了，他们的神秘主义精神与宗教改革时代的新教徒相比殊无逊色。雅各宾恐怖专政时期的领袖人物——库通、圣茹斯特、罗伯斯庇尔等——就是大革命的忠诚信徒。正如波利提斯为了宣扬其信仰而捣毁异教的祭坛一样，这些人对改造世界怀有坚定的梦想；他们更将他们的激情散播于整个地球。他们坚信，自己那些无与伦比的信条足以令一切君主为之颤抖，因此，他们不遗余力地向欧洲的国王宣战。坚强的信仰远胜于那些让人充满怀疑而逡巡不前的说教，这种信仰也激励着他们在与整个欧洲的战争中屡战屡胜，最终颠覆王权。

大革命领袖的神秘主义精神在他们的公共生活中能够显露出蛛丝马迹。罗伯斯庇尔本人就坚信他从全知全能的上帝那里得到了无限力量的支持：他曾经在一次演讲中，试图让听众相信上帝“在开天辟地之初就早已有过预示，即颁布圣令，实行共和政体”。他还以一种国教大祭司的角色，鼓动国民公会通过一条法令，宣布“上帝的存在和灵魂不死的信念早已在法国人民心中得到了认可”。罗伯斯庇尔在最高主宰节仪式上，巍然高居在国王宝座上，进行他冗长的布道。

凭借这股神秘主义因素而产生的激情，由罗伯斯庇尔所领导的雅各宾俱乐部，最后倒承担了一个政务委员会的所有功能。马克西米利安宣布了“最高主宰（great being）的观念，以悲天悯人的胸怀垂怜关爱着那些受到压迫的下层无辜者，审判惩罚那些高傲而自负的罪人”。

那些所有批评雅各宾正统派的人都被视为异端而将被革出教门，也即是说，他们将受到革命法庭的审判，等待他们的将是断头台。

以罗伯斯庇尔为典型代表的神秘主义心理在罗伯斯庇尔死后也没有随

之而销声匿迹，在今天法国的政治家当中仍然有许多具有同样心理状态的人。他们的思想已不再受旧宗教信仰的左右，但罗伯斯庇尔式的心理却在他们的心中牢固地树立了起来，并且愈加坚固，只要有机会他们就将自己的政治信条以强迫的方式施加于人。能够传播他们的信仰的方式即使是杀戮，那么他们通常也会在所不惜的。这些政治家手中一旦掌握了大权，其布道的方法就会同一切时代中所运用的神秘主义方法完全一样。

因此，罗伯斯庇尔至今仍有众多的信徒就不足为奇了，罗伯斯庇尔的思想并没有同他本人一道殒命断头台，类似的思维模式在数以千计的人身上再现。只要人类继续存在，罗伯斯庇尔式的思维及其最后的信徒就不会消失。

长期以来，一切革命中的神秘主义都被大部分历史学家，时至今日，他们仍然试图借助于理性逻辑来解释与大量理性风马牛不相及的现象。在我前面已经引述过的一个段落中，拉维斯先生和朗博先生认为，宗教改革是“个人自由反省的结果，它向普通老百姓提供了一种极为虔诚的良心和一种大胆而勇敢的理性”。

诸如此类的运动，永远不会被那些认为它们起源于理性的人所理解。曾经震撼世界的那些信仰，无论是政治的还是宗教的，它们都有一个共同的起源，并遵循同样的规律。它们的形成与理性无关，甚至可以说是与理性完全相反的因素塑造了它们：佛教、基督教、伊斯兰教、基督新教、巫术、雅各宾主义、社会主义、唯灵论等，看起来似乎是截然相反的信仰形式，但我有必要再重申一遍，它们具有相同的神秘主义和情感基础，并遵循着与理性毫不相干的逻辑形式。它们的历练恰恰来源于这样一个事实：理性既不能创造信仰，也不可能改造信仰。

在我们当代的政治中，信徒式的神秘主义心理状态亦不罕见，在一篇与我们最近的一位大臣有关的文章当中，我仍可以强烈地感受到这一点。现在，我就从杂志上摘录一段如下：

人们可能会问，应该把某先生划归到哪一类当中去呢？比如，我们能说他是属于没有信仰的人吗？不，绝对不能！当然，他没有接受现存的任何一种信仰：无论是罗马的天主教还是日内瓦的新教，他一并咒骂；他拒绝一切传统的教条和任何一支的教会。但如果他要是能够扫除一切，并在这样一个空白的基础上建立他自己的教会的话，那它将比其他所有的教会都独断专行；并且，他的宗教裁判所在残忍与不宽容程度上，比起臭名昭著的托尔克马达宗教裁判所来，将毫不逊色。

他说："我们不能容忍学校保持中立这类的事件，我们要全力以赴，尽自己的能力对学校实行管制，哪怕因此而成为教育自由的敌人。"如果说他还没有建议埋好火刑架，堆起柴堆的话，那也仅仅是出于礼貌上的考虑，不管他是否愿意，对于此点他还是不得不加以考虑的。不过，即使他已经不能在人的肉体上进行任意的惩罚，但他依然可以调用世俗的权力来宣判他人的学说为死刑。这就是宗教大法官的立场主张。对于思想，他也发起了同样猛烈的攻击，这个自由的思想者拥有无限广阔的自由精神，以至于世间一切哲学他都拒绝接受，在他看来，那些哲学不仅是荒谬的、怪诞的，而且更是罪恶的。他甚至不可一世地认为只有他自己才可以绝对地掌握真理，正是由于他是如此自负，以至于在他看来，有任何与他有不同意见的人，都是面目可憎的魔鬼和全体国民的敌人。他对于自己的观点深信不疑，哪怕是他个人的观点仅仅是出于主观臆想；他当然更不会怀疑自己这样考虑问题可能比别人更加荒诞可笑：他们往往是不理智地认为只要别人否认神性就断定他们对神圣的权力有觊觎之心，或者说，他们只不过是假借否定神性，而实质上是以另一种方式重建神性——这只能使人们对过去的神更加怀念。某先生可以说是理性女神的一个信徒，他制造了一个摩洛神，一个让人难以忍受的神，因为他需要将人当作祭祀品。除了他自己和他的同道，无论是谁都不配享有这种思想自由，这就是某先生的自由思想。这一见解的前景确实是吸引人的，但在过去的几个世纪里，人们为了实现它已经打碎了太多太多的偶像。

为了自由的缘故，让我们来祈祷吧，所以我们应该警惕了：千万不能让那些丧心病狂的狂热者最后成了我们的统治者，如果是这样，那后果是不堪设想的。

假设理性的无声力量可以胜过神秘主义的信仰，那么讨论革命思想或政治思想的理性价值就毫无意义了，但人们对此依然显示出浓厚的兴趣。我们也仅仅是对它们的影响感兴趣，至于说假想的人类平等、人性本善，以法律的手段重建社会的可能性等，诸如此类的幻想理论是否已经被观察和经验所揭穿，那是无关紧要的。不管怎么说，这些空洞的幻想却一直激励着人们去追求，是人类目前所知道的最有力的行为动机。

二、雅各宾心理

尽管“雅各宾心理”（Jacobin mentality）这一术语从严格意义上讲，并不属于正式的分类，但我却对它情有独钟，因为它很洗练地概括了一种得到明确界定的精神集合，足以形成一种真正的心理类别。

这种心理状态对法国大革命中的人们起到了重大的主导作用，然而这并不是说这种心理状态是他们所独有的特征，直到今天，在我们政治生活中最为活跃的要素仍然是这种心理状态。

我们已经在前面系统地考察过的神秘主义心理，其实是雅各宾心理的一种实质性的要素，但是，雅各宾心理并非由它单独构成的，所以，我们现在就来考察其他那些不得不加以考虑的因素。

雅各宾党人完全不觉得自己怀有浓重的神秘主义心理，反而恰恰相反，他们一直标榜自己是坚持着以纯粹理性作为思想指导的。他们在整个大革命期间，都在一直不断地强调理性，将理性作为自己行动的唯一向导。

大多数历史学家对雅各宾党人的精神状态都采用了这种唯理主义的观点，甚至连泰纳也不例外，他在探究雅各宾党人大部分行为的根源时，也误用了理性。不过，在他对这一问题的相关著述中，也包含了许多前人所未发现的真知灼见，并且同其他许多方面一样，这些见解是非常出色的，这里我摘录出其中一段最为重要的部分：

在人类的本性当中，那些过分的自爱或是教条论证并不罕见，在所有的国家中，雅各宾精神之所以还能苟延残喘，就是凭着两大根源，常常是秘而不宣却又坚不可摧……20年前，当一个年轻人面临这个世界时，他的理性与他的自尊几乎同时被激发了出来。首先，不管他将来要面临的是一个怎样的社会，比起纯粹的理性来，这一社会都是值得可鄙的。因为，任何一个社会都不是固守不变的，它不是由一个哲学上的立法者根据一定的原则来建立的，而是由人们多样而多便的需要，经过长年累月不断进化而成的。它并不是逻辑的产物，而是历史的产物。那些年轻的理性主义者总是对于那些古老而神秘的建筑耸耸肩，不以为然。他们总以为选址是荒谬的，其结构支离破碎，其不便之处显而易见……很大部分的年轻人，尤其是那些想要立志有一番作为的年轻人，当他们离开学校的时候，轻狂傲慢的心态和举止都或多或少地沾上了些许雅各宾派的习气……社会腐败导致了雅各宾主义的泛滥，这就好似发酵的土壤对于菌类的繁殖有很大的帮助一样。思考一下这一思想可资纪念的精彩耀眼之处吧，是罗伯斯庇尔和圣茹斯特的政治演讲，立宪派与国民会激烈的雄辩和争论，还是吉伦特派和山岳派冗长的言辞或是虚伪的政治报告？从来没有人信誓旦旦地讲过那么多，然而真真切切地说得这么少；无聊的官场空话和膨胀到了极点的重点淹没了千篇一律的演讲之下可能存在的任何真理。雅各宾派的头脑当中充满了对海市蜃楼的空幻追求；在它的眼里，这些空想远远比实实在在的生活更加真实，它唯一能认同的就是这些虚幻的空想，它会以其全部的真诚阔步行走于空想的追随者的行动之前。成千上万的形而上的意志和信念都是它个人意志的虚幻想象，人们异口同声地，甚至不遗余力地支持它，而它则如鸡群中的仙鹤，就像是一场胜利与欢呼的合唱，其他声音只不过是它声音的回应而已。

在对泰纳的描述表示钦佩的同时，我想他对雅各宾党人的心理并没有完全切中要害。

不管是在大革命期间，还是在现在的今天，雅各宾党人的真实心理都是诸种要素的集合，如果我们想认识到它的功能，就必须先了解一下它的构成要素。

这一分析将首先向我们揭示，雅各宾党人绝不是理性主义者，而是信仰至上者。他们的信仰不可能建立在理性基础之上，他们用理性来掩饰其信仰，尽管他们的言论中到处都充满了理性主义的陈词滥调，但在他们的思想和行动当中却远远背离了其理性口号。

一个雅各宾党人，如果真有人对于理性的言辞与其思想行为相一致，有时倒确实可以听到散发出理性的声音，可是通常就我们所观察到的情况而言，从大革命开始直到今天，雅各宾党人从来就没有本着理性的原则而有所行动，不过，也正因为如此，他们才拥有了如此神奇的力量。

这样就出现了一个问题，雅各宾党人为什么对理性的声音充耳不闻呢？这个问题很简单，就是因为他们的视野和度量过于狭隘，从而使他们对理性的东西表示出无为抗拒强烈的冲动，因而只好任其支配。

当然，仅仅由于理性不足和激情有余这两个因素，还不足以构成雅各宾心理，这里面自然还有其他的原因。

激情只能支撑起信念，却不能创造信念。既然真正的雅各宾主义者拥有坚强的信念，那么，又是什么因素在支撑着这些信念呢？这里，我们在前面已经探讨过的神秘主义因素就发挥其用武之地了。雅各宾党人属于神秘主义者，他们凭借着语言和口号的魔力，用塑造新的神祇取代了原有的上帝。这些虔诚的徒众为了侍奉这些严厉的神祇，并不在乎采取最激烈的措施。当代的那些雅各宾主义者所通过的法律其实正是为这一事实提供了一个有力的证据！

雅各宾心理的特征是极端狭隘而狂热的，事实上，它所代表的是一种狭隘而僵化的心灵，对于任何的批评，它是绝不可能接受的，除了信仰，它从不考虑其他的任何事情。

神秘主义要素和情感因素占据了雅各宾主义者的心灵，从而使他们的头脑变得过于简单。他们只看到了事物之间的表面联系，但若是让他们从根本上分清异想天开的幻觉和现实的存在，这是绝不可能的。他们对事物的因果关系视而不见，只知道一味地沉浸在自己的梦想当中，以致达到了无法自拔的境地。

正如我们所了解的那样，雅各宾主义者并没有超脱于其逻辑理性的发展之外，由于他们对这种逻辑知道得很少，因而常常变得十分危险。雅各宾主义者的那点极其微弱的理性在他们的冲动面前早已灰飞烟灭，在有识之士视为穷山恶水，不敢贸然前行的地方，他们却大大咧咧地走了过去。

因此，尽管雅各宾主义者都是些口若悬河之辈，但这并不能说明他们是受理性引导的。当他们自认为是在接受理性引导的时候，而实际上他们正受着激情和神秘主义的支配。同所有那些对自己的信念坚信不疑，因而被信仰迷失了的人一样，他们永远不可能摆脱被自己所束缚的困境。

一个真正好斗的空想家，与我们前文所描绘的加尔文教的信徒有着惊人的相似之处。他们被信仰蛊惑着自己，为了实现自己的信仰不惜任何代价，他们狂热地认为，凡是与他们的教义相背离的人都应该被处死。加尔文教徒与这些激动人心的演说家显示出惊人的相似，他们像雅各宾主义者一样，并不认为自己正受着神秘主义的支配，坚定不移地相信理性才是自己的唯一指南，但实际上，他们却不得不受神秘主义和激情的奴役。

真正信奉理性主义的雅各宾党人是不可思议的，一方面，如果雅各宾党人被视为理性主义者的话，那我们只能为理性感到悲哀；但另一方面，充满激情和神秘主义色彩的雅各宾党人则很容易理解。极为微弱的理性力量、强烈的激情和浓厚的神秘主义，正是构成雅各宾精神的三种心理要素。

第三章
革命心理和犯罪心理

一、革命心理

我们刚才已经指出，神秘主义要素只是雅各宾心理的一个组成部分，而并不是全部。现在，我们就来观察一下这些神秘主义因素是如何构成另一种很容易定义的心理状态，即革命的心理状态。

从历史上看，在任何时代的社会中，都会包含一些浮躁而不稳定的心理情绪，带有这种情绪的人常常对社会有所抱怨和不满，他们不安于现状，随时准备揭竿而起，反对一切现有的秩序。他们似乎对犯上作乱有特殊而浓厚的兴趣，如果有某一种神奇的力量刺激了他们的愿望，他们就不惜铤而走险。

这种特殊的精神状态的来源常常是个人对其所处环境的错误判断和适应，或者是极端的神秘主义，当然，它也可能仅仅是一个气质问题，或者仅仅出于病理上的原因。

反叛的心理需要（the need of revolt）可以体现出极为不相同的强度，有些仅仅是直接针对人和事，用言辞表达自己的不满情绪，而有些则表现得比较强烈一些，达到了必欲除之而后快的程度。有时候，个人会形成一种自己难以控制的疯狂。在俄罗斯，我们可以到处看见这样的疯子，纵火或向人群中扔炸弹这样的暴行对他们来说简直太稀松平常了，最终他们甚至开始了自相残杀的暴动，比如，苦行派以及其他类似的教派就是如此。

这些天生的反叛者，一般都对暗示的影响感触相当敏感，并且他们的神秘主义心理总是被一些固定的思想所支配。尽管他们在行动上活力四射，但事实上，他们内心的性格是极为软弱的，甚至不足以抵挡内在的冲动。他们被神秘主义精神冲昏了头脑，并以此为借口企图替自己的暴行进行遮掩和辩护；这种神秘主义精神亦使他们把自己看成是伟大的改革者。

毋庸置疑地说，每个社会都必然会产生一些反叛者，但是在正常的年代中，他们常常受到法律、环境的约束，即一般社会规则的约束，因此，他们并不显得引人注意。但是，一旦发生动乱，这些约束和限制就会忽然松弛下来，并且叛乱的发生刚好适应他们内心自由发泄的心理，这就给他们提供了一个很合适的温床，于是，他们就很自然地成为这场运动当之无愧的领袖。革命的目的和动机对他们来说已经变得不再那么重要了；这时他们也不管是红旗还是白旗，或者是国家的解放之类隐约听说过的目标，他们都会盲目地愿意为之献身。

革命精神在有的时候并不总是被推向危险的极端，如果它不是受情感或神秘主义冲动的支配，而是源于理性和智识，那么，它可能会成为一个民族进步的源泉。有时候，传统和习惯的力量之强大程度不是我们所能预料得到的，以至于它们甚至将文明束缚住了，这时，就需要由类似于革命的精神来打破这种枷锁的束缚，从而推动和引导知识上的革命。科学、艺术以及工业等方面的进步往往更加需要具有这种冲决精神的人，伽利略、拉瓦锡、达尔文、巴斯德等就是这样的革命者。

即使一个民族没有什么必要拥有如此众多的具有这种革命精神的人，但是一些这样的人的存在还是非常必要的，若非如此，人类恐怕现在还过着洞穴生活，过着那种茹毛饮血、刀耕火种的旧石器时代的生活。

这种能够带来新发现的革命胆识和气魄是一种非常少见的能力，它更加需要的是一种独立精神和一种判断能力，前者能够使人足以摆脱世俗陈腐观念的影响，而后者则使人透过事物的表面看穿事物的本质。这种形式的革命精神是具有独立创造性的，而此前我们讨论的那种革命精神带有强烈的破坏性。

因此，革命心理可以被理解为个人在生活中常有的一种心理状态，在正常情况下，它对我们是有益的，但是，一旦超出了一定的界限和范围，它就会变成一种危害性极强的病态心理。

二、犯罪心理

在任何一个文明的社会，总有一些社会渣滓在拖累着它，这都是不可避免的，这些人中有的是退化了，有的是不能适应社会，还有的就是有着各种各样的污点。到处闲窜的流浪汉，沿街乞讨的乞丐，逃避惩罚的逃犯、小偷、刺客以及安于现状的下层饥民，都构成大都市的犯罪群体的因素。在一般情况下，这些拖累文明的社会渣滓或多或少地都会受到警察的约束和管制。但一进入革命期间，这些束缚和管制就会完全地无影无踪了，而他们就会变得肆无忌惮、无法无天，潜藏在他们内心中的本能一瞬间得到任意的释放。这些社会糟粕便成为在任何时代的革命中所要补充的新生力量，这些人只是一味地热衷于烧杀抢掠，他们不会将自己宣誓要捍卫的事业放在心上；如果他们觉察出在反革命的对立阵营中可以更加自由地获得杀人越货的机会的话，他们会毫不犹豫地投靠对方，阵前倒戈。

在这些可以明确地称之为罪犯的人——任何社会都无法根治的痼疾——之外，我们还得留心这样一个半罪犯状态的阶层：那些偶尔做些坏事的人，只要既定秩序还有足够的能力抑制住他们，他们是不敢轻举妄动的，但是，一旦这种对既定秩序的恐惧稍有减弱，他们就会投身到革命的队伍中去。

这两类犯罪群体，即惯犯和偶尔性的犯罪，为社会构成了一股很不安定的力量，它们除了给社会制造混乱之外，几乎是一无所能。因此，所有的革命者，即一切宗教团体和政治团体的创立者，常常基于这一点，想方设法地寻求这些人的支持，以便于他们的图谋能够达到成功。

我在前面已经论述过，这些带有犯罪心理的人，在法国大革命中产生了强大而剧烈的作用。在所有发生的暴乱中，他们总是义无反顾地冲到最前面。某些历史学家曾满怀敬意地记述过如下的场景：英勇无畏的人民群众手持长矛——有时长矛的尖上还挑着刚刚被他们砍下的头颅，他们勇敢地冲入议会大厅，把他们的意志强加给国民公会。

其实，我们只要分析一下所谓主权人民的代表，就会很容易地发现，除了一小部分头脑简单、完全顺从于他们领袖的人之外，我在前面所提到的那些社会糟粕几乎占据了这个群体中的大部分。诸如“九月屠杀”、德郎巴勒公主被杀之类的暴行，他们都是罪魁祸首，真要追究起责任来，他们是难辞其咎的。

从当初的制宪会议到后来的国民公会，这些会议都曾受过他们的胁迫，而且他们对法国的蹂躏和糟蹋一直持续了十年之久。如果说某些奇迹会发生，及时将这支犯罪大军剪除的话，大革命的进程或许会因此而改变，甚至会出现南辕北辙的景象。自从大革命开始兴起，又到最后的衰落，这些人始终都在以鲜血玷污大革命。对他们而言，理性在他们的心中泛不起一丝波澜，反而恰恰相反，他们所做的种种暴虐的行径表明了其对理性的反对。

第四章
革命大众的心理

一、大众的一般特征

无论为何产生革命，但假如它没有渗透到群众的灵魂当中，它就不会取得丰硕的成果。就这个层面来讲，革命体现了大众心理的一个结果。

我在另外一本书中已经详尽地论述过集体心理，但在这里我还是有必要对它的主要法则再次重复论述一下。

个人在作为大众群体的一员而存在时，与他在作为孤立的个体而存在时具有某些很大不同的特征，他有意识的个性将被群体的无意识人格所埋没。

个体不一定需要实质性的接触才可产生大众心理，由某些特定事件所激发的共同情绪和激情，一般情况下就足以实现。

集体心理极有可能在一瞬之间就形成，它常常表现为一种非常特殊的集合，它的主要特征是它完全受一些无意识的因素左右，并且服从于一种独特的集体逻辑。

在群众所具有的另一些特征中，我们还应当注意这样几点，那就是他们很容易受到别人的蛊惑而轻信别人，对事物也非常敏感，他们没有什么深谋远虑，而且往往不会注意到理性的影响，因而也不可能做出反应。断言、传染、重复和威信往往就可以很容易地将他们说服，他们对事实和经验一贯是忽略掉，不加考虑的。群众对任何事情都深信不疑，在他们的眼里任何事情都是不可能发生的。

群众对事物的敏感是极其强烈的，所以，他们的情绪——不管是好的还是坏的——总是非常夸张。尤其是在革命期间，这种夸张更加表现得尤为突出，只是一点小小的刺激，都可能成为他们采取最狂暴行动的导火索。在正常情况下，他们的轻信本就已经严重，更何况是在革命时期，那就显得尤为严重，痴人说梦话般的呓语都会让他们深信不疑。阿瑟·扬讲述过这样一个故事：法国大革命期间，他曾经在克莱蒙附近的水泉处游历，在半路上，他的向导忽然被一群人拦住了去路。原来，他们也不知是从哪里听来的谣言，竟以为他是受王后的指使来这里准备引爆小镇的。那个时候，那些关于王室的可怕谣言到处流传散布，最后越来越夸张地将王室说成是盗尸者和吸血鬼的聚集区。

种种的特征表明，群体中的个人就其文明程度而言，已经堕落到一个非常低的层次。他沦为了一个野蛮人，野蛮人的一切性情和缺陷他都具备了，突如其来的狂暴、热情和英雄主义都能在他的身上体现出来。以智力来说，群众是无法比拟个人的；然而就从道德和感情上来说，群众则可能要比个人略胜一筹。群众很容易就犯下罪行，正如他们很容易就做出自我克制一样。

个人的特性在群体中很快就会消失，而群体对个人施加的影响是非常大的：它可以使吝啬的人都会变得无比慷慨；使对一件事物存在怀疑的人立刻变成忠贞不贰的信仰者；使一个最诚实守法的人沦落成一个无恶不作的罪犯；也可以使一个懦弱胆小的人变成一个英勇无畏的勇士，诸如此类的转变在大革命期间遍地都是，早已屡见不鲜了。

在陪审团或国会面前，整个集体人做出的判决或者是要颁行的法律，都是其中的个体做梦也想不到的。

受到集体的熏染和影响，个人作为一个集体的构成单位，他会发生一系列的变化，这样造成最突出的后果就是他们在感情和意志上会趋于同质。这种在心理上的同质化给予了群众一种不一般的力量。

一个群体的态度和行为，感染力是非常强大的，仇恨、狂怒或是热爱之类的情感在叫嚣声中迅速传播开来，并且很快就会得到支持，反复强化，从而形成了在精神上的统一体。

这些同质的情感和意志源于何处呢？很明显，它们是通过群体中相互感染而传播的，但是感染的源头在哪里？因此，这种感染在发生作用之前肯定会先有一个声音的呼唤，即有一个出发点。这样问题就出来了，如果没有鼓噪的源头，也就是说，如果没有一个领袖，大众是不会迈出固有的藩篱的，他们就是一盘散沙，寸步难行。

如果我们具备了大众心理的知识，能够深入了解它的规律，那么我们很容易就可以解释在大革命中的诸多因素，也很容易理解革命议会的种种行为及其单个成员的转变。在受到集体无意识力量的推动的时候，群众对自己的真实意图往往解释不出来，但是结果却往往投票赞成了那些他们原本反对的决议。

尽管有时候一些眼光独到、手段高明的政治家会凭借直觉将集体心理的定律识破，但政府部门中的大部分人对这些定律从来就缺乏真正的认识和了解。也正是这方面的原因，这个群体中的许多人就轻而易举地被赶下了台。我们了解到，有些政府居然会莫名其妙地被一些无关紧要的动乱所颠覆，最典型的例子就是路易·菲利普的君主政体，这不禁令我们感到很不可思议，然而事实上，这都是忽视集体心理造成的，其危险后果就很明显了。1848 年法国的军队拥有足够的战斗力来保护国王，但是当人民群众和军队掺杂在一起的时候，法军统帅依然没有理解到这将会意味着什么。所以最终的结果是，军队在受到群众的暗示和传染的作用下，法军的统帅竟茫然无措，以至于最后仓皇离职。原因就在于他不知道群众对威信的敏感度有多大，因此实力的展示会给他们留下入木三分的印象，并且在很大程度上起到了威慑作用，当时，这样的展示可以立即镇压反对派的示威。同时，他也对这样一个事实忽视掉了，即所有的集会都应该立即被驱散。所有的这些教训早已经被历史经验所验证，但在 1848 年，却没有人对它加以重视。在大革命时期，谁又能真正地理解大众心理呢？

二、民族精神的稳定性如何限制大众心理的摇摆

从某种意义上讲，一个民族就好比是一个群体，这一个群体具有某种特性，但民族精神或民族心理又限制了这些特性的变动。民族精神具有一种确定性，而群众的短暂心理是不具备这种确定性的。

当一个民族在经过漫长的历史演变和发展从而形成了它的传统精神以后，传统精神就会潜移默化地控制了群众精神。

一个民族与群众有所不同的原因，还在于民族是由一些各不相同的群体聚集而成的，而这些群体的利害好恶又有所不同，而严格意义上的

群众是由五花八门的社会最小单位——个人组成的。譬如在一次群众性集会中，则必然包含了各种各样属于不同社会集团的个人。

一个民族偶尔会像群众一样，易变而波澜起伏，但是我们还应该看到，在它的易变性、热情、狂暴以及毁灭性的背后，民族精神仍然凸显出它极为顽强和保守的本能。我们可以看到在大革命及其后一个多世纪的历史里保守精神是如何最终战胜破坏精神的，一个又一个政府体系被人们打破了，然后人们又一个接一个地将它们恢复。

种族心理，也即民族心理，它与大众心理有所不同，它不太容易发生变化。对民族心理发挥作用的方式是间接的、比较缓慢的（如会议、杂志、书籍、演讲等），而说服民族心理的原则不外乎标题中已经列出的那些，诸如重复、断言、感染和声望等。

精神的传染在有的时候可能会迅速地蔓延到整个民族，但是这种情况并不常见，在更多的情况下，它的影响是潜移默化的，由一个群体感染另一个群体。宗教改革正是以这种方式在法国传播的。

对于一个民族来讲，它是不会像群众那样容易产生激动的，但是有一些事件会例外，比如国家遭受了耻辱、面临着外敌侵略等，这些事件很可能会立即唤醒这个民族。这种现象在大革命时期中已经屡见不鲜了，特别是当布伦瑞克公爵在宣读他那篇傲慢而放肆的宣言时，整个法兰西民族的民族意识骤然达到了顶峰。当公爵企图以武力震慑这种民族意识时，他就已经犯下了不可饶恕的错误，因为对法兰西民族的心理实际上是一无所知。布伦瑞克公爵的此举不但对路易十六的事业造成了极大的损害，而且他本人也是引火烧身，因为他的干涉激起了全法国人民的愤怒，激化了与法国人民的矛盾，这使得人们迅速组建一支义勇军奔赴战场。

我们在任何一个国家都可以显而易见地看到，这种整个民族同仇敌忾之情通常是在突然之间爆发。当拿破仑在做出大举入侵西班牙和俄罗斯的那一刻，他就低估甚至是忽视了这种热情将会迸发出的力量。一群乌合之众的肤浅心理可以很容易就被瓦解，但是在历史悠久的民族精神面前却常常变得束手无策。俄国的人民对任何事情都漠不关心，他们天生粗野且狭隘，这似乎已经成为一种共识。然而，当他们听到拿破仑要入侵的消息后，就犹如脱胎换骨般，仿佛立即变了个人似的。我们只要读一读沙皇亚历山大一世的妻子伊丽莎白所写的一封信，就不得不信服这个事实。

自从拿破仑到达我们边境，这一消息马上就在俄罗斯全境传播开了。在这样广阔而浩瀚的疆域内，一则消息竟然能够同时在帝国的每一个角落展开，并且引起整个帝国子民强烈的愤怒，这种愤怒的呐喊声一旦响起，结果将是非常可怕的，我深信，即使在地球的那一端都可以听到回声。随着拿破仑的进军，这种感情变得越来越强烈。那些丧失了全部财产或几乎失去全部财产的老人说："我们必须要寻找另外一种生活方式；我们决不能接受耻辱的和平。"那些亲人在军队里服役的妇女将自己的个人安危置之度外，她们所畏惧的，仅仅是耻辱的和平。和平虽然美好，也是令人向往的，但是这种和平目前对俄罗斯来说无异于一张催命符，在这一点上它是绝不会有所退步的；沙皇本人没有想过与拿破仑媾和，而且即便有这种想法，群众的民族意识也不能容忍他这样做。这就是我们的英勇立场。

与此同时，王后还讲述了这样两个故事给她的母亲听，这两个故事会加深我们对俄罗斯人顽强的抵抗精神的了解。

在俄国的首都莫斯科，一些不幸的农民被法国士兵抓住了，他们企图强迫这些人留在自己的部队里服役。法国士兵在他们的手上打上了戎装战马的烙印，以防他们逃跑，其中一个农民问他们这个标志所代表的含义，于是法国人告诉他，这就说明他已经是一个法国士兵了。这位俄国农民惊呼道："什么？我是法兰西帝国的一名士兵？我怎么可以做法国人的士兵？"说完，他立即拿出一把短柄斧子，把烙有印痕的那只手砍斫下来，并把那只断手扔到在场的法国士兵脚下，狠狠地对他们说："拿走吧，那就是你们所要的标志。"同样也是在莫斯科，一些村民成功袭击了法国运送粮草的部队和正规部队的分遣队。法国人抓住了其中的二十个农民，为了使俄国农民对他们产生惧怕，从而建立起自己的威信，他们希望用杀一儆百的方法来震慑其余的村民。因此，他们让那些农民靠墙站成一排，并用俄语宣读他们的判决：如果他们能跪地求饶，臣服于法兰西帝国的话，还有机会挽回自己的性命；否则，他们将被处以死刑。法国人开枪将他们中的第一个人打死了，他们在等待着其余的人在恐惧中向他们求饶，答应他们不敢再对法军有所反抗。但适得其反，俄国的农民在枪口之下没有任何反应，于是他们就向俄国农民继续开枪，打死了第二个、第三个，一直到最后将所有的人都杀死了，但那些农民没有一个人打算向敌人摇尾乞怜，磕头认罪。因此在俄罗斯，拿破仑一次也没有体验到"亵渎"给他带来的快乐。

我们不得不说，对于大众心理的种种特征，任何民族在任何时代都多多少少地免不了会受到神秘主义的影响。人们总是对那些虚无缥缈的存在——如政府、伟大人物或神祇——坚信不疑，并相信它们拥有可以任意改变事物的魔力。在人们的心中有一种偶像崇拜的强烈需求，而这种神秘主义心理恰恰可以满足人们的这种需求，不管是一个人，还是一种教义，人们的心中必须要有一个进行崇拜的对象。因此常常出现这样一种现象，就是当人们受到无政府状态的威胁时，他们会迫切企盼一位救世主来拯救他们于水深火热之中。

整个民族也同群众一样，很容易由崇拜某一个对象发生到后来转变为憎恨，不过这需要一个比较缓慢的发展过程。在很多情况下，一个人在某个阶段被人所崇拜，被视为救世主或民族英雄，可是最后他又受到人们无情的诅咒和憎恨，无论在怎样的时代里，大众对政治人物的态度发生逆转的情况已经再寻常不过了，克伦威尔在盖棺定论之后，他生前死后的荣辱变幻就是一个非常明显的例子。

三、革命运动中领袖的作用

就像我们所强调的一样，不论哪一种类型的群众——同质的或是异质的，不管是议会、民族，还是俱乐部等，当他们中间还没有一个领袖站出来领导他们的时候，他们是无法团结起来的，因而也就无从谈起会采取共同的行动。

我们可以通过某些生理学上的实验来证明，在其他地方，群众的无意识集体心理与领袖的心理有着极为密切的关联。领袖将单一的意志赋予群众，并且要求他们必须无条件地服从。

领袖尤其钟爱以暗示的方式来蛊惑和影响群众，他所激发的这种暗示方式直接决定着他的成功或者失败。一个集体对暗示的服从程度可以通过许多实验得到证明。

通过领袖暗示的影响，群众所做出的反应是各种各样的：镇静或狂怒，罪恶或英勇，当然不可否认的是，这些暗示偶尔也激发出理性的一面，但这种理性也仅仅是停留在表面上而已。事实上，群众是很难朝着理性的道路行走的；只有以想象的形式激发的情感才唯一能够对他们产生影响。

群众由于受到不同的领袖的影响和刺激，往往会做出截然对立的过激行为，在法国大革命的历史上这样的事情不胜枚举。我们很清楚地看到，群众对埃贝尔派、吉伦特派、丹东派以及恐怖主义者的相继胜利和倒台，都感到万分欢欣鼓舞。因而我们从中可以掌握一点，那就是群众对这些走马灯似的政治事变根本没有清醒的了解，至于这些事变到底意味着什么，他们是一无所知的。

从长远来看，我们只能懵懵懂懂地认识到这些领袖所扮演的角色，因为他们一般都是幕后的操纵者。如果把他们放到当时的环境中去研究一下，那么我们会很深入地领会到这一点，这时我们就会看到，领袖可以轻而易举地煽动一场极为激烈的群众运动。在这里，我们对邮电工人罢工或是铁路工人罢工之类小的事件先不进行考虑，因为，在这些事件中，主要是雇员对于现状的不满，而群众不会对它产生什么兴趣。我们姑且举一个例子，观察一下少数几个社会主义领袖是怎样在巴黎平民里面挑起一场群众骚乱的。费雷尔在西班牙被处以死刑后的第二天，尽管法国民众在此之前从来没有听说过费雷尔这个人，哪怕在西班牙，也没有多少人关注到他的死刑。但在巴黎，少数几个领袖就借此事件煽动起一支民兵冲向西班牙大使馆，并打算将大使馆焚毁，所以政府不得不派出一部分卫戍来保护大使，尽管这些攻击者被成功地击退了，但是仍然有些商店被他们洗劫一空，而且还设置了一些路障，最后肆无忌惮地扬长而去。

无独有偶，领袖的巨大影响在接下来发生的事情里也得到了更有力的证明。最后，这些领袖猛然意识到焚烧外国使馆所酿成的后果的危险性可能是不可估量的，所以第二天他们又改变了行动策略，以和平的示威运动取代之前的暴行。群众对于领袖自然是无不从命，就像起初他们接受指令发动暴乱一样。这两个事例最能体现出领袖的极端重要性以及群众在领袖面前的温顺、驯服了。

从米什莱到奥拉尔，那些历史学家，都认为在群龙无首的情况下，革命大众照样能够行动自如，然而实际上，他们并没有从根本上理解革命大众的心理。

第五章
革命议会的心理

一、革命议会的心理特征

像一个国会这样大的政治议会，实质上就是一个群体，但是，在这样一个群体中，往往派系林立，政见不一，所以，它没有及时采取有效的行动，也是情理之中的事。

由于这些被不同利益驱使的派别的存在，我们不得不注意这样一个问题：一个议会是由一些下级群体所构成的，这些异质的群体只会服从于各自的领袖。大众心理的规律，其作用的发挥只限于这些派别内部；这些不同派别在议会中根据同一个目标采取一致行动，如果不是在非常特殊的环境中，是不可能出现例外情况的。

每一个政治派别在议会中都是独立存在的。个人一旦成了某个派别的一员，他个人的意志将无条件地服从于集体意志，即使自己的信念和愿望与集体意志是相违背的，他也必须要毫不犹豫地表示服从。维尼奥在路易十六受到审判的前夕，还在强烈地谴责投票赞成路易十六死刑的建议，但是，在第二天他却双手赞成。

将那些摇摆不定的意见确定下来就是一个群体所产生的作用，当一切软弱无力的个人信念一旦转化为集体信念，就会变得坚如磐石。

在偶尔的情况下，拥有巨大威望的领袖或是非比寻常的暴力，可以在议会中对所有的派别产生影响，从而将其他派别也吸收进自己的派别当中。比如，在一小撮领袖的影响之下，国民公会中的大部分成员通过了那些与自己意志背道而驰的法律。

在一些活跃的派别面前，集体对此不得不被迫做出适当的让步。在整个大革命议会的历史中，我们会发现，那些议员尽管可以对国王指手画脚，任意发泄自己的不满情绪，但在暴民领袖面前，他们又犹如过街老鼠般胆小怯懦。当飞扬跋扈的领袖指挥着一帮狂热之徒，疯狂地冲进议会向议员们发出威胁的时候，这些议员往往是当场就投票通过了那些荒唐透顶、破绽百出的议案。当一个议会一旦具备了群众的特征的时候，它就会变得像群众一样，它的情感也会步入极端。它一方面表现得暴虐至极，但另一方面又表现得胆小如鼠。一般来说，它在弱者面前总是趾高气扬，不可一世，而在强者面前，它又显得低声下气，奴性十足。

当初，年轻而意气风发的路易十六手挥着鞭子，发表他简短的演说时，议会对他是何等的谦恭卑下，大气都不敢出一声；然而就在路易十六大权渐丧，无力还击的时候，制宪会议却随之变得傲慢无礼起来；最后，国民公会在罗伯斯庇尔统治之下更是独掌大权。所有这一切我们至今仍然记忆犹新，难以忘怀。

从心理学角度来说，一位君主在他的权力开始变得不稳固时召集议会，从此他绝对犯下了一个致命的失误，议会的这一特征已经成了一条普遍的法则。三级会议的召开使得路易十六上了断头台，由他可以追溯到亨利三世。当年，亨利三世被迫离开首都巴黎以后，他决定在布卢瓦召集等级会议，结果这一愚蠢的举动使他差点丢掉了王位。等级会议的代表们一旦意识到国王的虚弱，他们就会俨然以主人自居，要求国王修改赋税，解散政府官员，并宣称他们的决定应该具有法律效力。

这种愈演愈烈的佞妄情绪在大革命时期的所有议会中，都得到了充分的体现。制宪议会刚开始的时候对王室的权威及其特权是极为崇拜而尊敬的，但到最后它竟然不再臣服于王室，声称自己享受最高的权力，而作为国王的路易十六仅仅被看作一个官员。国民公会由起初比较温和的状态，迅速演变为崭露头角的恐怖形式，那时，虽然国民公会已经拥有了很大的权力，但是判决还需得到某些法律程序的保证；然而紧接着，国民公会的权力开始随心所欲地上升，由国民公会颁布法律，被告的辩护权利被彻底剥夺了，而且仅仅依据指控就草率地判定嫌疑人的罪。因此，国民公会对自己的狂热和暴虐愈加肆无忌惮起来，最终走上了自取灭亡的道路。埃贝尔派、吉伦特派、丹东派以及罗伯斯庇尔的追随者就是因为这样而一批又一批地被送上断头台，他们的生命也因此而终结。

议会为什么总是掌握不了自己的命运，为什么总是走上与自己设想的完全相反的道路？其原因就在于它们情绪上的这种佞妄和极端。当初保王主义者、制宪议会以及天主教教徒的代表，原本是决意想要建立君主立宪政体，从而可以保卫宗教信仰，但结果却与他们的初衷背道而驰，这在很大程度上将法国引向了一个暴虐的共和政体，而教士也受到了惨无人道的残酷迫害。

我们在前文已经提到，政治议会是由各种政见不一的派别所组成的，议会中有着许多不同的声音；不过，在某些时候它们也可能是由同质的派别所组成的，某些俱乐部就是这样的例子。在法国大革命期间这些俱乐部曾经起到了不可估计的作用，它们的心理很值得我们对此进行一番详细的考察。

二、革命俱乐部的心理

在观点、信仰和利益达成一致的情况下，一些小的社会团体通过统一其成员的情感以及意志，可以将不利于自己情感和意志的声音消除掉，这是它与大的团体有所不同之处。像法国大革命时期的宗教集会、公社、市政社团和俱乐部，19 世纪上半叶的秘密结社以及今天的共济会和工团组织等都在这类小团体的范畴之内。

只有深刻地领会一个异质的团体与一个同质的俱乐部二者之间的差异，我们才能理解法国大革命的进程。一直到督政府时期，这些俱乐部还在操纵着大革命的始终，特别是在国民公会期间。

尽管没有派系的相互对立，这些俱乐部在意志上能够实现统一，但它们仍然逃离不出大众心理学的规律范围之外。所以，俱乐部的灵魂依然是其领袖，从罗伯斯庇尔所控制的雅各宾俱乐部的案例中，我们应该会很明确地认识到这一点。

在一个俱乐部中，即在一个同质的群体当中，由于俱乐部的成员在感情上和利益上趋于相同，因此领袖就需要有超凡的能力，懂得如何驾驭他们，否则的话，弄得不好反而会被别人领导。而对于异质群体，则只需要很少的手腕就能实现控制，所以在同质群体中，领袖所应具备的功能和实力要远远高于一个异质群体中领袖的功能。

同质化群众为什么会显示出如此强大的力量，若将原因细究起来，在部分程度上就是他们是匿名的。有些显而易见的例子，几个匿名者在 1871 年巴黎公社期间，其命令足以焚毁巴黎那些最好的纪念性建筑物：审计法院、市政厅、杜伊勒里宫、荣誉勋章获得者、纪念碑等；“烧掉财政部，烧掉杜伊勒里宫。”由一个匿名委员会发出的简短命令立即得到了执行；罗浮宫及其藏品之所以能够免于浩劫，不过是因为一个非常偶然的机会。在那些匿名的工会首领制定的最为荒唐的指令中，我们还知道时至今日所谓的宗教关注是什么。在法国大革命期间，巴黎的那些俱乐部和起义者公社权力达到巅峰，这些机构只要发出一纸命令，就足以将一个议会推翻，只要凭借一拨军队就可以直接实现其统治。

至于国民公会的历史，我将在另一章中进行总结，我们在那里将看到民众对议会入侵的频繁程度。据说，议会对于这一小撮起义者蛮横而傲慢的要求，也往往是言听计从，俯首帖耳。于是督政府根据得到这些经验的教训，刻意将俱乐部关闭，并且加强警卫戒备，终于在防止民众入侵方面做出了卓有成效的成绩。

国民公会在政府问题上，很早就意识到同质群体显然比异质群体要优越得多，基于此点原因，它将自己分为若干个由有限成员组成的委员会。像救国委员会、财政委员会等这些委员会，在大议会中形成了一系列小的委员会，一般情况下，只有俱乐部的权力可以制约到它们。

群体对其成员的意志所产生的影响我们已经通过以上的考察，有了一个很明确的认识。如果群体是同质的，那么将会产生相当大的影响；如果它是异质的，那么这种影响虽然会有所减弱但仍然非常重要，这可能也是议会中较为强大的群体将支配那些在凝聚力处于弱势的群体的原因，当然也可能是因为某些具有传染性的感情常常会传播到议会中每一个成员的身上。

在 1789 年 8 月 4 日的那个夜晚，发生了在大革命期间关于群体影响最让人难忘的一个例子。贵族们投票一致通过了他们其中的一位成员所提出的废除封建特权的决议。可是我们都知道，大革命一部分起因源于教士和贵族拒绝放弃他们的特权。他们开始的时候拒绝放弃特权，可是后来又主动放弃了，这是什么原因呢？其实没有太过复杂的原因，只不过是当人们一旦结成一个群体，这个群体行为与单独一个人是有所不同的；对个人来说，任何一个贵族成员都是不会自愿放弃特权的。

为了解释议会对其成员的这种影响，一个奇怪的例子曾被在圣赫勒拿岛上的拿破仑征引过。他说："在这一时期，如果你亲身接触到一个人的言行举止，与你听闻到的不一样，那是最稀松平常的事了。比如说，人们也许会认为蒙日是个可怕的家伙：当战争刚爆发的时候，他登上雅各宾俱乐部的讲坛，进行了一番慷慨激昂的说辞，他宣布要将自己的两个女儿许配给最先被敌人所伤的两个士兵，他要亲眼看到贵族们得到严厉的惩罚，等等。可是实际上，蒙日是个非常文弱的人，他甚至不愿意让人当着他的面杀一只鸡，更不用说让他亲手去杀一只鸡了。"

三、对议会中情绪不断激化之原因的一个尝试性解释

我们或许可以通过一条曲线来对集体情感进行剖析，从而对其进行准确测量：这条曲线经历了由开始时的缓慢上升，到后来的急速攀升，又到最后的直线下降。这一曲线的方程式我们可以称之为集体情感变化的方程式，它很有条理地反映出集体情感受到持续的刺激而发生变化的过程。

事实上，如果要详尽地解释某些情感在某种激励因素的持续作用下的加速度过程，并不是一件容易的事情。可能有人会说，如果心理学的规律与力学的规律相类似的话，那么，某一原动力在同一个维度上连续作用于情感，这种情感的强度将会迅速地增加。比如说，我们知道，在维度和方向上恒定的一个作用力，比如说地心力对一个物体的引力作用，将会产生一种加速度运动。因此，在重力的影响下，自由落体的速度在第一秒内大约是三十二英尺，在第二秒内则达到六十四英尺，在第三秒内将达到九十六英尺，等等，依次类推。如果移动的物体从一个足够的高度落下来，它所产生的速度很容易就会穿透一块钢板。

虽然这种解释对受到一个持续刺激的情感而产生的加速度同样可以适用，但是这种加速度的作用为什么最后消失了，我们无从得知。可是如果我们将心理学的因素引进过来的话，那么这一结果就不难理解了，也就是说，如同我们所知道的那样，快乐就像痛苦一样，如果超出一定的限度，反而会达到不好的效果，而且，即使是再美好的情感，如果过于激烈，都会给人一种麻木的感觉。我们的有机体支持不起过量的欢乐、痛苦或努力，而且它必定也不能长久地承受这种极限。同样的道理，紧握着一个测力计的手掌，当它的能量在短时间之内消耗殆尽之后，最后还不得不突然地脱手松开。

通过研究议会中某些群体情感迅速消失的原因，我们不得不去注意这样一个事实，那就是在议会中除了那些凭借实力和威望而占据优势的派别之外，肯定还会有其他的派别存在，由于受到占据优势派别力量或威望的限制，这些派别情感不能得到充分的展示。可能会在某种程度上，环境的偶然变化忽然使得占优势地位的派别力量削弱，这时敌对派别的那些积郁已久的情感在瞬间爆发而占据上风。历史上的山岳派在热月之后便犯下了这样的错误。

由于心理现象产生的条件是情感因素和神秘主义因素的演化，所以，我们将心理现象的规律与物理现象的规律之间做出类比，很明显是不够严谨的。然而，如果我们对大脑功能的机制没有进一步的了解，它们也就只能限于此了。

第三卷

法国大革命的起源

第一章
历史学家对法国大革命的看法

一、研究大革命的历史学家

法国大革命迄今尽管已经有一百多年的历史了，但是，即使一个世纪的时间过去了，人们似乎还是不能坐下来心平气和地讨论它。人们对大革命的看法，仍然存在着诸多分歧：在梅斯特尔眼里，法国大革命就是“一桩魔鬼的事业”，“这一举动的黑暗精神是如此之昭然若揭，世所罕见”，而当代的雅各宾党人则对此持有截然相反的看法，他们认为它使人类获得了新生。

在法国侨居的外国人觉得法国人自己都很难说清它，何况是不熟悉法国历史的外人？故而至今在其交谈中对此事件始终不置一词。

巴雷特·温德尔写道：“这一记忆及其传统几乎在任何一个角落都有着非比寻常的魅力，以至于它勾引起很多人极大的兴趣。它们既能引发人们的热情，也能激起人们的仇恨，人们无一不带有一种热诚洋溢的派性精神来看待它们。越是理解法兰西，你就越会发现，即使时至今日，法国人仍然没有找出一项对大革命切中肯綮、客观公允的研究成果来。”

巴雷特的这一观点论述是极其准确的，假如想要对某些历史事件的解释做到毫无偏见，那么，这些过去发生的事件就必然不会再产生实际的后果，而且不能涉及政治的信仰或宗教的信仰，我们已经阐述过，这些信仰将不可避免地产生不宽容。

因此，我们对这种情况应该保持平衡心态，那就是历史学家对大革命所作的评价往往有天壤之别：有的人称它是历史上最邪恶的事件之一，然而另有一些人则把它看作最伟大的事件之一，这似乎已经成为研究大革命情形的惯例了。研究法国大革命这一题材的所有历史学家，都相信自己对法国大革命过程的研究和叙述是客观而公允的，然而他们的研究理论歧义百出，论证方式更加惊人简单。有关的文献汗牛充栋，但是内容却相互矛盾，他们有意无意的选择，很容易使他们各自的理论得到证明。

老一辈研究大革命的历史学家如梯也尔、基内——尽管此人天分极高——以及米什莱本人在今天已经不再备受人们关注了。他们的学说过于简单而缺乏系统，一种历史宿命论在他们的著作中经常出现。梯也尔认为百年导致的君主专制是导致大革命的原因，而大恐怖则是外敌入侵的必然性产物；基内认为长期专制导致了 1793 年的佞越与过激行为，但他又宣称历史上本没有必要发生国民公会的暴政，并且认为暴政妨碍了大革命的事业；米什莱则简单地把大革命视为他所盲目崇拜的人民之事业，并首开先例对它赞誉有加，时至今日仍有许多历史学家在效仿他们。

所有的这些历史学家的声誉在很大程度上被泰纳给抹杀了。虽然泰纳同样也对大革命满怀激情，但是他的研究却饱含着真知灼见，后世若想取代他的成果，无疑需要一个漫长而遥远的阶段。

不过，即使是再完美的著作也不免会有一些瑕疵。泰纳对事实和人物的叙述令人钦佩，但他试图依据理性逻辑的准则对一些事件作出判断，而这些事件根本不受理性支配，这注定是行不通的。他运用心理学在描述事实方面做出的成绩是卓越的，然而，当他在试图对事实进行解释时却显得底气不足。仅仅断言罗伯斯庇尔是一个具有十足书生气的“冬烘先生”（swotter）并不能揭示他能拥有凌驾于国民公会之上的绝对权力的真正原因，并能在几个月之内持续进行肆无忌惮的屠杀。如果说泰纳洞若观火却不求甚解，应该是非常公正的。

即便存在一些缺陷，但他的著作不乏洞察深刻的见解，所以仍然是瑕不掩瑜的，迄今为止，还没有一个人与之比肩。他的巨大影响，我们可以从他与正统雅各宾派的忠实辩护者进行的一场口诛笔伐中见其一斑。在雅各宾派的忠实辩护者中，当代主教、巴黎大学的奥拉尔教授花费了两年时间写了一本小册子，书中的内容矛头直指泰纳，其字里行间都浸透着热情。但是，他只是用了两年的时间来修正了少量材料上的错误，不但与大体无关，而且同时也犯下同样的错误。

柯钦先生曾经在评论奥拉尔的著作时指出，奥拉尔时常被他自己引证的资料所蒙蔽，而泰纳所犯的错误明显要比奥拉尔少得多。柯钦先生还告诫我们，奥拉尔所使用的材料是不足为信的：

这些材料——小册子、会议记录、杂志以及爱国者的著作和演说——确实是可信的爱国主义出版物，它们是由爱国者编辑而成的，往往是为了公共利益而出版的。奥拉尔更应该将这些材料当作是被告的特殊答辩词；然而，在他的心目中对大革命史已经有了一套既定的认识，它对“人民”的行动逐一地进行了展示，从“九月屠杀”到牧月法令。被告对共和政体的辩护正是这一先入为主的解释的根据。从某种程度上讲，泰纳的研究是不完整的，这或许是对其著作最公平的批评，他重点研究和论述了平民及其领袖在革命期间所起到的作用。他用数页之多来表达一种义愤，这至今仍令我们感到钦佩，但是，他却忽视了大革命几个非常重要的方面。

无论人们对大革命有怎样的看法，但泰纳学派与奥拉尔学派的历史学家之间势如水火的分歧存在是必然的。后一派学者认为人民是至高无上的，是值得赞美的，而前一派的学者则告诉我们，当至高无上的人民一旦将自己的本能释放出来，一切的社会约束对它都无能为力时，人民可能会因此而蜕化为原始的野蛮人。

奥拉尔的观点与大众心理学的训诫是泾渭分明的，但现代雅各宾党人对它却一如既往地崇拜和尊敬，在他们眼里，它神圣得就像宗教信条一样。他们以信徒的方式将大革命的历史书写下来，并把那些虚无缥缈的神学家的论证和观点当作博学的著作。

二、大革命的宿命论

大革命的鼓吹者或是诋毁者都不得不承认一个事实：天命在革命事件当中是不可避免的。在埃米尔·奥利维尔所著的《大革命史》一书中，这一理论被完美地整合，书中这样写道：

任何人都得承认这一点，即过错不在于那些已经离世的人，也不在于那些劫后重生的人。仅仅是单个人的力量，是不可能改变事物的要素、预见事件的发生的，因为它们源于事物的本性及其所处的环境。

泰纳本人也倾向于这种观点：

当三级会议（the States General）召开的时候，观念与事件的进程早就已经注定了，而且是可以预见的。在不知不觉中每一代人都延续着过去，孕育着未来；在事情发生很久之前，它的命运就已经注定。

同泰纳一样，当代的另一些作者虽然对革命的暴力都表示出极强的义愤之情，但他们同样确信这种宿命论。索列尔首先回顾了博絮埃关于古代革命的格言："如果我们只是单纯地考虑事情的特殊缘由，那么一切事物都可以令人惊异地矫舌不下；然而事实上它们只不过在遵循自己的发展规律，按正常的秩序进行而已。"之后，他又表达了这样一种意见，而这种意见甚至连他自己也没搞明白，"大革命，在一些人看来，它是倾覆了旧欧洲世界，而另一些人则认为它使旧欧洲死灰复燃。事实上，在欧洲历史上，这场革命有着自然而必要的结果，而且，这场革命所产生的结果并不是太过出人意料，它可以从这一段历史中得到验证，并可从旧制度的惯例中得到解释。"

基佐最初也尝试着证明大革命是在自然情理之中的，并没有给社会产生什么根本的改变，并且，他非常错误地把它与英国革命相提并论：

欧洲历史的自然进程不但没有被革命所打断，而且可以说，无论是在英国革命还是法国革命中，人们所说的、所做的、所向往的，早在革命爆发的一百年前就已经被人们说过、做过、企盼过。

不管我们是认总的原则，还是具体运用这些原则——也就是说，无论是治理国家还是立法公民权利，人身权还是财产权，权力还是自由——来看待这两次革命，我们都会发现革命本身不会创造出什么来，在其他地方也可以出现任何事物，或者说在我们称之为正常的年代里产生。

所有这些论断不禁使人回想起那条老套的定律，那就是，一种现象只不过是先前现象的结果罢了，我们从这样的一般性命题中得不到太多的启示。

理论家所采纳的宿命论原则（the principle of fatality）我们只能拿来借鉴参考，但千万不要用这些东西来解释太多的事件。这些所谓天命的意义其实我在其他地方已经作过探讨，而且我也提到过，只有竭力摆脱这些天命的控制，才有可能铸就文明的成就。不错，历史上很多事件的发生都有其必然性，但是一些本来不应该发生但结果却发生了的偶然性事件也同样出现在历史中。拿破仑本人在圣赫勒拿岛曾分析过有六个环境因素可能对他的伟大事业构成掣肘，他在其中提到 1786 年他在奥克兹纳洗浴时，在一座沙丘的掩护下，他幸运地得以全身而退。试想一下，如果当时拿破仑死掉了，那么可能会出现另一位将军的崛起，并极有可能像他一样成为独裁者；可是即便有，拿破仑的军事才能和政治眼光也是他们所能及的吗？他们也会像拿破仑一样横扫欧洲各国的首都吗？帝国的丰功伟绩和结局会是什么样呢？

我们当然可以在一定程度上将大革命视为一种必然性，但首先我们应该认识到这是一场持久的斗争，它是在那些抱有一种全新理想的理论家与支配着人类，但尚未被理解的经济、社会和政治规律之间发生的——我们前面所引证的相信宿命论的作家从来没有论述过这一点。恰恰是由于这些规律不被理论家所理解，他们试图指导事件进程所作出的努力只能以失败告终，他们最后被自己的失败激怒了，最终诉诸暴力。他们颁行法令宣布被称作指券的纸币应该与黄金等价，但他们的威胁根本就不能阻止这种货币的虚拟价值狂跌至分文不值；他们颁布最高限价法令，结果反而增加了他们意欲救治的罪恶；罗伯斯庇尔在国民公会宣布："所有穷苦的平民都可以从由富人提供的公共财政中领取开支。"可是即使发布了这样的命令，再加上断头台的威胁，但国库中依然空空如也。

在打破了人类的所有限制之后，大革命中的人们才猛然觉醒，一旦没有了这些限制，一个社会根本就无法正常运行下去。但是，当人们打算建立新的规范时，他们又意识到哪怕是最强有力的社会，即使再加上断头台的威胁，也不可能将人们的头脑中根深蒂固的风纪完全取代。更不用说，判断人类的心智，理解社会的演化，预见所颁布的法律之效果，他们更是很少去考虑了。

大革命中发生的很多事件，看上去其结果存在必然性，但是这也并不是不可逆转的，它们与其说是环境的结果，毋宁说是雅各宾主义的产物，并且事情本来发生的与实际上所发生的差距有着天壤之别。如果路易十六能够顺从别人的劝谏，或者在群众起义时制宪议会不表现得那么懦弱胆怯，那么，大革命还会这样发展下去吗？革命定数论只有在以暴力不可避免的名义下，在为之辩护的时候才派得上用场。

无论是对待科学还是历史，我们都必须清醒地认识到隐匿在宿命论教条下的无知。最初的时候，我们的命运完全受大自然支配，然而到现在，科学水平的不断提高使得我们逐渐摆脱这些命运的控制。就像我们在其他地方所指出来的，消除这些天命与定数，就不得不需要那些精英人物发挥作用。

三、近来研究大革命的历史学家之犹疑

我们在前面的章节中已经考察了某些历史学家的思想，了解到他们对于一些似是而非的观点非常热衷。由于信仰的限制，他们不愿知识的王国进行深入观察，大革命在保王派作家看来不啻洪水猛兽，然而自由派作家却对大革命的暴力现象进行百般辩解。

现如今，我们很清晰地看到，一场运动正在兴起，它的兴起必然会促使对大革命的研究成为一种对科学现象的研究，在这种研究中，作者并没有太多的成见和信仰方面的因素，因此不会给读者造成什么怀疑和困惑。

不过，在这一确信阶段尚未到达之前，我们的状态仍停留在怀疑阶段。过去那些自由派作家是如此斗志昂扬，而如今已经能够以平和的心态看待和认识大革命了，我们可以从最近一些作者的如下摘录中看到这种新的心理状态：

曾经极力渲染大革命功绩的阿诺托发问："是否为大革命之结果所作出的牺牲和所付出的代价太高了？"并且他还补充说，"从长远历史来看，回答这个问题还是不能轻易给出明确答案的，并且这种踌躇还将持续很长一段时间。"

马德林在他最近出版的一本书中表现出与阿诺托相似的疑问：

哪怕在我的内心深处，我也感觉自己没有足够的信心对这样一个复

杂的现象轻易做出绝对的判断。我甚至发现，即使是一个简短的判断我都不能给出，在我看来，这个事件的原因、事实以及结果都充满了争议的话题。

其实只要细读一下对于大革命的官方辩护者的最新作品，我们就可以从这种旧观念的转换中获得一个更为明确的印象。以前，他们仅仅从自卫这样一个简单的行为出发，对一切暴力行径进行辩护，而现在他们辩护的前提只是限于情有可原的情况。我在供学校使用的《法国历史》中发现了这种新心绪的一个显著证据，在由奥拉尔和德比多尔编写的这本教科书关于大恐怖的地方，有这样一种说法：

血流漂杵；不公正的和犯罪的行为随处可见，哪怕是从国家防卫的角度观察，它们也是不必要的，而且是可憎的。但是，身处动乱中的人们却丧失了理智；爱国者对于应付各种危险都已身心疲惫，于是他们在愤怒中采取了行动。

从这本著作的另一部分中我们可以看到，尽管两位作者中的奥拉尔身上有着强硬的雅各宾主义立场，但他一点也没有对他先前视之为“国民公会中的伟人”的那些人表示原宥。

外国历史学家对法国大革命的评价和研究总是异常苛刻，可是当我们回想起在法国发生巨变的二十年中整个欧洲所陷入的痛苦时，我们对此就没有什么可抱怨的了。

在这些外国历史学家中，最为苛刻的莫过于德国人了，对于他们的看法和认识，法居特作了如下的总结：

让我们忠诚而勇敢地探讨一些法国大革命吧，因为爱国主义就必须以说出自己国家的真相为首要内容。德国人对于法国持有这样的观点：过去这个民族高举“自由”“博爱”之类的旗帜，但实际上它却饱受蹂躏、谋杀、掠夺、欺诈、压迫长达15年之久；现在这个民族又打出相同的旗号，组建了一个专横暴虐、为所欲为，令人们避之不及的民主政体；这一点就是德国人在法国所看到的和对法国大革命的诠释，我们可以确信，随手翻看一下他们的书籍和报章，他们就是如此认为的。

而对其他民族来说，不管它们对法国大革命所作出的判断价值何在，我们或许可以肯定的是，未来的作家将会对此怀有强烈而浓厚的兴趣，并且将它当作一个富有教益的事件来看待。

一个残忍严酷的政府竟然将豆蔻年华的少女、年过八旬的老人和懵懂无知的儿童以绞刑处死，使得法兰西因此毁于一旦，然而我们看到，在军事上它的确成功地击退了欧洲各国的入侵；奥地利的公主、法国的王后都被送上了断头台，数年以后另有一位公主，她是前一位公主的亲戚，她嫁给了一个成为皇帝的陆军中尉，这些都是举世罕见的悲剧。心理学家首先应该从这一段历史中吸取教训，然而迄今为止对此关注的人并不多见。毫无疑问，他们迟早会发现，只有摒弃那些虚构的理论，走出实验室来研究我们周围的事件和人物，心理学才可能有所进展。

四、历史研究中的客观性

历史学家认为，公正无私是最本质的品性，自塔西佗以来的历史学家都信誓旦旦地向我们保证说他们是公正无私的。

但事实上，作家看待历史事件并没有严肃谨慎的思维逻辑，其自由、散漫就宛如是画家看风景，也就是说，他们总是在研究历史事件时带上个人的特性、气质以及民族精神。

由于许多艺术家在自己的心中总不免带有个人主观情绪和观点，在面对同样的风景时，他们不可避免地会把它理解为不同的样子，对于一些别人忽视的细节，他们反而会突出强调，因此，对于客观风景的再现都变成了一项个性化的工作，也就是说，它是以某种独特的敏感性方式加以理解的。

作家同样是这样。事实上，历史学家并不比画家公正、客观多少。

当然，历史学家在研究历史时，可以只通过对文献资料的复述，这似乎正在成为一种时髦，可是关于大革命这样的历史文献，简直是浩如烟海，一个人穷其一生都不可能全部阅览完这些资料。因此，历史学家不得不做出选择。

作者有时是自觉的，但在更多时候，他们喜欢不自觉地选取那些对应于自己的政治、道德和社会观点的材料。

所以，如果一个史学家仅仅满足于简单的年代学，那么，只需要将每一个事件和它发生的日期汇编在一起就可以了，但是这样是不可能写出一部真正公正、客观的历史来的。任何一个作者都不可能做到纯粹的公正无私，其实我们不必表示遗憾。那些单调、沉闷、庞杂、乏味的著作就是当代普遍盛行的客观性主张的产物，这些著作使得对一个时期的理解变得完全不可能。

难道历史学家就必须要在客观性的托词之下，来逃避对人的认识和判断吗？他们不愿以敬佩或憎恶的口吻讨论某个人与某件事吗？

我不得不承认，对于这个问题，有两种截然相反的解决办法，每一种办法从各自假定的立场来看都是无比正确的，那就是伦理学家和心理学家的立场。

伦理学家必须以社会利益为依据来考虑问题，因而对人物的评判也只能根据社会利益。正是由于社会是存在的，并希望继续存在下去，基于这样一个事实，它必须采纳一定数量的规则，来确立一种不可触犯的善恶标准，从而对恶性和美德做出明确的区分。这样，一种普通人的模型就最终会被社会建立起来，一定阶段的人由此多少可以紧密地凑合在一起，如果游离于这一模型过远的话，那么难免就会对社会构成威胁。

伦理学家在评判历史人物时，所必须根据的正是由于社会要求而产生的模型和规则，所以在对历史人物进行訾誉臧否时，伦理学家试图建立一种得到的模型，它是文明进程必不可少的，并且作为楷模以引导他人。譬如像高乃依那样的诗人所塑造的英雄往往比大多数人要高超许多，他塑造的英雄是无法模仿的，但这却激发出极大的努力。一个民族的心灵若想要得到提升，就必须要以英雄为榜样。

以上是伦理学家的观点，然而心理学家则持有不尽相同的观点。即便是一个社会可以有不宽容的权利，那是因为它的首要义务就是生存，但是，心理学家却可以很好地把握火候，做到不偏不倚。他在考虑问题的时候，就像科学家一样不必计较功利价值，而只求问题得到解释和答案。

这就是心理学家在观察任何现象时所处的立场。我们在读到卡里埃命令将其受害者掩埋至脖颈，让他们失明，承受着可怕的痛苦这一段时，肯定无法做到无动于衷，但是，我们想要真切地理解这些行为，就必须像生物学家看着蜘蛛在慢慢地享用一只苍蝇一般，不必过于冲动。理性在受到鼓动之后，就立刻不再是理性了，它将解释不了任何东西。

就像我们知道的那样，历史学家和心理学家的职责是不尽相同的，但我们却可以要求他们用智慧的方法来解释事实，透过事物的表象，洞悉其本质。

第二章
旧制度的心理基础

一、君主专制政体与旧制度的基础

我们从许多历史学家那里听到他们的断言，君主制的专制独裁是大革命矛头的直接指向，可事实上，大革命还未爆发的很长一段时间里，法国的国王并不是拥有绝对权威的君主。

一直到法国历史的晚近时期——路易十四即位——国王才享有了至高无上的权力。路易十四之前的所有君主，即使将权势煊赫的弗朗西斯一世都包含在内，他们所面临的处境，也都是与诸侯、教士、议会不得不接连不断地做斗争，而且他们往往还得不到胜利。弗朗西斯本人在反对索邦神学院和议会时就没有显示出足够的力量来，因而连自己最亲密的朋友也没有保护得住。他的朋友贝尔干议员得罪了索邦神学院，于是被该院逮捕了，国王命令将他释放，结果却遭到神学院的断然拒绝。最后国王不得不派遣侍卫将他从孔西埃日监狱转移了，将他藏匿在卢浮宫里，除此之外，国王已经无能为力了。但是，索邦方面丝毫没有退让，他们利用国王不在的时候，又一次将贝尔干逮捕，并由议会审判，上午10点他被判有罪，中午即被活活烧死。

法国国王的权力是在演变过程中逐步建立起来的，到路易十四时代时，国王的权力臻于顶峰，但好景不长，在很短的时间里，国王权力又随即迅速衰落，因此，确实很难说什么路易十六的专制主义。

国王表面上是国家的主人，然而实际上那只是他的宫廷、大臣、教士和贵族的奴仆，他被迫接受他们的意志，按照他们的旨意行事，很少有独立自主的权力，在众多国家之中，或许很少有像法国国王这样缺少自由的了。

君主制之所以拥有如此巨大的权力，最初是起源于它神圣而高贵的血统，以及经过若干个世代所积聚起来的传统，一个国家真正的社会框架就是由这一切构成的。

当它赖以为基础的传统力量削弱的时候，旧制度也会随之消亡。在经历了一而再，再而三的攻击之后，以前的拥护者也会越来越少，于是它就像一座根基已经不复存在的建筑那样，顷刻间轰然坍塌了。

二、旧制度的弊端

只有得到他所统治的人们的认可，一个政体才可以最终长期地确立起来。它的弊端一直被习惯所掩盖，可是当人们开始认真思考的时候，它的弊端就会暴露出来，等到那个时候，人们就会高声呐喊自己怎么能够忍受这些弊端。所以，真正不幸的人，就是那些相信自己是悲惨痛苦的人。

这样一种信念更加激化了大革命时代的到来，作家在其中发挥的影响是不可小觑的，我们稍后再研究他们的著作。那时候，旧制度隐藏下的弊端已经在世人面前暴露无遗了，这些弊端不在少数，我们在这里提及其中的一些。

首先，尽管中央权力具有至高无上的威严，但这种威严是王国通过对独立省份的连续武力征服形成的，因此被分割为若干个区域，各个区域内的法律和习俗也都不尽相同，并且所征收关税也是不同的，国内的税务机构相互分离。因此，从某种程度上讲，法国的统一是人为的，它仿佛是由各个地区七拼八凑而形成的一种简单集合。包括路易十四在内，历代国王虽然殚精竭虑、励精图治，但都未能成功地从根本上实现法国的完全统一，而法国的大一统却在大革命中得以实现。

除了在区域上的分立，法国还呈现出社会分离的现状，即社会各等级间的分离。社会被严格地分为 3 个等级，即贵族、教士和第三等级（the third estate），这种等级间的严格界定是任何人不可以逾越的。

旧制度中权力的来源之一，便是这种等级间的区分，所以法国民众必须严格地遵守，但其结果却引发了人们对旧制度的憎恨。因此，资产阶级在取得胜利之后，以种种暴行来报复和宣泄他们长期以来一直受到的蔑视和压迫。一个人的自尊心如果受到什么伤害，那么往往会成为他一生最难忘的伤痛，何况第三等级受到的伤害是相当多的。在 1614 年召开的一次等级会议上，第三等级的代表被迫取下礼帽放到膝盖上；当一个第三等级的成员冒昧地说三个等级应该如同兄弟一样时，贵族代表的发言人立即回答说：“贵族阶级与第三等级绝不存在任何兄弟关系；与其让我们与第三等级交往，倒不如与皮匠和鞋匠的后裔称兄道弟。”

那时启蒙运动已经开始崭露头角，但是贵族和教士仍然固守着自身的特权与要求。然而，由于他们不再承担先前的服务功能，这些特权与要求也就丧失了合理性。

在公共管理职能的运作方面，教士和贵族遭到了王权的排斥，王权对他们并不信任，资产阶级逐渐取代了他们：资产阶级正变得越来越博学多才，于是贵族和教士的社会功能就空剩了一副烂皮囊，泰纳对此的解释相当准确：

> 既然贵族特殊的才能已经丧失了，而第三等级却获得了一般的才能，这样一比较，他们在教育与才智方面就已经等横了，所以他们在等级上的严格界定就显得有害而多余了。不平等仅仅是多年积淀的习惯的产物，可是现在人们的意识已经不再承认它了。

第三等级对特权表示愤慨是有充足的理由的，贵族既然并没有什么特殊才能，然而资产阶级却有贵族所没有的才能，所以也就没有理由存在特权了。

由于长期的传统造成了等级之间森严的壁垒，所以，我们很难寻找到一股力量能说服贵族与教士放弃他们的特权。当然，在那个令人难忘的夜晚，当事态已经发展到他们无法掌控局势的时候，他们最终不得不放弃了自己的特权，但那时已经晚了，大革命就像一只脱缰的野马，任凭谁也很难驾驭了。

毫无疑问地讲，大革命所欲达到的目标，也就是公民在法律面前实现平等，消除由于出身之特权等，完全可以通过现代化的自然演进来实现。即便是拉丁民族的精神很保守，也仍然会像大多数民族那样，最终实现这些目标。如果照这种方式进行下去，那么二十年的战乱与破坏或许我们是可以免除的，起码不会像这样惨烈，但是如果那样的话，我们这个民族的精神气质必然会与现在大不一样，尤以政治家为甚。

资产阶级对那些自我标榜的上层阶级怀有深深的敌意，这是构成大革命的重要因素之一，这样我们就能很容易解释为什么在大革命胜利之后，身居第一等级的教士和贵族会遭到获胜者的疯狂劫掠，资产阶级就像征服者一样，将掠夺来的财富坐地分赃——就像征服者威廉在征服英格兰之后，将掠夺来的土地赏赐给他的士兵。

不过，资产阶级虽然对贵族充满了憎恨，却没有在王权上打主意，他们并不主张废除王权：国王在行为上的笨拙以及对外国势力的依赖只会使人们对他感到厌恶。

第一届议会从来没有想过要建立一个共和政体，事实上，它其中的一部分成员都是忠诚的保王派。他们仅仅是想将绝对君主制废除，从而建立君主立宪制，他们只有在意识到君主的权力开始不断上升的时候，才感觉到有抵制国王的必要，但他们仍然不敢颠覆他。

三、旧制度下的生活

若想清晰地认识到旧制度下的生活，尤其是旧制度下农民的真实处境，是比较困难的。

就像神学家捍卫宗教信条一样，那些为大革命辩护的作者描绘了一幅阴暗无比的画面，来反映旧制度下农民的生活，以至于使我们不禁产生疑惑，为什么这些悲惨的生灵在很久以前没有死于饥饿呢？这类风格的典型著述源于前巴黎大学的教授朗博的《法国大革命史》一书中，我们会特别地注意到一幅作为图例的版画《路易十四统治下农民的贫困》，其中一个画面最为引人注目：一个男子正在与几只狗抢夺一些已没有肉的骨头；而在他的身旁，是一个肮脏的同伴正佝偻着身体，压着自己的胃；后面较远的地方一个妇人却躺在地上吃草；而在前景后面的地上，伸展着一些说不清是尸体，还是行将饿死的人的轮廓。作为旧制度统治下的实例，作者告诉我们："在某个地方，只需要花三百里弗就可以在警察部门谋得一个可以挣到四十万里弗的职位。"当然，这些数目在那些肥缺位置上的人看来是绝不会看在眼里的。他还告诉我们，"只要花上一百二十里弗就可以把一个人投进监狱"，而"在路易十五时代颁发的密札超过十五万封之多"。

大部分关于大革命的著作都缺乏客观性和批判精神，这也就是我们在这一时期很少能了解到真相的原因。

当然，相关的文献是相当多的，但它们往往出现自相矛盾的现象，根据拉布耶里的著名描述，对于英国旅行者所描绘的热烈景象，我们可能不会接受，在他的笔下，法国一些省份的农民处在一片繁荣之中。

他们真的承担着沉重的赋税吗？就像有些人叙述的那样，要他们支付收入的 4/5，而不是现今的 1/15？事实上，我们谁也不能给出确凿无疑的答案。可是一项重要的事实似乎可以向我们证明，农村地区居民在旧制度下的境况并没有如此悲惨，那就是整个法国有 1/3 的土地已经被农民购买了去。我们从财政制度方面能够掌握更多的信息，这一制度是非常苛刻的，而且极为复杂。预算通常显示亏空，农业大臣无度地横征暴敛，乘机提高各种关税。由于财政上的这一状况引起了人们的普遍不满，因此大大刺激了大革命的到来，在三级会议的记录上可以体现出这一点。我们要注意的是，这些记录并不能代表以前的状况，但起码可以说明由 1788 年歉收和 1789 年冬季萧条所导致的财政危机的真实情况。这些会议记录如果是革命爆发前十年写的，它能向我们透露出什么样的信息呢？

虽然面临着各种不利的环境，记录也没有表露出革命的念头。最激进的主张也不过是要求征收赋税时必须经三级会议的同意以及所有等级平等缴纳而已。同一记录有时还表达出这样一种愿望，即国王的权力应该受到一部确定他及其国民权利的宪法的制约。这些愿望一旦被满足了，在这种情形之下，立宪君主制若要取代绝对君主制是轻而易举的，而法国历史上就不可能出现大革命了。但是很不幸，贵族与教士的势力过于强大，而路易十六的力量则相对显得过于微弱，所以这样的解决方案不可能得到实施。而且，资产阶级的要求也过于激烈，因为作为大革命的始作俑者他们想取贵族而代之。由中产阶级发动的这场运动很快超出了他们的希望、需要和渴求。他们为了满足自己的利益而主张平等，但广大人民也要求平等，在这样的情况下，大革命最后演变为大众政府（the popular govenment），这种结局是他们当初所始料不及的。

尽管人的情感要素经过非常缓慢的演变，可是在大革命期间，不仅是人民对君主制的感情前后发生了迅速的变化，就连革命议会也是如此。从第一届议会的代表们满怀敬意地簇拥在路易十六的周围，到砍掉他脑袋的那一刻，只有短短的几年时间而已。

与其说这些变化是深刻的，不如说是表面的，因为它们只是对同一秩序的情感发生转移罢了。在这期间，人们对国王的敬畏迅速转移到新政府上，这一转变机制很容易得到证明。

在旧制度下，君主掌握着无可比拟的权力，上帝的意志给予他一种超自然的权威，他的臣民在这片国土的每一个角落里仰望着他。

只要当事实多次证明，他们所热衷崇拜的偶像，其实是一种虚幻的时候，他们对君主绝对权力的这种神秘主义信仰在顷刻之间就会土崩瓦解，而国王的威望自然就会化为乌有。一旦君主的威望不复存在了，这个曾经蛊惑过他们，但如今已经倒塌的偶像就不会得到群众的原宥了，而且他们还要寻求另一种新的偶像来取代他，要知道，他们如果没有了偶像，是无法生存的。

在大革命还未爆发之前，就有若干迹象向那些狂热的信徒证明了一个事实，即王室拥有的权威早已有名无实，其他的力量足以与之抗衡，甚至还略高一筹。

譬如，当群众看到议会限制着国王，而且在巴黎的中心地带，面对武装进攻，无力保卫自己最为坚固的要塞时，他们会有怎样的想法？

王室的虚弱已经很明显地表露出来，而议会权势的直线上升也都被人们看在眼里。现在，在群众的眼里虚弱者威信扫地，他们总是会倾向强力的一方。

在这一时期，国会议员们的感情也发生了一些变化，但是这些变化并不急速，所以，在攻占巴士底狱以及国王向外国君主寻求援助的时候，他们仍保留着对君主制残余的忠诚。正是由于对王室的忠诚，所以巴黎的暴乱与事变虽然能将路易十六押上断头台，但这种忠诚最终也未能摧毁。在外省，人们根深蒂固的传统观念使得他们对古老的君主制仍然保持着长期的虔敬。在整个大革命期间，法国的大部分地区都存在着对国王的忠诚，因此保王党人的阴谋和起义可以凭借这一点让国民公会头疼不已。只有在巴黎，这种忠诚很明显已经消失了，因为国王的虚弱已经明显地表露出来了，但在外省，王权仍然被视为上帝在尘世的代表，享有无上的权威。

人民对王室的情感是如此根深蒂固，以至于经得起断头台的考验。保皇主义的运动事实上在整个大革命期间从未间断过，并在督政府执政期间一度气焰嚣张，分别来自四十九个地区的保王党代表到巴黎请愿，最终引起了果月政变。

对君主制的这种情感是大革命所无法压制的，它促成了波拿巴的成功，当他开始占据古代国王的宝座时，在很大程度上是在重建旧制度。

第三章
大革命时期的精神无政府状态与哲学家的影响

一、革命思想的起源与传播

在任何时代，人的外在生活都是由其内在精神所模铸的，内在精神是这样一套框架，它包括传统、情感、道德影响力等，这些要素指导着人们的行为，并维持着某些他们无须检讨就加以接受的基本观念。

如果削弱了这套社会架构的抵制力，那么，以前没有多步力量的新思想、新观念就会萌芽滋长。在大革命期间取得巨大成就的某些理论，在两个世纪之前曾遇到过顽强的抵抗，结果铩羽而归。

指出这些因素，是想提醒读者注意这样的事实，那就是革命的表层事件通常是人们的心理发生转变的一个结果。对革命的所有深刻研究必然是对孕育它的指导思想之精神土壤的研究。

一般来讲，思想上的演变和发展是极其缓慢的，如果仅仅是一代人，我们通常是看不出什么变化的。只有通过同一个社会阶级在心灵演化曲线的两个极端上的精神状态进行对比，思想演进的程度才可以得到明确的显示。为了方便理解路易十四时期到路易十六时期，有教养的人对王室的不同观念，比较一下博絮埃与杜尔哥的政治理论，是非常有必要的。

当博絮埃将政府的权威凌驾于上帝的意志之上时，他所表达的观点，也正是他那个时代的人们对于绝对君主制的普遍观念："凡人没有足够的能力去评价国王的行为，只有神才可对此裁判。"那时候，对宗教的虔诚与对君主的忠诚是一样的，二者密不可分，这是任何一个哲学家都不可以撼动的。

路易十六的改革大臣，比如杜尔哥的著作则焕发出一种完全不同的精神，君权神授似乎只是一句口号而已，而人民的权利开始得到明确界定。

诸多的事件，比如不幸的战争、饥荒、关税以及路易十五统治末期的普遍贫困等，促成了这一事件的演变，对君主权威的崇敬渐渐消失，代之而起的是一场精神上的反叛，一旦时机成熟，它就会走上历史舞台。

原本的精神架构一旦开始解体，这就意味着末日即将迅速来临，这就是为什么大革命期间，那些一点也不新奇的思想观念在一夜之间急速传播，并产生重大影响，真可谓瓜熟蒂落、水到渠成。

然而，此时如此富有吸引力和影响力的思想观念其实早就存在了，英国的政治生活受它们的鼓舞已经很长一段时间了；远在2000年前的古希腊和罗马的作者就曾著书立说，捍卫个人尊严，毫不留情面地抨击暴君，宣扬人民主权。

尽管发动了大革命的中产阶级的父辈和他们一样，肯定在教科书里都已经知道了这一切，但他们丝毫得不到什么触动，因为这些思想还未来得及对他们发生作用。那些老一辈的人把一切等级制都视为自然，他们又怎么可能会对这些言论有深刻印象呢?

哲学家在大革命起源中的实际影响并没有想象中的那么大，他们并没有向人们揭示什么新的东西，但他们却做出了一项贡献，即发展了批判精神，这种批判精神是任何教条都无法抵制的。

正由于受这种批判精神发展的影响，不再被尊崇的事物越发失去威严。当传统和威信消失的时候，社会的大厦轰然坍塌，那就再自然不过了。这一连锁的崩溃最终传递到人民那里，当然它并不是由人民启动的。人民向来只追随榜样，但自己不会身先士卒，起到表率。

尽管哲学家对人民所产生的影响微乎其微，却对民族中已经开化的那一部分人起到极大的影响。那些贵族整日无所事事，由于被社会职能褫夺了传统，所以他们倾向于追随其领袖，对社会百般挑剔。由于缺乏远见，他们第一个跳出来与自己唯一赖以为根基的传统决裂。如同今天的资产阶级一样，他们也沉溺于人道主义和理性主义中，他们以批评的方式不断地挖着自己特权的墙脚，就像今天最热心的改革者往往是命运的宠儿一样。贵族阶级鼓励各种关于社会契约、人权和公民平等；在剧院里，他们为抨击特权，揭露上层人物的飞扬跋扈、专横无能以及滥用各种职权的演出大声地鼓掌喝彩。

当引导人们行为的精神架构在其心中失去信心时，他们一开始会感到不安，随后就会感到不满。所有的阶级都感到自己以前的行为动机正在渐渐消失。若干个世纪以来一直被视为神圣的事物现在不再神圣了。

那时，贵族与作家的批判精神还没有足够的力量来颠覆传统，但是，这一举动增加了其他更为强大的势力的力量。我们在征引博絮埃时已经说过，今天的宗教机构与世俗政府已经大大地隔离开来，可是在旧制度下，它们是紧密联系在一起的，一荣俱荣，一损俱损。其实，即使在君主制观念发生动摇之前，宗教传统的力量在有教养的人当中就已经大大收缩了。人们用观察获得的真理替代神学的真理，从而推动了知识的不断进步，越来越多的人从神学转向科学。

虽然至今我们仍不能清晰地抓住精神上的这一演化，但足以表明若干个世纪以来一直引导着人们的传统已经失去了它们应有的价值。人们都同意赋予理性以传统和神祇似乎已经失去的力量，但人们为什么对理性的力量就深信不疑呢？理性所取得的成就是有目共睹的，但认定如果把理性运用到社会的建构上来，就可以全盘地改造社会，这样有合理性的依据吗？在那些思想开明的人当中，理性可能具有的作用急速地增加，所以相比之下，人们对传统渐渐地不信任了。

我们必须把赋予理性的至上权威看作是终极观念（the culminating idea），因为大革命不但由它而产生，而且它的主导地位贯穿于大革命的始终。在整个大革命期间，人们想要与过去决裂，做出了最为艰巨的努力，他们力图根据一项按逻辑制定的全新蓝图来重建社会。

当哲学家的唯理论逐渐渗透到底层时，人民就觉得：过去被尊重的一切事物现在不再值得尊重；所有的人都是平等的，从前的老爷和主人都不必服从了。

群众轻而易举地就终止了对上流阶级自身已经不再尊崇的事物的崇敬，当崇敬的藩篱被拆除时，革命就大功告成了。

这种新的精神状态带来的第一个结果就是普遍的不服从，维热·勒布伦夫人向我们讲述，在隆上普斯漫步的人群跳过马车的底板，叫嚷着：“下一年你们将被甩在后面，而我们则坐在里面。”

表现出这种不顺从与不满的不仅仅只是平民，在大革命的前夜，这样的情绪是很常见的。泰纳指出：“下层教士对高级教士，外省贵族对宫廷贵族，封臣对领满了敌意。”

在三级会议召开的时候，不但贵族与教士存有这种心态，奈克尔的军官们也开始变得人道主义化，士兵虽然没有哲学化，但也不再像以前那样驯服了。在他们简单的头脑和逻辑中，对上级和主人，乃至一切命令的反抗就是所谓的平等观念。在1790年，有二十多个团的士兵向他们的军官发起威胁，甚至在有些地方如南锡，他们竟然将其军官投入监狱。

旧制度消亡的首要原因，就是无政府状态散布于社会各个阶层之中，并且最后蔓延到军队中去。里伐罗尔写道："正是由于军队受到了第三等级思想的影响才导致了王权的最终毁灭。"

二、18世纪哲学家对大革命起源之假想的影响以及他们对民主政治的厌恶

哲学家通常都被人们视为法国大革命的鼓吹者，他们无情地抨击了那些特权及其滥用，但我们如果由此把他们看作是大众政府的同党，那就大错特错了。一般来说，民主政治与他们是格格不入的。他们对破坏以及暴力之类民主的必然伴生物，并没有忽视，并且都知道早在亚里士多德时代，民主就被定义为"一切事物，甚至包括法律，在这样的国家里都取决于大多数人的意愿，他们可以像僭主一样恣意行事，而且往往为一些巧言令色的煽动家所控制"。

伏尔泰的真正先驱——皮埃尔·贝尔对雅典大众政府的后果作了如下评述：

我们只需回顾一下历史，就可以看到，其实在很大程度上，它所展示的是群众的骚乱，造成城邦分裂的内讧，困扰城邦的煽风点火；最出众的人物遭到迫害、放逐乃至在一个罪恶的饶舌者的怂恿下被惨遭处死。我们可以很轻易地断定，对自己的自由如此自负，这样一个民族，它的背后实际上是一小撮阴谋家的奴隶罢了。那些被称为煽动政治家的人，一会儿指示他们向东，一会儿引领他们向西，见风使舵，随波逐流。即使是在马其顿实行的君主制，也不会出现像雅典这样频繁的暴政。

对民主政体的看法，孟德斯鸠也没有表示出更多的敬意，在描述了君主政体、共和政体和专制政体这三种政体之后，他明确地指出了大众政府可能导致的后果：

过去的人们通过法律手段获取自由，如今追求自由的目的，却是反抗法律；每一个公民都好像是从主人家里逃跑出来的奴隶；过去的准则被现在的人们说成严厉，过去的规矩被说成是拘束，过去的谨慎则被叫作畏惧。在那里，节俭反而被看作贪婪，然而占有欲却不是贪婪。从前，私人的财产是公共财产，但是现在，公共的财产却变成了私人的家业，共和国成了巧取豪夺的对象。它的力量就只不过是几个公民的权利和全体的放肆而已。

于是在这样的背景下就形成了许多小暴君，这些小暴君具有单一的暴君本身带有的一切邪恶。人民残存的一点自由，不久也沦为了不可容忍的东西；这时就产生了单一的暴君；人民便将丧失他们的一切，连腐化的好处也丧失了。

所有这些被认为是激发了大革命的人所持的观点远不是颠覆性的，他们对革命运动的发展也不会产生什么实质性的影响。在当时的那个时代中，卢梭是为数极少的几个民主主义哲学家之一，因此他的《社会契约论》成了大恐怖时期人们所追捧的对象。要宽宥那些产生于无意识之神秘情感冲动的行为，就不得不找出一些必需的恰当理由，但是，哲学不可能鼓动这些冲决。

实事求是地说，卢梭的民主主义直觉也有令人怀疑的地方。他自己就曾承认过，立基于人民主权的社会重建方案，仅仅适用于一个非常狭小的邦国，而像法国这样的大国则适用不了；所以当后来波兰人邀请他为他们起草一份民主宪法方案时，他建议波兰人选择一个世袭君主。

在卢梭理论中关于原始状态完美至善的理论获得了巨大成功，和他同时代的许多作家一样，卢梭断言，原始人是至善至美的；导致他们堕落的是他们所处的社会。通过良好法律的规范，一个社会可以重新获得早期世界的幸福。可是由于他对心理学缺乏足够的认识，卢梭相信不管何时何地，任何人都是一样的；他们可以受同样的法律与制度的约束和统治。这种信仰在当时是极为普遍的，爱尔维修写道："人民的恶行和美德通常是立法的一个必然结果……对一切民族而言，美德都是智慧，这种智慧或多或少是完美的，对此我们还有什么怀疑吗？"再没有比这种论断更为荒谬的了。

三、大革命时期资产阶级的哲学思想

大革命期间，一个法国中产阶级的社会政治观点到底是什么？若是要给出一个确切的答案，绝不是一件容易的事情。不过或许可以把它们简单理解为平等、博爱以及大众政府，这几条集中体现在《人权宣言》中的公式中，我们从那里可以征引一些段落。

现代科学根据古代残存的遗迹对我们祖先的生活状况所作的推断，早就证明这一学说是错误的。原始人本就是无知的、残忍的，他们同现代的野蛮人一样，对善良、道德以及同情没有任何感觉。他们只受自己本能冲动的支配，当他们饥饿时，他们就会走出洞穴，攫取捕杀猎物；当仇恨涌入他们的内心时，他们就会将敌人吊死。理性只要尚未产生，他们的本能是不可能被遏制的。

文明的目标与一切革命信仰截然相反，它是要逃离自然状态，而不是要返回自然状态。正是由于雅各宾党人将文明赖以为基础的一切社会限制都破坏了，所以他们使人类又回到了原始状态，使政治社会蜕化为野蛮的游牧部落。

这些理论家关于人之本性的理论所具有的价值，与一个普通罗马人关于预兆之力量的想法没什么不同。然而，我们不能小觑这些理论作为行为动机的力量，国民公会总是被这样的思想所鼓动。

在对我们原始祖先的看法上犯下了错误，这当然是值得原谅的，因为那是我们的科学尚不发达，在当代的发现向我们揭示他们的真实生活状况之前，我们根本就没有清晰的了解。但是，大革命时代的人对人类心理所表现出的绝对无知，远不是那么易于理解。

看上去确是如此，18 世纪的哲学家与作家似乎并不擅长进行最细微的观察，虽然他们置身于同时代的人之中，却既没有看透他们，也没有理解他们。其中最为明显的就是，他们对大众心智的本性从未产生过怀疑，他们总以为自己梦想所塑造的理想模型就是人民所追求的。他们对心理学的无知就像是对历史教训的无知，他们认为平民大众在本质上是善良的、博爱的、知恩图报的，并且随时服从理性的指导。

国会议员所发表的言论足以表明这些，他们的幻觉是多么深刻，当农民疯狂地焚烧城堡时，他们在吃惊之余，竟忙不迭地以最动情的长篇大论对他们发表演讲，企图阻止他们的暴行，劝诫农民不要“惹恼了他们好心的国王”，并请求他们“以美德来打动国王”。

四、决裂与法律改造人性力量的幻想

有一个原则可以被视为革命机制的一块基石，即人们可以不费吹灰之力就与其过去一刀两断，而通过制度可以对社会实现全盘重建。理性说服人们相信，除了原始时代之外，过去代表着谬误与迷信的一项遗产，当代的立法者可以与过去彻底决裂。为了更好地体现自己的意图，他们创立了一种全新的纪元，变换了历法，更改了月份和季节的名称。

我们设想一下，所有的人都是相似的，所以他们的立法可以适用于全人类。当孔多塞说“一项良好的法律必定对所有人都是良好的，犹如一个几何命题对所有人都是正确的”时，他一定对自己这个论断深信不疑。

大革命的理论家对事物的表象从来都没有清晰的认识，他们不可能洞察到隐匿在它们背后的原动力。生物学上的进步要想使人们认识到这些理论家所犯的错误是如何地让人痛心，还得需要一个多世纪的时间，而这种进步同时也会告诉我们，不论哪一个民族，它的进化，离不开传统的根基。

大革命中的改革者不断地与过去的影响发生冲突，尽管并不理解它，却总是妄图消灭它，结果反而被它所消灭。

立法者对法律和制度之绝对力量的信仰，虽然到革命接近尾声时发生了严重的动摇，但在革命之初他们却是坚信不疑的。格雷古瓦教士在制宪议会的讲台上发表这样的演说时，一点也没有引起惊讶：“我们也可以做到改变宗教信仰，只不过目前我们不想这样做罢了。”在后来的历史中，他们确实这么做了，而且他们失败得相当惨烈。

然而，雅各宾党人还是掌握了所有成功的要素，他们依靠暴政扫除了一切障碍，他们强制推行的法律非常顺利地就被通过。经历了十年的破坏、焚烧、掠夺、屠杀、暴力和翻天覆地的变化，他们将自己的虚弱暴露无遗，最终陷入四面楚歌的境地。然后，整个法兰西都在企盼，独裁者不得不对已经遭到毁灭的大部分事物加以重建。

雅各宾党人企图以完美理性的名义重新塑造社会，这是一场非常有趣的实验，这样的实验在人类历史上可能再也不会出现了。

尽管这个教训是很可怕的，但是在一个相当重要之阶级的头脑里，它似乎还没有受到足够的重视，因为即使在我们这样的时代里，仍然可以常常听到社会主义者要求根据他们的空想计划对社会进行彻底改造的建议。

三、大革命原则理论价值的幻想

建立一种新的分配关系就是大革命基本原则的目的，它包含在一系列的权利宣言之中，这些宣言相继公布于 1789 年、1793 年和 1795 年。这三个宣言都同意这一声明："人民享受主权。"

至于其他方面，这三个宣言的有些说法不尽相同，尤其是在平等问题上。1789 年的宣言规定相当简单（第一条）："人生来就始终是平等的。"1793 年的宣言走得更远，它向我们断言（第三条）："所有人按其本性一律平等。"1795 年的宣言则较为适度，它说（第三条）："平等意味着法律对所有的人都是平等对待的。"除此之外，说到权利时，第三个宣言认为首先应该提及义务，它的道德完全就是福音书的道德，宣言第二条说："一个人与一个公民的所有义务都来自于天然地铭刻在所有人心中的这样两条原则：己所不欲，勿施于人；己欲立而立人。"

这些宣言的实质性内容，也是真正保留下来的内容，就是关于平等和人民主权的那些部分。

虽然存在推理意义上的缺陷，但是平等、自由、博爱这一共和主义图景所发挥的作用还是不容忽视的。

不但在许多墙壁上至今仍装饰着这一充满魔力的公式，而且我们也时刻铭记于心，它确实拥有某种神奇的力量，这种力量得归功于那些古老的巫师所使用的蛊惑性字眼。

它的许诺所唤起的新希望给它带来了相当惊人的扩张力，甚至有成千上万的人不惜为它舍弃了生命，甚至在我们这个时代，世界上任何一个爆发革命的地方，都会援引同样的公式。

选择这一公式实在是幸运，因为它属于那种模糊不定的能够激起人们对未来憧憬和向往的词句，每个人都可以根据他自己的爱憎与希望来解释。而这些词汇的真实含义是什么，倒反而显得无关紧要，它附带的意义就显得不是那么重要了。

在革命宏图的三个原则当中，平等是最富有成效的，本书的另一部分我们将会指出，唯有这一原则至今还存活，并且成绩斐然。

当然不能说只有大革命才把平等思想介绍到世界上来。不必追溯到古希腊的共和国，我们就会注意到，其实在基督教以及伊斯兰教的教义中，包含着许多很明显的平等理论。作为同一个上帝的臣民，所有的人在他面前都是平等的，而他们的美德就是对他们唯一的评判标准。上帝面前的所有灵魂一律平等的教义在伊斯兰教教徒那里和基督教教徒那里是同等重要的。

但是，一项原则的声明并不足以保证它的实现。基督教会很快就不再遵从理论上的平等办事了，而大革命中的人们也仅仅是在演说中才想起它来。

“平等”一词因使用它的人不同而被赋予了不同的含义。它常常隐含着与其真正意义截然不同的情绪，从而表现出不让任何人胜于他人的这样一个专横的要求，同时也不乏自觉高于他人的念头。

对于大革命时期以及今天的雅各宾党人而言，“平等”这一字眼只是意味着对一切优越的一种嫉恨，为了消灭这些优越，这些人便佯称要统一礼仪、习俗和地位。除了他们自己施行的专制，一切专制似乎都是可憎的。

因为自然的不平等是不可避免的，所以他们对它们拒绝认可。1793年的第二个权利宣言对事实不屑一顾，公然断言“所有人按照自然一律平等”。如此看来，大革命中的许多人对平等的炽热激情只不过是为了掩饰他们对不平等的强烈要求，正是为了满足他们的欲望，拿破仑才不得不重新启用贵族头衔和装饰。泰纳指出，拿破仑之所以能够从最桀骜不驯的革命者中选拔出最驯服的臣僚，其秘密就在于此。他接着说道：

“忽然之间，通过他们有关自由与平等的布道，他们对权力以及支配他人的本能欲望暴露无遗；大多数情况下，甚至就连下属也对金钱和享乐充满了渴望。救国委员会的委员与帝国的大臣、长官或次长之间并无多大分别。所不同的只不过是他们的装束而已，先前穿的是短套，而后穿的是编织外套。”

平等教义的第一个产物就是资产阶级对人民主权的声明，然而，人民主权在整个大革命期间却一直停留在理论上，只是一种空谈。

第四卷

制宪会议

第一章
制宪议会的心理

一、神秘主义成分

大革命一旦在普通群众那里得到深入，理性的影响立即就会遭受情感力量和集体力量的排挤，并且很快消失。至于其中的神秘主义要素，作为革命信仰的根基，它使得军队如痴如狂，把新的信仰散播到全世界。

我们将看到，这些错综复杂的要素不但体现在事件中，而且也反映在个人的心理上。神秘主义成分或许就是大革命最为重要的要素，因此，我们若想清晰地理解大革命，就必须将大革命视为一种宗教信仰的构成，这一点是很显然的。我在其他地方对一切宗教信仰的论述同样适用于大革命，譬如，在涉及宗教改革的章节中，读者会看到它与大革命的相似之处不在少数。

关于在研究宗教信仰的理性价值的这个问题上，哲学家花费了很长一段时间，可是后来发现，这个问题并没有太大的研究价值，因此，他们现在能够更恰当地理解理性的作用了。他们不得不承认，这些信仰的要素对文明中诸种要素的转变才是最为重要的。

信仰可以使人们与理性相分离，并且能够将人的思想和情感推向一个极端。纯粹的理性是不可能有这样的力量的，因为理性在人们心中不会产生太大的热情。

宗教的形式很快被大革命所采用，这就是它之所以会有惊人的扩张力，并且至今仍然保持着巨大的威望的原因。

这座伟大的纪念碑应该被视为一种新宗教的奠基，然而，却有很多历史学家能看出这一点。我认为，托克维尔是最早洞悉这一点的人。

他在书中写道："法国大革命是以宗教革命的形式、披着宗教革命的外表进行的一场政治革命。从其常规和典型的特征来看，它确实有许多与宗教革命的相似之处：像宗教革命一样，它不仅传播甚远，而且也是通过预言和布道的方式在人们心中牢固树立。这是一场激发人们改变信仰的政治革命，人们欢欣鼓舞地在国内完成革命，又以同样的热情向国外传播。试想这样的景象是何等的新奇啊！"

假如我们承认了大革命的宗教因素，那么就很容易解释接踵而来的狂热与破坏了，因为我们从历史中得知，这是宗教的伴生物。所以说大革命必然要带来暴力和不宽容，这是取得胜利的神灵对其信徒发出的指令。大革命在整个欧洲倒行逆施了长达二十年，它也导致了法兰西成了一片废墟，数百万人失去了生命，国家也屡遭侵犯，但是不付出灾难性的代价就不足以改变人们的信仰，这似乎已经成为一条铁律。

尽管信仰的基础通常是神秘主义的因素，但有时候某些情感的因素和理性的因素很快也会掺杂进来。这样一种信仰可以服务于情感领域，也就是群体的情感、激情和利益；至于理性，它可以掩饰这一切，为事件的合理性寻求辩护，当然，它实际上是不会起到什么作用的。

当大革命刚刚爆发的时候，几乎每一个人都依据自己的愿望为新的信仰披上各式各样理性的外衣。人们看到在大革命中，曾经使他们饱受欺凌的一切专制，无论是政治上的、宗教上的，还是等级上的，统统受到镇压；像歌德这样的作家和康德这样的思想家梦想着在大革命中看到了理性的胜利；更有甚者，像洪堡这样的外国人士还特意来到法国“呼吸自由的空气，观摩专制的葬礼”。

但是，这些幻想在知识分子中间并没持续太长时间，整个事件的戏剧性变化很快就暴露了梦想的真实基础。

二、旧制度的瓦解与三级会议的召开

在大革命来临之前，革命思想就已经在人们的心中酝酿。在经过我们已经研究过那些因素的准备之后，路易十六的登基伴随着法国大革命成为现实。中产阶级对现状的不满越来越强烈，他们对此百般挑剔，不断地提出自己的要求。改革在当时的环境中成为人们最响亮的呼声。

路易十六虽然完全能够懂得改革的效用，但由于他自身的软弱性，使得他根本无法驾驭教士和贵族，他甚至对自己的改革大臣马勒谢尔伯和杜尔哥都保不住。饥荒频繁出现、赋税逐年加重、各个阶层面临贫困的窘境，尽管如此，法国宫廷依然过着奢侈无度的生活，与这种普遍的贫困形成了惊人的对比。

法国的贵族们试图挽救财政危机，他们被召集起来，但拒绝接受一个平等的税收体系，而只是批准了一些意义不大的改革措施。高等法院拒绝登记这些改革法令，最后不得不解散，各省的高等法院仿效巴黎采取了同样的行动，也被解散。但是他们主导着舆论，法国各地都要求召开已经近两百年没有召开的三级会议。

决议是这样的：在五百万名法国人中，有十万名教士，十五万名贵族，派出各自的代表。总共有一千两百名代表，其中五百七十八名是第三等级的代表，他们主要由地方官员、律师和医生组成；而三百名教士代表中有两百个人是平民出身，他们把自己的命运与第三等级连在一起，共同反对贵族和教士。

从第一次会议开始，不同精神状况和社会地位的代表之间就在心理上发生了冲突。特权阶级代表的华丽高贵装束与第三等级代表的寒酸落魄形成了一种让人感到羞辱的对比。

在第一次会议上，贵族和教士成员分别依照他们的阶级特权，在国王面前没有免冠，第三等级的代表想要模仿贵族和教士阶级，结果引来了特权阶级代表们的一致抗议。在接下来的一天里，更多自尊受到打击的抗议不绝于耳，第三等级的代表邀请那些坐在单独大厅里议事的贵族和教士代表为他们的权力作见证，结果遭到他们的断然拒绝。经过一个多月的磋商，最后，根据西哀耶斯教士的倡议，第三等级的代表认为他们代表了国家 95% 的人口，宣布由自己组建一个国民议会（National Assembly）。于是从那一刻起，大革命的序幕就由此拉开了。

三、制宪议会

对手的强弱，是一个政治议会力量的衡量标准。制宪议会（The Constituent Assembly）为它遇到的微弱抵制感到惊讶，并且在一小撮煽动家的操纵下失去了理智和自制能力。从最初的会议开始，制宪议会的一言一行就像是一个主权实体，特别是它佯称自己拥有征收赋税的权力，这在国王看来，不啻是对自己权威的蔑视和挑衅。

路易十六作了软弱无力的抵抗，他仅是将三级会议的议事大厅关闭了。可是这并不能阻止代表们，他们开始在网球场的大厅里集会，并且宣誓：如果不能通过一部宪法，他们就决不解散。大部分的教士代表加入了他们的行列，国王宣布议会的决议无效，并命令代表们解散。当大司仪官布勒泽侯爵想要劝说他们服从国王的命令时，议会主席巴伊答复说："我们在这里集会是代表了全体国民，任何命令我们都是拒绝的！"而米拉波则向国王的特使扬言："议会是根据人民的意志召集起来的，除非诉诸武力，否则我们不会撤退。"因此，国王不得不再次做出让步。

在 6 月 9 日的会议上，代表们采用的是制宪议会的名称。在长达数个世纪的岁月里，这是国王第一次被迫认可了一个新权力的存在，而在此之前，不管是人民的权利，还是由人民的代表所行使的权利，国王都一概置之不理。这个事件可以向我们传达出一个信息，那就是君主专制政体已经一去不复返了。

路易十六感到自己越来越受到威胁，于是便从凡尔赛召集了一些由外国雇佣兵组成的兵团。制宪议会要求这些军队撤离，国王拒绝了，并将奈克尔解职，代之以布洛利元帅这样一个以独断专行著称的人。

但是，议会有许多坚定的支持者，卡米尔·德穆兰和其他一些人向群众发表长篇演说，大声疾呼，要他们保卫自由。他们敲响了警钟，组成了一支一万两千人的民兵，从残废军人院取来了步枪和大炮。7 月 14 日，武装的民众向巴士底狱进发，这座要塞几乎没有设防，法国军队的抵抗仅仅持续了几个小时，在里面找到了七名囚犯，其中一人还是个疯子，另有四人是被指控做伪证的刑事犯。

巴士底狱曾让许多人成为在专制权力下的牺牲品，而在许多人心目中，它有着王权的象征，但攻占它的人并没有吃过它的苦头，因为巴士底狱的犯人一般都是贵族阶级。

巴士底狱因为被攻占而所产生的影响相当巨大，甚至这种影响一直持续到今天，像朗博德这样严肃的历史学家都向我们断言："攻占巴士底狱不但是法国，而且是欧洲历史上的重大事件，它开创了世界历史的新纪元。"

如此的轻信稍许有些过分，事件的重要性仅仅在于这样一个心理学事实，那就是人民第一次得到了一项明确的证据，它表明不久前还是令人敬畏的权威竟然如此软弱无能，不堪一击。

权威的原则一旦在公众心目中受到损害，就会在顷刻之间坍塌。对一个无力保卫自己的重要堡垒、抵挡群众进攻的国王，还有什么要求不可以提出呢？同样，主人的权力也不再是无所不能的了。

攻占巴士底狱是法国大革命历史上比比皆是的精神腐化现象的开始。外国雇佣兵尽管对革命不存有太浓厚的兴趣，但也已经开始显示哗变的前兆，于是，路易十六被迫将他们解散。他召回了奈克尔，回到了巴黎市政厅，他的出现表明了已经认可了既成的事实；他从国民自卫军司令拉法夷特手里接过了三色帽徽，它由代表巴黎的红、蓝两色加上代表国王的白色构成。

随着巴士底狱的攻破，骚乱虽然暂时中止了，但决不应该把它看作是“历史上的一个终极性事件”，不过它的攻破确实是大众政府的开端。

在整个制宪议会统治期间，保王派中有绝大多数的法国人和议会成员，所以如果国王接受一种开明君主制的话，那么他还是可以掌权的。但是，路易十六似乎不愿意向议会妥协，因而也就没有做出多少承诺。

或许，他认为，稍许的妥协也都是绝无可能，如果他同意变革历代传承世袭的君主制，那么，他会觉得自己给列祖列宗丢了脸面，甚至即使他有变革的想法，他的家族也绝不会容忍他这样做。那个时候，君主制所依赖的古代世袭等级，贵族和教士的权势几乎可以与国王本人比肩。在他看来好像每次都向议会的命令屈服了，其实那也是迫不得已，并且是企图赢得时间，卷土重来。在看到所有的天然防卫都起不了作用后，孤注一掷的国王只好向外国势力求助了。

国王，尤其是王后对奥地利——几个世纪以来它一直就是法国的竞争对手——可能给予的援助抱有非常荒诞的幻想。即使奥地利不冷不热地表示同意出手相助，但这种承诺也只是想得到巨大的回报罢了。

当俱乐部的民众领袖发现议会中保王派有着不小的势力时，他们再次发动群众来反对它。于是他们发起了一项请愿，要求议会召集一个新的选举机构来审判路易十六。

不管怎么说，制宪议会对国王敬意是依然存在的，它感到革命的煽动性越来越强烈，所以决定对人民的行动进行反击。在拉法夷特的指挥下，国民自卫队的一个营开进马尔斯广场，驱散聚集在那里的群众，结果造成了五十个人死亡。

议会虽然势单力薄，但并没有坚持它的微弱抵抗，由于对人民的畏惧之心很强烈，因此对国王日渐傲慢，不断对他的特权与权力进行剥夺。现在国王可怜得就像是一个小小的公务员，按照别人的意志行事。

议会指望自己能够行使从国王那里僭夺的权力，但是它的能力还不足以完成这样的使命。权力的分散也必然导致它的虚弱，米拉波说："没有什么比由六百个人来行使主权更可怕了。"

议会曾经宣称它可以集中国家的所有权力，并像路易十六那样行使这些权力。然而不久，议会就变得寸步难行了。

议会的威信日渐削弱，无政府的混乱却在骤然增长着。被民众领袖不断地煽动起来的暴民所引起的骚乱和起义终于成了唯一的权力。议会每天都要受到喧嚣和专横代表的冲击，他们时而提出要求，时而发出威胁。

议会出于对群众运动的恐惧，无计可施，只得俯首帖耳。事实上所谓的群众运动并不是群众自发的运动，它们仅仅标志着一股新势力正粉墨登场，即与议会并行存在的俱乐部和巴黎公社。

在这些俱乐部中，最有势力的自然要数雅各宾俱乐部，它在法国已经迅速地建立了超过五百个直接听命于总部的支部。在整个大革命期间，它一直占据着优势。议会听从于它，因而它也是法国的主人。它唯一的对手就是巴黎公社，但公社的权力仅限于巴黎。

制宪议会在遭受失败的情势下变得异常虚弱，失败更使它名誉扫地，它开始意识到这一点，并感到自己的势力正在逐渐消亡，所以决定加紧制定出新的宪法以便自行解散。它的最后一项措施规定制宪议会的成员不得被选进立法议会，真是幼稚至极。也就是说，立法议会的议员将失去了他们前辈的经验。

1791 年 9 月 3 日，它制定并完成了宪法，并于 13 日得到了国王的批准，此前，议会已经恢复了国王的权力。

制宪议会创建了一个代议制政府，由人民选举的代表行使立法权，行政权归国王所有，并且对议会的法令享有否决权。旧的行省制被新的部门分工所取代，关税业已被废除，至今仍在实行的直接税和间接税取而代之。

在结束了领土分裂，推翻了旧的社会组织之后，制宪议会以为自己拥有足够的力量，可以改造这个国家的宗教组织，它特别提到，神职人员应该由人民选举生成，并且不受教皇的任何影响。

对教士的民事规定是一直持续到执政府统治时期的宗教斗争和宗教迫害的起因，这引起了 2/3 的牧师对新宪法的不赞同，他们拒绝对新宪法宣誓效忠。

在以制宪议会为象征的三年里，大革命所取得的成果是非常可观的。首要的成果，应该就是特权等级的财富开始向第三等级的转移。正是由于这一点，引起大革命的热情追随者为新制度辩护的兴趣，如果一场革命得到了既得利益者的支持，那么它所产生的力量必然是强大的。无论是第三等级，还是购买了国有土地的农民，他们自然很清楚，旧制度的复辟必然会损害他们的利益，其实从本质上讲，对大革命的积极辩护仅仅是为他们自己的财富辩护。

这就是为什么我们会看到，在大革命的某些阶段会有接近一半的地区揭竿而起，反抗压迫他们的专制。共和党人战胜了一切反对派，他们拥有如此强大的力量，是因为他们在捍卫一种新的理想，同时也在捍卫新的物质利益。我们将看到这两个因素的影响贯穿于整个大革命，并且极大地促成了帝国的建立。

第二章
立法议会的心理

一、立法议会期间的政治事件

在考察立法议会（The Legislative Assenlbly）的精神特征之前，先让我们简要地总结一下，在它短暂的执政岁月中所发生的值得回顾的政治事件。这些政治事件在立法议会的心理表现中自然起到了十分重要的作用。

立法议会同样对君主制十分留恋，国王在它看来只是有些不可信任，但它仍然希望保留国王的权力。

路易十六整日郁郁寡欢，他不断地向外国发起求助。这位胆怯的国王被软禁在杜伊勒里宫，在他的身旁，只有守护着他的瑞士侍卫，他在一片反对声中显得无依无靠。他大肆收买杂志企图扭转公共舆论，但是编辑杂志的愚昧文人们对群众的心理根本不了解。他们只能用绞刑架来恫吓大革命中的参与者，以及对外宣称一支解救国王的军队即将入侵法兰西。

王室此时将所有的希望都寄托在外国宫廷，贵族们络绎不绝地移居国外。普鲁士、奥地利和俄罗斯都在向法国发出了战争的威胁，路易十六在背地里也支持它们的行动。面对三家国王的联合反法，雅各宾俱乐部提议反击各国的联盟。于是，吉伦特党人连同雅各宾党人就成为革命运动的领袖，他们鼓动群众来武装自己，于是六百万名志愿者整装待发。宫廷接受了一位吉伦特派的大臣，在他的操纵下，路易十六被迫向议会提出建议，与奥地利作战，并很快得到同意。

在宣战时，国王是言不由衷的，王后向奥地利透露了法国的作战计划以及委员会的秘密决议。

战争之初的法国损失相当惨重，好几个纵队遭到突袭，溃不成军。在俱乐部的煽动与说服下，巴黎近郊的人们相信国王与外敌相互勾结，于是最终发动起义。他们的领导者雅各宾党人，主要是丹东在 6 月 20 日向杜伊勒里宫递交请愿书，提出废黜国王的要求，然后冲进杜伊勒里宫，百般辱骂国王。

路易十六在命运的驱使下，一步一步走向悲惨的结局，当雅各宾党人对国王的威胁引起许多地方的义愤时，人们获悉一支普鲁士军队已经到达洛林前线。

国王与王后对外国支援的希望抱有极大的幻想，玛丽·安托瓦内特对奥地利与法国人的心理持有一种相当严重的错觉。看到法国人为一些狂热者所慑服，她就认为同样可以轻而易举地恐吓巴黎人，通过威胁使他们重新对国王的权威产生敬畏。于是在她的授意下，费逊公布了布伦瑞克公爵的宣言，该宣言威胁说：“如果王室受到什么侵扰，巴黎将遭受到极大的威胁。”

但是，这项声明导致了与其料想的完全相反的结局，它更加引发人们对国王的极大愤慨，国王被视为外国入侵者的勾结者，更加声名狼藉，人民怨声载道，他注定要被拉上绞刑架。

在丹东的操纵下，一些地区的代表在巴黎市政府建立了一个起义者社团，他们逮捕了效忠于国王的国民自卫军司令，敲响了警钟，装备国民自卫队，并且同平民一道开进杜伊勒里宫。路易十六召来的卫队一哄而散，很快就没有人守护他了。国王身边仅有的瑞士侍卫以及几个绅士几乎无一幸免，只剩他孤身一人在议会中避难。群众要求应该对国王进行审判，立法议会宣布剥夺他的权力，并等待未来的议会，即国民公会来决定他的命运。

二、立法议会的精神特征

立法议会是由新人组成的，从心理学角度看，它表现了一种特殊的重要性，很少有议会能像它这样深刻地反映政治集体的特征。

立法议会由七百五十名代表组成，可以分为顽固立宪保王派、共和派、吉伦特派、保王派以及山岳派。他们中的大部分是律师和文人，此外还包括为数不多的高级官员、牧师和几位科学家。

这个议会成员的哲学思想似乎尚未成熟，许多人对卢梭回归自然状态的幻想如痴如醉。但和他们的前任一样，所有的人都热衷于对希腊和罗马遗风逸事的回忆，他们的言论中充斥着和装饰着加图、布鲁图斯、格拉古、普鲁塔克、马可·奥勒留以及柏拉图；当演说者想凌辱路易十六时，就直接叫他卡利古拉。

这些议员在希望破坏传统方面，是很具革命性的，但在主张回到遥远的过去时，他们又显得极端反动。

立法议会的心理特征也是制宪议会的特征，但前者更为突出，这些特征可以概括为：动摇、敏感、虚弱和胆怯。

这种动摇与敏感使他们的行为反复无常：前一天还在相互攻讦争吵，第二天我们就看到他们“相互拥抱，热泪盈眶”；他们为一场要求对那些请愿废黜国王的人进行惩罚的演说热烈鼓掌，然而，就在同一天，他们又将议会的荣誉授予一个要求国王下台的代表团。

在面对威胁时，议会成员的胆怯与虚弱淋漓尽致地表露出来，虽然他们带有保王色彩，但还是投票同意废除国王的权力，并顺从了巴黎公社的要求，将国王及其家室监禁在丹普尔堡。

由于同制宪议会一样，立法议会的软弱性，使它没有能力行使任何权力，只得任由民众社团和俱乐部的摆布，这些社团和俱乐部的领袖人物包括塔里安、罗西涅尔、马拉、埃贝尔、罗伯斯庇尔等人。

直到 1794 年热月为止，起义者社团一直构成国家主要权力的中心，它的举动与它曾经指控过的巴黎市政府有着惊人的相似。

当议会打算把路易十六囚禁到卢森堡宫时，正是这个社团提出要求将他关押到丹普尔堡的塔楼；也正是这个社团将大量嫌疑犯投入监狱，然后下令处死。

我们知道，最骇人听闻的是，一伙大约一百五十人的匪徒，领着每天 24 里弗的津贴，在几个社团成员的指挥下，四天之内消灭了一千两百人，这就是臭名昭著的“九月屠杀”。巴黎市市长佩蒂昂满怀敬意地迎接了这帮凶手，并且以美酒款待他们。几个吉伦特党人发出了抗议，而雅各宾党人对此则默不作声。

起初，吓破了胆的议会对大屠杀不闻不问，噤若寒蝉，“九月屠杀”还受到议会中几个较为有影响的代表尤其是库通和比约·瓦伦的纵容；

议会最后决定谴责他们，但对他们施暴的行为依然没有采取任何措施。在意识到自己的虚弱之后，立法议会在两星期后自行解散，让位给国民公会。

虽然立法议会的意图是好的，但其工作显然是灾难性的，最终导致事与愿违的结果。作为保王党人，他们抛弃了君主制；作为人道主义者，他们纵容了“九月屠杀”；作为和平主义者，他们将法国推到了一场可怕的战争中去。所有的这一切都表明，一个软弱的政府注定要毁灭自己的国家。

早期两个革命议会的历史再次向我们证明，其间接二连三发生的事件之间的因果有着不可避免的内在联系。这些因果关系构成了一连串的必然性之链，当我们选择其中的第一环，我们往往控制不住后面的环节。当我们自由地做出一个决定时，也往往预料不到它的结局。

制宪议会最初的措施是自发的、理性的，但事情发展的后果却超出了所有人的意志、理性或预见。

无论是路易十六之死、大恐怖、旺代战争、旷日持久的断头台，还是最后的无政府主义状态以及继之发生的一个军人铁腕统治之下传统与秩序的恢复，如果回到1789年，有谁敢期望或预测这样的事呢？

在革命议会早期行为之后的事态发展中，最引人注目的应该是大众政府、暴民统治的兴起与发展。

从我们已经考察过的这些事实——攻占巴士底狱、进军凡尔赛、“九月屠杀”、袭击杜伊勒里宫、残杀瑞士侍卫以及国王的垮台与入狱——的背后，我们很容易察觉到影响群众及其领袖心理的规律。

现在就让我们来了解一下群众的力量是如何逐渐加强，又是如何战胜其他所有的力量，并最终取代它们的。

第三章
国民公会的心理

一、国民公会的传奇

国民公会（The Convention）的历史不仅为心理学提供了丰富的材料，而且它还向我们揭示了这样一个真理：任何一个时代的见证者，即使是紧随其后的继承者，都几乎无法对他们所经历的事件和他们周围的人形成准确的看法。

自从大革命发生以来，已经过去一个世纪了，但人们也只是直到现在才开始对这一时期作出判断，尽管这些判断仍然存在许多疑惑和争议，但至少已经比上一代人的看法要稍微正确些了。

这不仅仅是因为不断有新的文献材料供人们加以研究，更重要的是随着时间的流逝，围绕暴政时期的种种神话般的传说已经逐渐洗尽铅华，露出庐山真面目。

在所有的神话传说当中，最为持久的应该就是关于“国民公会之伟人”这样显赫称号的大人物的传奇。

国民公会不仅要镇压国内的王党叛乱，而且还要抵抗欧洲君主的入侵。这使人产生了这样一个印象，即这场艰苦卓绝的斗争中的英雄似乎是超人或是提坦巨人式的人物。

只要对这一时期的事件仍然没有完全清晰的概念，“伟人”称号看来还是正当的。仅仅因为同时发生的缘故，军队的成就被盲目地混淆为国民公会的成就。前者的光芒掩盖了后者的阴霾，并沦为辩护恐怖时期大屠杀、国内战争的暴行以及法兰西毁灭的借口。

在现代批判敏锐而细致的洞察下，事件的种种异质性谜团开始逐渐浮出水面。共和国的军队依旧保持着它们素有的威望，但我们必须承认：国民公会的成员完全消耗于内部的派系斗争，对军队的胜利几乎没什么贡献，至多也不过只有两三个议会的委员会成员关注着军队；我们也不得不承认，军队之所以能取得胜利的原因，除了归功于它们人数的优势以及年轻将领的天才之外，还来源于一种新的信仰所激发的热情。

在后面专门讲述革命军队的一章里，我们将看到它们是如何在欧洲战场上大显身手的。自由、平等的思想成了它们战斗的动力，在这些思想的鼓舞之下，它们身赴前线，并在前线滞留了很久，但始终保持着一种完全不同于政府的精神状态。它们对政府的精神状态最初没任何了解，然而到后来却变得极为鄙视。

国民公会成员与军队的胜利没有任何联系，他们的行动只限于依照领袖的指令，仓促地制定法律，这些领袖声称法兰西可以通过断头台获得新生。

但是，正是凭借这些勇敢的军人，国民公会的历史被塑造成一部神话，使得几代人都对它产生宗教般的崇拜和敬畏，时至今日仍余音不绝。

如果我们今天仔细研究一下国民公会那些“伟人”的心理，就会发现他们的声誉将会被贬得一文不值。一般说，他们没有任何值得夸耀之处，即便是他们最热心的辩护者，比如奥拉尔也承认了这一点。

奥拉尔在他的《法国大革命史》中对此做出如下评述：

人们都认为从1789年到1799年的那一代人，完成了伟大而可怕的事业，他们是一代天才，或者说，他们就是空前绝后的一代伟人。事实上，这是人们产生的错觉，对大革命产生巨大影响的那些人，成立市政公社的市民以及雅各宾俱乐部等全国性团体的成员，似乎并不比路易十五时代或路易·菲利普时代的法国人更出色，无论是在所受的教育上，还是才智上。那些才华出众的人士至今仍然流芳万世，那是因为他们出现在巴黎的舞台的缘故，还是因为他们是各种革命议会中最雄辩的演说家呢？米拉波某种程度上可以配得上天才之称，至于其他人像丹东、罗伯斯庇尔、维尼奥是否比我们今天的演说家更具才干呢？在1793年这个被称作巨人的时代里，罗兰夫人在她的回忆录中写道："法兰西的经营仿佛都已耗尽了：他们在这场革命中的消逝确实令人惊讶，除了侏儒之外几乎看不见几个出色的人物。"

在对国民公会单个成员进行考查之后，再把他们当作一个整体来看，我们可以说无论从智力、德行还是从勇气上讲，他们都显得那么平庸无奇。没有任何一个群体表现得如此胆怯，除了在演讲中，或是危险远还没有来临之前，他们没有任何勇气可言。这个议会在谈到国王时是如此盛气凌人、不可一世，其实是有史以来最软弱、最驯良的政治集体了。我们看到它对于俱乐部和社团的指令言听计从，在天天冲击议会的民众代表面前，它瑟瑟发抖；对暴动者的命令，它是如此驯服以致可以向他们交出自己最优秀的成员。国民公会向世人展示了这样一幅可悲的场景：它在民众指令下，所投票通过的法令竟然荒谬到一等他们离开大厅就不得不废止的程度。

还有哪个议会能表现得如此虚弱呢？我们只消看看国民公会，就知道一个大众政府可能堕落到的程度。

二、雅各宾宗教胜利之后果

在赋予国民公会特殊面貌的诸种事业中，最重要的自然是一种革命宗教的牢固确立。革命教义起初尚在酝酿之中，但毕竟还是建立起来了。

这一教义由一些显得并不协调的要素糅合而成，人权、自由、平等、自然、社会契约、对暴君的憎恨以及人民主权等，这些在它的信徒看来，是不证自明的福音书。新的真理使得这样一些使徒被俘获了：他们拥有某种权力，并最终和世界上所有的信徒一样，试图通过以武力的方式强制推行这些真理；将异教徒的观点和意见置之不理，他们被消灭乃是罪有应得。

就像我们在宗教改革时期看到的那样，所有伟大的宗教都不可避免地对异教徒产生仇恨，由此我们对雅各宾宗教的不宽容就很容易理解了。

宗教改革的历史同时表明，同种信仰的两个分支之间的矛盾是异常尖锐的。所以，我们对此不必感到惊讶：在国民公会里，雅各宾党人猛烈地攻击另一派与自己的信仰几乎完全相同的共和党人。

新的使徒对布道充满热情。为了使外省的民众皈依新教，在武力的拥簇下，他们往那里派遣了虔诚的信徒。新信仰的检察官对谬误丝毫不含糊，正如罗伯斯庇尔所说："共和国绝不容忍一切反对它的事物。"如果国家拒绝获得新生又有什么关系呢，无论它愿意与否，它必须再生，卡里埃说："如果我们不能按照自己的意志改造法兰西，我们就要毁灭它。"

由新的信仰所产生的雅各宾主义政策是非常简单的，就是在一种不容忍任何反对意见的专政指导下，实现一种平均主义的社会主义。对于经济规律以及人的真实本性之类的实用性思想，统治法国的理论家根本一无所知，他们完全醉心于演讲和断头台。他们的演说幼稚至极，泰纳说："他们除了抽象的事物之外，从不提及事实，一长串的句子都是关于自然、人民、暴君、自由、理性等，如同许多被鼓得大大的气球，一升到高空就彻底破裂。我们如果不知道所有这一切在实践中都以可怕的灾难而告终的话，可能还以为他们是在做逻辑游戏、学校作业、学术证明或是思想实验呢！"

雅各宾党人的理论实际上就是一种绝对专制，在他们看来毋庸置疑的是，拥有最高主权的国家必须得到服从，与在地位和财产上大致平等的公民进行讨论是毫无必要的。

他们赋予自己的权力并不比他们之前的历代君主所行使的特权少多少，反而是有过之而无不及。商品的价格完全由他们限定，并僭称自己有权任意处置公民的生命和财产。

他们对革命信仰的再生功效有着坚信不疑的信念，以至于在对君主宣战之后又开始了对上帝的宣战。他们启用新的历法，抹去了历代圣人的名字。他们又建立了一个新的上帝，理性之神，并在巴黎圣母院的"圣处女"祭坛上举行崇拜庆典，其仪式在许多方面与基督教毫无二致。这一祭祀一直持续到罗伯斯庇尔用一种私人宗教取而代之为止，罗伯斯庇尔任命他自己为这一宗教的大主教。

作为法国唯一的主人，雅各宾党人及其信徒可以肆无忌惮地在全国抢劫，虽然他们无论在哪个地方都不是多数派。

我们不知道他们的确切人数，只知道他们的人数并不多。泰纳估计在巴黎七十万名居民中有五千位党徒；在贝桑松三十万名居民中有三百位党徒；在整个法国约有三十万位雅各宾党徒。“一种小型的强盗封建制度接管着一个臣服的法国”，用泰纳的话说，他们的人数虽然很少，却足以支配整个国家，这里有几个原因：首先，他们的信仰赋予了他们一种相当强大的力量；其次，由于他们充当着政府的代表，而多少个世纪以来，法国人又一直都温顺地臣服于这些发号施令的人；最后，由于人们无知地认为，如果他们被推翻了，将要导致的后果就是旧制度的复辟，许多国有土地的购买者对此自然是深怀恐惧。他们的暴政只有到了穷凶极恶的地步时，才会有那么多的地方起来反抗他们。

他们权力中的第一个要素至关重要，在强势信仰与弱势信仰的冲突和对抗中，胜利总是倾向于前者。由一种强势信仰所产生的坚强意志，压倒微弱的意志，是很自然的。雅各宾党人自己最终的垮台，就是因为他们的暴力激起了成千上万微弱意志的聚合，一旦当这些意志凝聚起来，就会超过雅各宾党人的坚强意志。

被雅各宾党人残酷迫害的吉伦特党人，确实也有其坚定的信仰，但在随后的斗争中，他们所受的教育要求他们克制这些信仰，并学会尊重某些传统和他人的权利，而这些犹豫在他们的对手那里丝毫不成问题。

“吉伦特党人的情感，”埃米尔·奥利维尔写道，“多半是细腻而宽宏的；而雅各宾暴徒的情感则是粗俗、低劣而残忍的。‘超人’马拉的声誉与维尼奥不可同日而语。”

起初，凭借过人的才能和雄辩口才的吉伦特党人在国民公会中占据了主导地位，但很快他们就拜倒在山岳党人手里。那帮不值一提的狂热分子，善于活动，并深知该如何煽动平民大众的激情。国民公会给人的印象是暴力，而不是理智。

三、国民公会的精神特征

除了一般议会普遍具有的特征之外，每一种议会还会因受环境与时事的影响，从而形成一些特征，它们构成了任何一个具体议会的独特面貌。制宪议会和立法议会大部分引人注目的特征，以一种集合的形式在国民公会身上再次得到体现。

国民公会大约由七百五十名代表组成，其中有超过 1/3 的人曾在制宪议会或立法议会中任职。雅各宾党人为了保证自已的党派在选举中获胜，对选民进行恐吓，结果，七百万名的选民中有六百万名的选民选择了弃权。

从职业上看，国民公会成员包括大量律师、公证人、法官、法警、退职官员以及几个文人。国民公会成员的精神状态并不是同质的，这样一个由特征迥然不同的个人所组成的议会很快就会分裂为几个小群体。于是国民公会很早就形成了三派：吉伦特派、山岳派以及平原派。原来的立宪君主派已经不复存在。

吉伦特派与山岳派是典型的两个极端，它们各自拥有大约一百名成员，它们理所当然地成为领袖人物。山岳派包括了最激进的成员：库通、埃贝尔、艾罗·德·塞舍尔、丹东、卡米尔·德穆兰、马拉、科洛·德布瓦、比约·瓦伦、巴拉斯、圣茹斯特、富歇、塔里安、卡里埃、罗伯斯庇尔等；吉伦特派则包括布里索、佩蒂昂、孔多塞、维尼奥等人。国民公会中另外的五百名议员，他们中绝大多数人形成了所谓的平原派。

平原派是一个随波逐流的群体：它没有一定的主见，胆小怕事，优柔寡断；它随时听命于自己的冲动，并且因为片刻的激情而失去控制；它对前两个派别中较为有力的一派俯首帖耳、言听计从。在追随了吉伦特派一段时间之后，它又听命于战胜了对手的山岳派的领导。我们前面已经表述过的规律之自然结果，便在这里得到了证明，按照这一规律，弱者不可避免地要服从于较强意志的支配。

伟大的操纵者对人们产生的影响在国民公会统治时期更是表现得尤为明显。国民公会通常受到暴戾而狭隘的少数人的制约，这些人强烈的信念赋予他们巨大的力量。

胆小怕事、动摇不定的多数人总要受残忍而大胆的少数人的支配，这可以解释我们在一切革命议会中所观察到的一个永恒趋势，那就是它们必然会走向极端。国民公会的历史再次验证了我们在另一章里所研究的加速度规律（the law of acceleration）。

因此，国民公会的议员们从温和一步一步地滑向暴虐，最终走向自相残杀，这似乎是注定好了的：在最初领导国民公会的一百八十名吉伦特党人中，就有一百四十个人被处死或流放；最后，最狂热的恐怖分子罗伯斯庇尔出现，他仅以一人之力，独自控制了这群吓破了胆的奴仆般温顺的代表。

当然，大多数人在这五百名代表中虽然没有自己的主见，喜欢随波逐流，但其中不乏富有才智和经验之士，国民公会中承担实际工作的技术性委员会都得从平原派中征募委员：

平原派的成员或多或少都对政治表现出漠不关心的状态，他们很不希望有人会对自己表示出特殊的关注。他们自我封闭在委员会中，几乎很少在议会中抛头露面，也就是出于这样的原因，国民公会中常常只有不足 1/3 的代表参加出席会议。

不幸的是，我们常常看到，这些能干而诚实的人在性格上显得异常软弱，他们受着恐惧的支配，对于他们暴虐的主人所提出的那些糟糕透顶的措施，通常投的是赞成票。

平原派的议员们对强制他们接受的一切措施，例如设立革命法庭、实施恐怖政策等，都投了赞成票，正是由于他们的协助，山岳派最终镇压了吉伦特派，罗伯斯庇尔清除了埃贝尔派和丹东派。和所有孱弱的人一样，平原派总是追随着强者。平原派的这些温文尔雅的慈善家，虽然国民公会由他们构成了大多数，但由于他们的胆怯，反而促成了国民公会可怕的暴行。

可怕的恐惧，是盛行于国民公会中的一个值得注意的心理现象。正是由于这种异常特殊的恐惧，使得相互猜忌，人人自危：为了保住自己的头颅，最保险的方法就是先砍掉他人的脑袋。

我们当然非常容易解释这样一种恐惧心理：不幸的议员们在民众领袖的叫嚣与喧哗中在议会议事，而且时刻都会有手持长矛、粗横无礼的家伙破门而入，所以大多数议员不敢再出席会议。他们偶尔也会参加会议，但那也仅仅是在山岳派的威胁下默默地投票，尽管这些人只占议员总人数的 1/3。

事实上，山岳党人自身也充满了深深的恐惧，只不过他们很少显露出来罢了。他们清除异己，不仅是由于他们狭隘而狂热的党派之争，大多数情况下，还在于他们确信自己的生存已然受到了威胁。革命法庭的法官们同样也在颤抖，他们其实并不想宣判丹东、卡米尔·德穆兰的遗孀以及其他许多人有罪，但他们已经身不由己了。

不过，悬于国民公会头顶的达摩克利斯之剑，还是罗伯斯庇尔成为唯一主宰所造成的阴影。领袖的一瞥使得他的同僚们瑟瑟发抖，面无血色，在他们的脸上只会看到“惊惧的苍白和绝望的呆滞”。

所有的人都惧怕罗伯斯庇尔，而罗伯斯庇尔又惧怕所有的人。正是因为他害怕人们会反对自己的阴谋，所以他砍掉了人们的头颅；也正是因为恐惧，其他人默许了他的暴行。

国民公会的议员的回忆录非常明显地显示了他们对这段黑暗时期所保留的记忆。泰纳说，巴雷尔在沉默了二十年之后，对救国委员会的真正目的和隐秘想法作了这样的回答：

我们当时只有一个感觉，那就是自我保护；只有一个愿望，那就是使自己的生命得以保全；我们处在当时的环境中，生命随时随刻都在受到威胁。当你砍掉邻人的脑袋之后，就不用害怕他会把你拉上断头台了。

国民公会的历史为我们提供了一个非常显著的例子，它告诉我们领袖对议会所施加的影响是无所不在的。

第四章
国民公会时期的法国政府

一、国民公会时期俱乐部与巴黎公社的活动

在整个国民公会存在期间，它一直为俱乐部和巴黎公社的领袖们所支配。

我们已经看到它们对前两届议会的影响，在国民公会期间它们的势力达到了无以复加的地步。从某种程度上说，国民公会的历史其实就是俱乐部和巴黎公社控制国民公会的历史，它们不但操纵议会，而且控制整个法国。众多外省的小型俱乐部在首都俱乐部的指示下监督地方官员，惩治嫌疑犯，执行一切革命命令。

当俱乐部和巴黎公社决定采取某些措施时，议会就会在它们的施压之下，被迫当场投票通过。如果议会胆敢加以抵制，它们就向议会派出武装代表，这些所谓的武装代表，实际上就是那些由平民中的渣滓充任的武装团伙。它们传达的指令总能使议员们无条件地服从。巴黎公社对它们的势力非常有自信，只要是不喜欢的议员，它们可以直接要求国民公会将其驱逐出去。

国民公会的成员一般都是受过教育的知识分子，而巴黎公社的成员则

大半由小店主、佣工以及手艺人组成，他们根本没有自己的观点，在他们的领袖丹东、卡米尔·德穆兰、罗伯斯庇尔等人的操纵下，他们总是游离于俱乐部和起义者公社这两股势力中，后者在巴黎所行使的权力更大，因为它拥有一支属于自己的革命军队。国民自卫队只接受了四十八个委员的命令，这些委员要它所做的无非是杀人、洗劫，并且抢劫是第一位。

巴黎公社在巴黎所实施的暴政异常可怕。譬如，公社任命了一个名叫夏拉朗东的皮匠对首都的部分地区进行监控，这意味着任何人都可以被视为嫌疑人而送上革命法庭，并由此送上断头台。就这样，巴黎某些街区的人口几乎就这样被他给逐一杀光了。

起初，国民公会试图与巴黎公社作微弱的斗争，但仍然无济于事。冲突的顶点是国民公会想逮捕巴黎公社的朋友埃贝尔，而巴黎公社立即派出武装代表威胁议会，并要求将提出该项动议的吉伦特党人驱逐。但是被国民公会拒绝了，巴黎公社在 1793 年 6 月 2 日按照昂里约的命令，派它的革命武装将议会包围了。议会在恐惧之下，不得不开除了二十七名议员。具有讽刺意味的是，巴黎公社随即派了一个代表团，对议会的屈服表示祝贺。

在吉伦特党人垮台之后，国民公会已经完全沦为了巴黎公社的传声筒了。巴黎公社下令招募一支革命军队，以配合革命法庭和断头台；为了惩治嫌疑犯，这道法令贯彻到全法国。

直到罗伯斯庇尔倒台以后，国民公会才力图挣脱雅各宾党人和巴黎公社的束缚：它关闭了雅各宾俱乐部，并将其首要分子处以死刑，但此时国民公会自身也即将不复存在。

尽管采取了这些措施，民众领袖仍然没有停止煽动平民对国民公会发起进攻。在共和三年芽月和牧月，国民公会再次受到围攻，武装代表团甚至成功地迫使国民公会通过法令重建巴黎公社，并召集新一届的议会，在起义者撤离后，国民公会惧于压力赶忙废除那项措施。国民公会耻于自己的恐惧和屈服，它召集了军队解除了巴黎近郊的武装，并拘押了近一万人，起义的二十六个头目被处死，与暴动有关的六名山岳派议员也被送上了断头台。

但是，国民公会的反抗是不会起到大作用的，当它摆脱了俱乐部和巴黎公社的控制之后，它又不得不对救国委员会唯命是从，对救国委员会拟定的法令无须讨论便可全票通过。

“完全可以这么说，”威廉斯写道，“国民公会将欧洲一切的君主和国王都推翻了，但它自己却沦为一小撮唯利是图者的奴隶。”

二、国民公会时期的政府：大恐怖

1792 年国民公会刚刚召开，就颁布法令废除君主制，宣布成立共和国政体，尽管当时有很多议员尚存疑虑，因为他们知道外省都属于保王派的。

它相信这样的宣言可以把法国改造成为一个文明的世界，它制定了一种新的纪元方式和历法，这种纪元的第一年，标志着一个只受理性统治之世界的黎明。在对路易十六的审判中，国民公会拉开了序幕，这一举动来自于巴黎公社的指令，但国民公会的大多数议员并不希望这样做。

事实上，在一开始，国民公会中占主导地位的是它相对温和的部分，即吉伦特派。国民公会的主席和秘书都是从这个派别中选举出来的，这时候罗伯斯庇尔的影响还非常小，他在主席选举中只获得了六票，而佩蒂昂则获得了二百三十五张选票。

山岳派最初的影响力非常微弱，它们的权力在后来经过了逐渐的增长。在它们掌权时，温和派议员在国民公会已经没有任何地位了。

山岳党人虽然是少数派，但还是找到了一个办法逼迫议会将路易十六交付审判。对国王的审判是山岳派对吉伦特派的一大胜利，也是对所有国王的谴责，它标志着新旧秩序之间的彻底决裂。

山岳派圆熟地要弄政治手腕以实现其目的：从外省发出的要求审判国王的请愿书雪花般地涌向国民公会，巴黎的起义者公社派出的一个代表团也提出了同样的要求。

按照大革命时期所有议会的一个共同特征，国民公会只能向威胁屈服，做出与自己的愿望完全相反的事情。国民公会的议员们不敢抵制这些要求，只得决定审判国王。

从个人来说，吉伦特党人是不希望国王被处死的，可是一旦集合到一起，就出于害怕而投赞成票了。为了保住自己的脑袋，甚至连路易十六的堂兄奥尔良公爵都和他们一起投了赞成票。1793 年 1 月 21 日路易十六被送上了断头台，他若是死后有灵，那么他会看到，这些由于软弱的吉伦特派议员，其大部分成员将跟在他的后面走向死亡之渊。

即使从纯粹功利的角度看，处死国王也是大革命的一大败笔，因为它导致了国内战争和欧洲的武装干涉；即使在国民公会内部，它也引起了派系的相互攻伐，并最终由此造成山岳党人的获胜和吉伦特党人的被清洗。

在山岳党人影响下通过的措施最后变得暴虐无比，以致有六十个地区都爆发了叛乱。若非由于保王党人参与其中，从而使人们对旧制度的复辟产生恐惧，这场由被放逐的国民议员们所领导的起义或许就成功了。事实上，在土伦，起义者就高呼路易十七的名字。

从此，在大部分的时间里，国内战争一直都在持续。战争进行得极其残酷，甚至殃及老人、妇女、儿童；村庄、谷物被焚毁一空。仅在旺代，估计就有大约五十万人到一百万人被杀。

国内战争接踵而至的是对外战争。在内忧外患的情势之下，雅各宾党人希望通过制定一部新的宪法来缓解这种矛盾。所有的革命议会都保持着这样一个传统，即相信法律的神奇法力。在法国，这个信念从未由于实践的失败而破灭。

大革命的一位伟大的仰慕者朗博德先生这样写道："一个坚定的信仰在支撑着国民公会的事业，它深信一旦当大革命的原则被制定为法律，它的敌人就将束手无策，抑或改变信念；正义的降临将会平息一切叛乱。"

在国民公会存在期间，它曾前后起草过两部宪法，1793 年宪法或共和元年宪法和 1795 年宪法或共和三年宪法。但前者从未付诸实施，它很快就被一种绝对专政所取代；第二部宪法则是在督政府时期制定的。

国民公会里有一大批律师和行政官员出身的议员，他们马上意识到政府的职能是不可能通过一个庞大的议会来行使的。于是，国民公会不久就被划分为一些小的委员会，它们各自独立存在，比如财政委员会、商业委员会、法委员会、农业委员会以及艺术委员会等。这些委员会提交的法案，议会通常闭着眼睛就投票通过了。

幸亏有了它们，才使得国民公会的工作不至于完全是破坏性的。它们制定了许多非常有效的议案，比如建立一些重要的大学、确立度量衡公制等。就像我们看到的那样，议会的大多数成员试图在这些委员会中寻求庇护，以躲避对他们构成性命之虞的政治冲突。

居于这些与政治没有多大关系的事务委员会之上的是救国委员会，它成立于 1793 年 4 月，有九名成员。救国委员会最初由丹东领导，同年 7 月改由罗伯斯庇尔领导，它逐步把持了所有的政府权力，包括发号施令的权力。

尽管委员会所通过的法案很明智，并构成了国民公会的不朽事业，但是全体议员在代表团之威胁下通过的那些法案则显得相当荒谬。

这些法案与公众的利益或者国民公会自身的利益都没有多大关系，其中包括 1793 年 9 月通过的最高限价法令，它打算固定日用品的价格，其结果却导致了持续的短缺；此外，还有毁坏圣丹尼的王家墓地、审判王后、大规模焚毁旺代、建立革命法庭等。

国民公会时期政府采取的主要手段是恐怖政策，它开始于 1793 年 9 月，共持续了六个月，直到罗伯斯庇尔之死为止。虽然某些雅各宾党人曾经徒劳地建议在审判时尽量温和，但这项建议的唯一结果就是提议者被处死。最终导致这一可耻阶段终结的恰恰是公众的厌倦。

派系斗争持续不断，以及趋于极端的倾向，把曾经在国民公会里叱咤风云的重要人物都吞噬了，最后，它却被罗伯斯庇尔支配了。就在国民公会把法国搞得动荡不安，饱受蹂躏之际，法国军队取得了胜利，它们攻占了莱茵河左岸、比利时和荷兰，《巴塞尔条约》认可了这些征服。

我们已经明确地指出，并且我们后面还要回到这个问题上，即必须把军队的工作与国民公会的工作完全区分开来。那个时代的人很容易理解这一点，然而今天它却常常被忽视。

当 1795 年国民公会被解散时，它已经引起了普遍的不信任。由于长期充当民众奇思怪想的牺牲品，它不但没有使法国恢复安定，反而把它推进了无政府状态的深渊。瑞典驻法国临时代办德林克曼男爵在 1799 年 7 月的一封书信中极好地概括了人们对于国民公会的一般看法：“我希望不要有哪个民族，再像法国那样，从它自由开始以来，一直被它统治的那些人统治了，他们简直就是残酷低能的无赖。”

三、国民公会的终结与督政府统治的开始

在它行将解散的时候，国民公会起草了一部新宪法，即《共和三年宪法》，以替代 1793 年宪法。立法权由元老院和众议院分享；行政权被委托给督政府，执政官由元老院根据五百人的提名任命，每年通过选举更换其中的一人。它特别规定新的议会中 2/3 的成员应当从国民公会的议员中选出，这项措施成效不大，只剩下十个部门仍然对雅各宾党人效忠。

为了避免保王派当选，国民公会决定将所有的流亡者永远驱逐出境。

这部宪法的公布并没有对公众产生预期的效果，它没能制止平民的暴动，最重要的一次是 1795 年 10 月 5 日威胁国民公会的暴动，起义领导人对议会动用了一支正规武装。面对挑衅，国民公会最后决定反击，它召集了军队，并将指挥权委托给巴拉斯。

波拿巴受命承担了这次的镇压任务，由此他开始脱颖而出。有这样一个指挥官，行动自然是迅捷有力的。圣卢克教堂附近枪林弹雨，炮声

隆隆，最后起义者被击退，几百人当场被击毙。

这次行动暴露出一种国民公会还很不习惯的果断，但它完全得归功于军事上的神速，因为就在采取军事行动的同时，议会还准备俯首帖耳地听命于起义者派出的代表。

第五章
革命暴行的实例

一、革命暴行的心理动机

我们在前文已经说过，革命理论构成了一种新的宗教信仰。

作为人道主义者，革命者常常感情用事，他们鼓吹自由和博爱，但是同许多宗教一样，我们可以看到他们在学说与实践之间的巨大反差。实际上，没有什么自由被容忍，博爱也很快被狂热的屠杀所替代。

原则与行为之背离源于一切信仰的不宽容，一种宗教或许充满了人道主义和自制精神，但它的信徒总是想通过武力强加于人，于是，暴力就产生了。

所以，大革命的暴行是一种新教义在传播过程中与生俱来的结果。宗教裁判所、法国宗教战争、圣巴托洛缪之夜大屠杀、《南特赦令》的废止、龙骑兵对新教教徒的迫害以及对詹森教派教徒的迫害等，和大恐怖都同属于一个家族，其心理根源是一样的。

路易十四其实并不是一个残酷的暴君，但是，他在信仰的驱使下，先是射杀了一大批新教教徒，又放逐了一些人，最后将几十万名新教教徒驱逐出法国。

一切信徒所采取的迫害手段不是源于他们对异教徒的恐惧，路易十四时代的新教教徒和詹森派教徒毫无危险可言。不宽容首先源于心灵上的义愤，它深信自己掌握着真理，对于那些否认这些真理，因而必定不会根据良善的信仰行事的人，怎么能保持宽容呢？当一个人拥有足够的力量剪除谬误的时候，他怎么可能会容忍谬误呢？

这种心态体现在各个时代的信徒身上，后者当然也一样，坚信自己掌握了绝对的真理，这些真理在他们看来是很明显的，并且它们的胜利必然会使人类实现再生。这样，他们对待自己的对手会比法国的教会与国王对待异教徒更宽容吗？

我们不得不承认恐怖是所有信徒都视为必然的一种手段，因为宗教法典从一开始就建立在恐怖的基础之上，为了强迫人们遵守、遵行，信徒们试图以威胁恫吓他们。

雅各宾信仰的使徒们的行为与他们的前辈如出一辙，如果再次发生类似的事件，我们将看到同样的行为会一而再，再而三地出现。如果一种新的信仰明天取得了胜利，那么它将会采用类似于宗教裁判所和大恐怖的布道方式。

但是，如果我们仅仅把雅各宾派的恐怖政策看作是一种宗教运动结果，我们就无法全面地理解它。诚如我们所看到的，一种取得了胜利的宗教信仰，聚集着许多人的利益，这些个人利益附着于这一信仰。大恐怖是由几个狂热的使徒指挥的，但是除了这少数几个热诚皈依者之外，还有一大帮只想从中牟利的人，他们欣然地追随那些领导人，因为这些领导人允诺他们可以享受掠夺的成果。

“大革命时期的暴徒，”索列尔写道，“之所以求助于恐怖政策，是因为他们希望保持自己的权力，而这是其他手段所无法做到的。他们使用恐怖政策是为了拯救自己，但在事后他们却声称自己的动机是为了挽救国家：在恐怖成为一种制度之前，它仅仅是一种统治手段；而制度只不过是使手段合法化而已。”

因此，我们完全可以同意埃米尔·奥利维尔在其关于大革命的著作中对大恐怖做出的如下结论：“大恐怖首先是一场暴动，一场合法化的抢劫，一场纠合了各种罪行的规模浩大的盗窃。”

二、革命法庭

革命法庭（The Revolutionary Tribunals）是大恐怖行动的主要机构，除了巴黎外，革命法庭还遍及整个法国。具有讽刺意味的是，它的建立者丹东最终也被送上了断头台。

泰纳指出：“当时法国一共有一百七十八个法庭，其中有四十个巡回法庭，它们可以在法国任何一个地方宣判死刑，而且往往是就地执行。在 1793 年 4 月 16 日到共和二年热月 9 日，巴黎的革命法庭共处死了两千六百二十五人；而外省的法官们在奥林奇小镇一地，有三百三十一人被送上断头台；在阿拉斯市，二百九十九名男子和九十三名妇女被处死……在里昂，革命专员们批准了 1684 宗死刑……所有这些数字加起来大约是一万七千人，其中有一千两百名妇女和一些八十多岁的老人。”

尽管法国的革命法庭仅仅宣判了二千六百二十五个死刑者，但应该注意的是，所有的嫌疑犯在 9 月就已经被草率地处决了。

巴黎革命法庭事实上只是救国委员会的一件工具，起初，革命法庭还循规蹈矩地遵循一些法律形式，但很快就被取消了；质询、答辩、证据最后统统不需要了，道德证据，也就是纯粹的猜疑就足以定罪了，法庭庭长通常只需要对被告提一个问题即可。尽管如此，为了提高工作效率，富基埃・丹维尔还提议就在法庭内设立断头台。

巴黎革命法庭把因党派之争而被捕的人一律送上断头台，并很快落入罗伯斯庇尔的掌握之中，沦为血腥暴政的工具。它的始作俑者之一丹东，在走向断头台之前，曾公正地请求上帝和人类宽恕自己帮助建立了这样一个法庭。

无论是以拉瓦锡之天才，卢茜娅・德穆兰之温厚，还是以马尔泽布之美德，在它这里没有任何怜悯可言，在劫难逃。“这些天才，”邦雅曼・贡斯当说，“就这样被一帮最胆怯、最野蛮的人给杀害了。”

如果要为革命法庭找出理由，我们就需要回到雅各宾党人的宗教心理上，这项工作在精神上，抑或是在目标上，都可以与宗教裁判相提并论。那些为之供奉牺牲的人坚信不疑地认为自己是人类的救星，因为他们是在镇压异教徒，那些新信仰的敌人，而这些信仰将使地球获得新生。

在大恐怖时期，受到惩罚的不只是特权阶级。有大约四千名农民和三千名工人也成了刀下亡魂：

今天我们在目睹执行一桩死刑时，往往会产生恻隐之情。有人由此设想，一次对那么多人处以死刑，将使人们产生一种怎样的强烈情感呢？但是，实际上人们的思想是如此迟钝，以致最后都习以为常，不以为然了。那时候，母亲们经常带着她们的孩子去看刽子手行刑，就像今天她们带孩子去看木偶戏一样。

日常的杀人场景使得人们对于死亡无动于衷。吉伦特党人在登上断头台时都异常平静，他们高唱着《马赛曲》，仿佛自己是在攀登楼梯。

这种逆来顺受的态度源于习惯的法则，它可以使人的情感迅速钝化。面对保王党人起义，人们已经对断头台不感到畏惧了。大恐怖在进行，却不再使人感到恐惧；只有在它尚未实施时，恐怖才是一种有效的心理策略，真正的恐怖与其说来自它的实现，毋宁说来自它的威慑。

三、大恐怖时期的外省

外省革命法庭的死刑只能反映屠杀事件之一部分。革命军队在法国境内烧杀劫掠，肆意横行。泰纳如下指出：

在贝多因，一个只有两千居民的小镇，有人砍倒了那里的自由树，于是，四百三十三座住宅被毁坏或焚烧，十六个人被推上断头台，四十七个人被射杀；其他人则被驱逐，他们的生活，就像沦落到山林里的流浪汉，并且只得在地上挖出洞穴来遮风避雨。

被送到革命法庭的那些人，命运也好不到哪儿去，对革命审判的谴责很快被压制。在南特，卡里埃根据他的猜疑，将近五百万人包括男子、妇女和儿童淹死或射杀。

这些屠杀的细节在热月反动之后的《政府通报》（Moni-teilLr）上记录了下来，我这里征引几则：

托马斯说："在攻占努瓦木提埃后，我看到有许多男人、妇女和老人被活活地烧死……妇女，一个十四五岁的幼女遭强暴后被残杀；刺刀上挑着稚弱的婴儿；他们把幼儿从母亲身边拉开，并当场绞死。”

同一期《政府通报》上，我们还可以读到一个名叫朱利安的人提供的证词，他说卡里埃强迫受害者自掘坟墓，然后把他们活埋。1794 年 10 月 15 日的《政府通报》上，刊载了蒂翁维尔的梅兰的报告，证实“勒德斯尼号”舰长接到指令，将四十一名受害者沉溺到海里，“在他们当中，有一个七十八岁的盲翁，十二名妇女，十二个女孩和十五名儿童，这些儿童有十个人在十岁到六岁之间，其余五个还在吃奶”。

在对卡里埃的审判中（见《政府通报》，1794 年 12 月 30 日），他还被证实曾“下令溺死、射杀妇女和儿童，并且命令哈克索将军将旺代所有的居民都杀死，将他们的住所也付之一炬”。

卡里埃从目睹受害者的痛苦中获得了极大的乐趣。“在革命法庭捕杀牧师的过程中，”他说，“每当看到他们垂死之前的痛苦表情，我就会开怀大笑，生平快事，无甚于此。”（见《政府通报》，1794 年 12 月 22 日）

为了配合热月反动，卡里埃成了被审判的对象，但是，在其他许多城镇，都发生了类似于南特屠杀的事件，富歇在里昂杀害了两千多人；在土伦遇害的人数量是相当惊人的，以至于几个月里该地人口从两万九千人锐减为七千人。

公正地讲，这帮邪恶的家伙，可以为自己辩护的是他们得到救国委员会的不断鼓励，卡里埃在对他的审判中给出了这一证据：

“我承认，”他说（见《政府通报》，1794 年 12 月 24 日），“每天有一百五十名或两百名囚犯被枪毙，但那都是委员会发给我的指令，我只不过充当一个执行者。我告诉国民公会，数以百计的匪徒已经被击毙，他们对这一数字很是赞赏，并命令把它载入公告。为什么当初这样做的代表们现在却对我如此愤慨激昂呢？他们当时会拍手叫好，并继续让我执行任务这是为什么？难道因为那时我是国家的救世主，而现在却成了一个嗜血的人？”

不幸的是，卡里埃不知道就在他做出这样的论述时，国民公会还掌握在七八个人手里，所以他们无法反驳卡里埃的辩白。卡里埃被送上断头台当然是罪有应得，但整个国民公会成员也逃避不了任何干系，他们应该一起被处死，因为屠杀的命令经过了他们的批准。

后来救国委员会的一些信件证实了卡里埃的辩白，信件中的内容始终督促那些“执行任务”的代表采取行动，这就表明大恐怖时期的暴行并不是由少数几个人自发地冲动而为，而是源于一种机制。

大恐怖时期的这种破坏欲望并不只是对人的毁灭，对无生命事物的破坏更为严重。真正的信徒总是喜欢打破偶像，他们一旦掌握了真正的权力，他们在消灭一切能够让人回忆起旧信仰的偶像、庙宇以及象征方面，所表现出的热情就像是在消灭自己信仰上的敌人。

我们知道提奥多西皇帝在改信基督教以后，首先将屹立在尼罗河畔的 6000 多座庙宇摧毁。因此，当我们看到领导人攻击纪念碑和艺术作品的那个时代之遗迹时，千万不要感到奇怪。

塑像、手稿、镶嵌着彩色玻璃的窗户以及金银餐具统统被砸烂，当富歇作为国民公会的代表被派到涅夫勒时，他下令摧毁一切城堡的塔楼和教堂的钟楼，“因为它们同样是有害的”。

对艺术品的革命破坏行为甚至殃及坟墓，在巴雷尔向国民公会宣读了一份报告之后，位于圣丹尼的宏伟壮观的皇家墓室被砸成碎片，棺材也被撬开；蒂雷纳的尸体在被一个看守拔出牙齿当古董卖掉以后，被送到了博物馆；亨利四世的上髭下须也被一拔而光。

这些看来还是比较有文化修养的人，竟然会同意毁坏那些艺术珍品时，怎么能不痛心疾首呢？因此，我们应当铭记：强烈的信仰导致的后果必然是最恶劣的暴行，国民公会也不例外。面对暴徒的冲击，这些议员不得不屈从于大众的意志。

一方面，这一记录所显示的是狂热盲信的力量；而另一方面，它还在告诉我们：人们一旦摆脱了一切社会的约束，那将会变成什么样子，当他们手里掌握了权力的时候，又将会有什么样的后果。

第六章
大革命时期的军队

一、革命议会与军队

如果我们对议会，尤其是国民公会的情况一无所知，不了解它的内部纠纷、它的弱点、它的暴行，那么对它的回忆必然是很模糊的。

但是，即使在敌人的心目中，也仍然保持着一项毋庸置疑的光荣，那就是它在军事上的成功。就在国民公会解散的时候，法国的版图已经拓展到了比利时，并且一直延伸到莱茵河左岸。

若把国民公会看作是一个整体，说它推动了法国军队的胜利并不为过，但是，如果我们分析这个整体的目的，是为了进一步研究它们各自的因素，那么它们之间的分离与独立立刻就会显示出来。我们会看到，国民公会在这时候对军事行动的贡献是相当微弱的。前线的军队与巴黎的革命议会俨然属于两个不同的世界，二者之间几乎不存在相互的影响；它们看问题的视角亦截然不同。

国民公会是一个软弱的政府，它在大众的要挟下，自己毫无主见；它的确是无政府状态的一个深刻典型。它控制不了任何东西，相反倒在不断地受人支配，所以，它又怎么可能指挥得了军队呢？

议会完全消耗在内部的争吵上，军事问题无暇顾及，而交由一个特别委员会，这个委员会几乎由卡尔诺一人指挥，而卡尔诺的真正作用就是为军队提供后勤和弹药。卡尔诺的功绩在于他除了要将七十五万两千名军人置于法国的控制之下之外，还要督促军队的将领们采取进攻，并保持严格的纪律。

国民公会在国家防务上唯一的贡献就是颁布了普遍征兵的法令，不过，面对大批强敌压境，任何政府都会采取这样的措施。曾有过一段极短的时间，国民公会曾经派代表下令处决某些将领，但这一做法很快就被取消了。

议会在军事活动上无足轻重，这是千真万确的。凭借人数、热情以及年轻将领所采取的灵活战术，军队才取得了这些胜利。它们南征北战，东突西进，完全独立于国民公会。

二、反对大革命的欧洲战争

在列举那些促成了革命军队获得成功的各种心理因素之前，我们简要地回顾一下欧洲战争的起源与进展。

在法国最初爆发大革命的时候，外国的君主们正幸灾乐祸，他们长期以来一直把法国的国王视为一个有力的竞争对手。普鲁士的国王相信法国将由此受到严重削弱，自己可以从中渔利，所以，他建议奥地利的皇帝以割让佛兰德斯和阿尔萨斯为条件帮助路易十六，这两个君主在

1792 年 2 月签订条约建立了反法联盟。在吉伦特党人的影响下，法国先发制人对奥宣战。起初，法国军队受到了几次挫折，反法联军突进到香槟省，并且离巴黎只有一百三十里之距。杜穆里埃在瓦尔米取得胜利后，奥普联军被迫撤离法国。

尽管在这次战斗中，只战死了三百名法国士兵和两百名普鲁士士兵，但它产生的意义却极为重大，号称无敌之师的普鲁士军队英勇不及年轻的革命军队，被迫撤退；而法国军队则四面出击，几周之内，瓦尔米的士兵就将奥地利人逐出了比利时，在那里他们被当作解放者受到了热烈的欢迎。

但正是在国民公会的统治时期战争才显得如此重要，1793 年年初，议会宣布比利时并入法国，由此产生了与英国之间的矛盾，这一矛盾一直持续了二十年。

1793 年 4 月，英国、普鲁士和奥地利的代表在比利时的安特卫普集会，他们决定将法国肢解，普鲁士人打算吞并阿尔萨斯和洛林；奥地利人想得到佛兰德尔和阿图瓦；而英国则觊觎敦刻尔克。奥地利的大使主张通过恐怖粉碎大革命，“从肉体上消灭整个统治这个国家的派别”，面对这样的处境，法国必然是要么打垮敌人，要么坐以待毙。

在 1793 年到 1797 年第一次反法联盟期间，法国不得不在从比利牛斯山到北部的所有边境拉开战线。

在战争初期，法国先前的战果不仅丧失，而且受到几次重创：西班牙人占领了佩皮尼昂和巴约纳；土伦被英国人占领；奥地利人占领了瓦朗谢讷。这时候，1793 年年末，国民公会命令对所有年龄在十八岁到四十岁的法国人，实行普遍征兵制，并且大约七十五万人被成功送到前线。旧的王室军队各兵团合并到志愿者与新兵的队伍中。

于是，反法联军又一次被击退了，在茹尔丹取得瓦提尼大捷后，莫伯日的围困被解救；奥什收复了洛林；法国采取攻势，再次占领比利时和莱茵河西岸；茹尔丹在弗勒留斯击败了奥地利人，将他们赶回莱茵河，并占领了科隆和科布伦茨；荷兰也受到侵犯。反法联盟的君主们被迫求和，不得不面对法国的军事战果。

法国的胜利得益于这样一个事实，那就是它的敌人从未全心全意地投入这场战争，它们那时正忙于瓜分波兰，从 1793 年开始直到 1795 年才如愿以偿，每一方对此都心无旁骛以期待得到更多的领土。这一想法已经导致普鲁士国王在 1792 年瓦尔米战役后就撤军了。

另外，反法联盟各国的迟疑和相互猜忌，对法国人来说也是极为有利的，蒂埃博将军说，奥地利人如果在 1793 年夏就坚持向巴黎长驱直入，那么，“我们注定是要失败的，但他们却贻误了战机，结果拯救了我们，为我们赢得了时间”。

《巴塞尔条约》签订以后，法国在欧洲大陆除了奥地利之外已经没有什么对手了。在督政府时期，法国在意大利向奥地利人发起了进攻，波拿巴负责这次战役，经过 1796 年 4 月到 1797 年 4 月一年的战斗，法国再次得到胜利，最后一个敌人也被迫求和。

三、决定革命军队胜利的心理因素与军事因素

革命军队之所以节节胜利，是因为它们拥有巨大的热情、忍耐与克

制，它们对革命的原则坚定不移，它们相信自己是一种新宗教的传播者，这种宗教将使世界获得新生。

我们回想一下阿拉伯的游牧部落，它们受到穆罕默德理想的热情鼓舞，变成了一支战无不胜的可怕军队，迅速征服了古代罗马世界的大部分地区。共和国战士那种英勇无畏、坚韧不拔的精神，就来源于类似的信仰。他们始终保持着这种精神，而且从未动摇过。当国民公会让位于督政府的时候，全国已经解放了，他们开始把战争推进到敌国境内，在这一时期，只有士兵是真正的共和主义者。

信仰是会传染的，法国大革命被视为一个新时代的开端，所以几个受到君主专制压迫的国家都把入侵者当成了解放者，对他们崇拜不已。萨瓦的居民跑出来迎接法国军队；在美因茨，人们带着极大的热情种植自由树，以此欢迎他们，并效仿巴黎成立了一个国民议会。

所以，只要军队所面对的民族仍然处在封建君主专制的重轭之下，那么它们是很容易就取得胜利的，但是，如果与它们发生冲突的民族拥有和它们同样强烈的理想，它们将会遇到重重阻碍。

自由和平等的新理想对于那些没有明确信仰、并苦于它们的主人专制压迫的民族充满了诱惑，但是对于那些有着自己根深蒂固之理想的民族，它自然无计可施。也正因为这样，共和国的军队与布里多尼人和旺代人抗争了若干年。

1793 年 3 月，旺代与布列塔尼的起义已经蔓延到十个地区，旺代人在普瓦图，舒安分子在布列塔尼共投入了八万人作战。

两种对立的理想之间的冲突总是无情的，在旺代的战争立即变得极为残酷野蛮，其惨烈只有在宗教战争中才能见到。这场战争持续到 1795 年，奥什将军使国家获得了最后的“安定”，这种“和解”的实现仅仅是其捍卫者在肉体上被消灭的结果。

“两年的国内战争以后，”莫雷纳写道，“旺代地区无异于一片废墟，大约有九十万人在兵燹中死于非命，幸免于难的少数人也躲不过冻馁之灾，因为田地被毁坏，篱笆和墙舍被推倒，房子也被付之一炬。”

使他们能够无往不胜的除了他们的信仰之外，大革命的士兵还得益于那些杰出将领的指挥，这些将领往往热情饱满，身先士卒。

军队大部分先前的将领，因为贵族出身都被撤换了，于是不得不组织一个全新的军官集体，因此一些军事天才便得以大显身手，脱颖而出，在短短几个月的时间内就被提拔，越过所有军衔。比如奥什，1789 年还是一个下士，可是他到二十五岁时就成了一个师的将军，并成为一支部队的司令。这些军事领袖所具有的积极进取精神，是他们的敌手所不习惯的。他们完全靠军功升迁，在战斗中果断勇敢、灵活机变，可以迅捷地制定出能够适应新的形势需要的战术、战略。

军队中的士兵虽然缺乏与职业军队作战的经验，但他们的训练和操练方法与七年战争以来普遍使用的方法完全不同，面对这种复杂的战略，老式的方法根本应付不了。

他们在进攻时采取大批军队同时行动的方式，由于配置的人数很多，相当数量的缺口可以通过这种野蛮但不失有效的方式得以迅速补充。

人数众多的军队可以用刺刀袭击敌人，并且迅速地击溃那些作战保守的传统军队。那个时代烽火传递信息的速度很慢，所以法国人的策略比较容易有效，但是，它的成功所付出的代价是士兵的大批伤亡，据统计，从 1792 年到 1800 年，法国军队在战场上损失了超过 1/3 的有生力量（两百万人中的七十万人）。

从心理学的角度出发，我们可以从这些事实中继续推演出一些结论。

对巴黎的革命群众和军队中的革命群众进行的一项对比研究，展示了两幅截然不同却易于理解的画面。

我们已经指出，群众根本没有能力驾驭和运用理性，他们仅仅受自己的感情冲动支配，但是，我们看到，他们对英雄主义也乐于接受，甚至经常产生高度的利他主义，所以很容易发现很多人准备献身于一种信仰。

他们的心理特征复杂多变，根据环境的不同可以产生相去甚远，甚至是截然对立的行为。国民公会和军队的历史就证明了这一点，它向我们展示了由相似要素所构成的群众，在巴黎和前线的行为方式是如此不同，以致几乎无法让人相信我们所谈论的是同一个民族。

在巴黎，群众是暴虐的、混乱的、凶残的，他们反复无常，一切政府管理由此陷于瘫痪。

而在军队的景象却完全不一样，同样是一群不寻常的人：他们恪守勤劳农民所具有的那种本分与克制，严格遵守纪律；他们在富有感染力的热情的激励下，帮助穷人，视死如归；他们的应变能力令人难以置信，并打垮了欧洲最为可怕的军队。

纪律可以改造人，一旦摆脱了它的约束，任何民族和军队都可能蜕化为野蛮的游牧部落，这一真理在日常生活中却经常被遗忘，我们日渐忽视了人类集体逻辑的基本规律，总是喜欢追随大众的意志，而不是学会如何引导它；群众必须被指引上路，他们不适合自己选择。

第七章 大革命领袖的心理

一、大革命时代人的精神状况：暴力与虚弱的影响

人们往往依据自己的智力作出判断，而其行动却受自己性格的支配。为了充分地理解一个人，必须把这两个因素区分开来考虑。

在重大的变革时期，最重要的因素，通常是性格。

我们在好几章里都曾描述过盛行于动乱时代的各种精神状态，所以我们不必马上就回到这个问题上来。这些精神状态属于一般的类型，此外它们还要受到每一个人的遗传性和获得性精神状态的修正。

我们已经看到，神秘主义因素对雅各宾党人的心理起到了相当重要的作用，并且在新信仰的皈依者那里导致了残忍的狂热。

同时，我们也看到，并非所有的国民公会成员都是狂热的盲信者，发展到后来，只有少数人是盲信者，因为，即使在革命议会最为暴虐的时候，绝大多数议员也都是温顺软弱的中间派。在热月政变之前，议员们因为害怕而投票赞成暴力，热月之后他们又附和温和派。

在革命时代，这些适中性格的人在人数上占大多数，然而他们对最极端的冲动屈服。事实上，他们和那些暴力性格的人同样危险，后者的

力量因为前者的软弱而更加嚣张。

在所有的革命中，尤其是在法国大革命中我们已经看到，一小部分心胸狭隘，但意志坚定的人，总是支配着绝大多数通常富有才能，但缺乏性格的人。

除了狂热的使徒和性格软弱者之外，一场革命不可避免地会产生一些只考虑如何牟取一己私利的人。在法国大革命时期，有很多这样的人，他们的唯一目标就是利用环境从中渔利，比如巴拉斯、塔里安、富歇、巴雷尔等，迎合强者，欺压弱者成为他们唯一的政治信条。

从大革命一开始，这些“暴发户”就为数不少，卡米尔·德穆兰在1792年写道：“我们的革命扎根于每一个人的利己主义和自爱，它们集合起来就构成了普遍利益。”

如果我们在另一章里加入观察到的这些细节，即关于政治巨变时代人们所体现出的各种精神状态的那一章中，我们将得出关于大革命时代人们性格的一个一般性观念。现在我们就把这些已经得到详细说明的原则运用到革命时期最为显赫的那些人身上。

二、委员会委员或特派员的心理

在巴黎，国民公会议员的行动总是受到外部力量的支配、限制或鼓动。

为了对他们做出恰当的评价，我们应该在他们行动自由、不受外部控制的时候观察他们，当国民公会派遣特派员到各个部门或地方“执行公务”的时候，就是这种情形。

这些特派员的权力没有任何限制，文职官员和地方官员必须绝对服从他们。

一个“执行公务”的特派员可以视其需要，对个人财产实行“征用”、扣押或充公；如果他认为合适，可以任意抽税，可以把任何一个人监禁、放逐或斩首，在他的辖区内他就是一个“帕夏”。

他们把自己视为“帕夏”，在地方吃喝玩乐：“乘坐着六匹马的马车，前后卫兵环绕；坐在铺了三十张罩子的华贵餐桌旁，一边用餐，一边听音乐，周围簇拥着一群演员、交际花和阿谀奉承者……”在里昂，“科洛·德布瓦的庄严威仪活脱脱一个土耳其显贵。不经过三番五次的请求，没有人能见到他一面；在进入他的接待室之前得先通过好几个房间，并且必须和他保持至少十五步的距离”。

我们能够想象这些擅权者堂而皇之地出现在市镇时所表现的傲慢和神气，在前簇后拥的卫队面前，稍有不轨举动就要脑袋搬家。

此前，他们都是些找不到顾客的律师、没有病人来就诊的医生、被革去圣职的牧师、落魄的代理律师，生活窘迫而乏味；忽然之间可以和历史上最有权势的暴君平起平坐。他们毫无怜悯地斩首、溺亡、射杀，于是，他们由先前卑微的地位青云直上到最显赫的当权者。

无论是尼禄还是赫利奥加巴勒的暴政都没有超过国民公会的特派员，前者在某种程度上还需要受到法律和习俗的限制，而这些特派员根本毫无任何限制和阻碍。

泰纳写道：“富歇拿着望远镜从他的窗户里观看对里昂两百一十名居民的屠杀；科洛、拉波尔特和富歇在执行死刑（对犯人排射连发）的日子里大宴宾客，每一次发射，都要发出欢乐的叫喊和欢呼，舞动他们的帽子。”

在那些“执行公务”的特派员中，我们可以以前牧师勒蓬为例，来观察一下他嗜血好杀的精神状态，这家伙凭借无上的权威蹂躏了阿拉斯和坎布雷。他以及卡里埃的例子有助于显示一旦人类摆脱了法律和传统的约束，会堕落成什么样子。这个凶残的议员所表现的残忍，因虐待狂而加重，他在自家的窗户下架起断头台，这样他、他的妻子以及助手就可以从屠杀中获得即时的乐趣！在断头台的底下，设立了一个小酒馆，无套裤汉们可以进来喝酒，为了娱乐他们，刽子手们在人行道上把被斩首者的裸尸摆成各种荒谬的姿势。

阅读1795年在亚眠印刷的对他进行审判的两本卷宗，就宛如是一场梦魇。在二十次的开庭过程中，阿拉斯和坎布雷大屠杀的幸存者每次都经过亚眠古老的市政大厅，那里，前国民公会的议员在接受审判。我们已经听不到那些哀恸的亡灵在述说着什么，整条街的人被处死；九十多岁的老人和十六岁的女孩就因为谴责了一次审判而被杀害；一边是被殴打致死，遭受凌辱，一边是张灯结彩，眉飞色舞；伴着音乐执行死刑；童子军被征募来守卫断头台；这样一个精神变态的总督道德败坏，玩世不恭；萨德的传奇故事竟然变成了英雄的史诗。当我们看到这一幕幕骇人听闻的事件被揭露时，仿佛整个国家在经历了长期的恐怖统治之后，在最终吐净它的暴戾，向那些怯懦的人复仇，可是它覆灭的都是些不幸的人，他们成了一个令人憎恶的已经消失的制度的代罪羔羊。

唯一可以为这个前牧师辩护的就是他只是在负责执行命令，他受到指控的那些事实早就众所周知，但国民公会从未因此而谴责过他。

我已经指出，这些“公务在身”的特派员一下子就拥有了一种超过以前最有权势之暴君的权力，自然会嚣张至极，但这还不足以解释他们何以如此凶残。

这源于其他的因素。作为一种严格宗教信仰的使徒，国民公会的特派员就像宗教法庭的检察官，绝不会怜悯为他们牺牲的人。而且，一旦摆脱了所有传统和法律的束缚，最残忍的本能就失去了羁绊，留在他们身上的就只有原始的兽性了。

文明抑制了这些本能，但它们从根本上没有断绝。猎人的搏杀欲望就是一个永久的证据，居尼塞一卡尔诺在下面的这段文字里向我们展示，这种遗传性倾向在最没有危险的游戏中是如何表现其力量的，它唤醒了每一个猎人身上残留的野性：

可以说，为杀戮而杀戮的乐趣是非常普遍的，它是狩猎本能的根基，因为我们不得不承认，在现代文明国家中，狩猎本身就已经显得无足轻重。事实上，我们继续从事的这种活动，在我们未开化的祖先那里是生存所强加的：他们如果不去捕获猎物，那么就得饿死，而今天它已经没有继续存在的合法理由了。但是，它还继续存在着，对此我们无能为力，或许我们永远也挣脱不了这一加在我们身上如此之久的枷锁：我们无法消除自己在看到动物流血时产生的那种强烈的、经常是充满激情的快感；当我们为一种追祷的欲望所控制时，我们的怜悯之心就全部丧失了：最优雅、最机灵的造物，歌唱的小鸟，春天里的宁馨儿，栽倒在我们的枪口下，或者卡死在我们的陷阱中；我们看到它们受惊吓、流血，在可怕的痛楚中扑腾，用它们可怜的断爪寻求逃生之路或者拼命地抖动根本无法支撑它们的翅膀，这一切本都是你我的罪过，可是我们却从中发现了乐趣，丝毫没有同情的战栗……唯一的借口是这种返祖现象是如此强烈而冲动，即使我们当中最优秀的人也无法抗拒。

在正常的年代里，这种异常的返祖现象是受到法律的限制的，它只能在动物身上得以发泄，但是，当法律规范已经不复存在的时候，它立即就向人身上转移，这就是为什么会有如此多的恐怖分子可以从杀戮中获得强烈的乐趣的原因了。卡里埃说他在看到那些受害者承受痛苦的面部表情时会感到无比的快乐，就是一个典型。在许多文明人中，残忍是一种受到限制的本能，但它绝没有根除。

三、丹东与罗伯斯庇尔

丹东和罗伯斯庇尔是大革命中的两个中心人物，对于前者我不打算对他描写过多：他的心理状态并不复杂，而且我们是很熟悉的。起初他是俱乐部里的雄辩家，冲动而激烈，似乎总是热衷于煽动人民，但他的残酷仅仅体现在言辞中，他甚至常常为这些言辞所导致的结果感到后悔。从一开始，丹东就在上流社会中光彩照人，而他未来的对手罗伯斯庇尔，相比之下要暗淡得多。

丹东曾经一度是大革命的灵魂，但他缺乏韧性和行为的坚定，并且他生活窘困，而罗伯斯庇尔则不是。罗伯斯庇尔持续不断的狂热最终击败了丹东间歇性的努力，然而令人惊讶的是，罗伯斯庇尔这样一个强大的民众领袖最后竟然被他软弱而平庸的对手送上了断头台。

罗伯斯庇尔作为大革命中最有影响的人物，他已经被人反复加以研究，但研究的成果并不多。要想弄清楚到底是什么样的一种巨大力量赋予了他生杀予夺的大权是很不容易的，无论对大革命的敌人，还是对那些根本不可能敌视现存政府的同僚，都是这样。

我们当然不应满足于这样的解释：泰纳评价罗伯斯庇尔是一个沉溺于抽象观念的“冬烘先生”；米什莱认为他的成功得益于他的原则；他同时代的人威廉斯说：“他统治的一大秘密武器是通过诽谤或栽赃陷害而将对手搞得臭名昭著，以此作为实现自己野心的垫脚石。”

有人认为罗伯斯庇尔雄辩的口才是他成功的原因，这是不得要领的：他总是把眼睛掩藏在风镜背后，痛苦地宣读他的演说，通常是一堆艰奥晦涩的抽象文字。国民公会里才华出众的雄辩家有太多了，比如丹东和吉伦特党人，可是最后，他们都被罗伯斯庇尔给击败了。

这样的主流观点我们确实无法接受，即最后获得胜利的总是独裁者，罗伯斯庇尔在国民公会里没有一点影响力，就逐渐地成了议会和雅各宾党人的主人。比约·瓦伦说：“当他进入救国委员会的时候，他就已经是法国最重要的人物了。”

“他的历史叫人不可思议，”米什莱写道，“远比波拿巴的历史更了不起，他的崛起不露痕迹，看不到手腕，看不到势力的增长。这是一个正直的人，操行一丝不苟而尽忠职守，天赋中等，却能在一夜之间崛起，我不知道这是什么样的大变革，就是在《天方夜谭》里也见不到这样的事。他随即拥有了比君主还要高的权威，并猛烈地抨击教权，真是一段惊人的历史！”

当然，他也得益于他所处的环境，人们把他当作主人来寻求安慰，所有的人都需要有一个偶像，但是，当时他已经声名鹊起，而且我们力图寻找的是他迅速崛起的原因。我愿意相信在罗伯斯庇尔身上存在着一种特殊的个人魅力，只不过逃过了我们的眼睛，这一点可以从他与妇女的良好关系中得到验证。那些日子里，“他的演讲可以让妇女哭泣……七八百人坐在看台上发出轰鸣般的掌声。在雅各宾俱乐部，他的讲话引来女人们动情的呜咽和叫喊，男人们的跺脚声则似乎要震翻大厅”。一个每年拥有 1.6 万英镑收入的年轻寡妇夏拉布尔夫人，给他写了封炽热洋溢的情书，并急切地盼望嫁给他。

我们不可能在他的性格中寻找他受到人们普遍欢迎的原因：他是一个性情急躁的抑郁症患者，他资质平平，抓不住现实，总是沉醉于幻想之中，狡猾而造作；他的突出特征是极端的自负，而且这种自负日胜一日，并在他末日来临时达到顶点。作为一个新宗教的大主教，他相信自己是被上帝派到人间来建立美德之统治的，他甚至声称自己就是永恒之主应允派来改造尘世的弥赛亚。

为了文字上的虚荣，他殚精竭虑地修饰自己的演讲稿。他对诸如卡米尔·德穆兰这样的雄辩家或文学之士，怀有深深的妒忌，这也正是导致他们死亡的原因之一。

“暴君怒火发泄的特殊对象是那些饱学之士，”我们上面征引过的那位作者写道，“对于他们，一种对同僚的嫉妒混杂着被压抑者的愤怒，因为他在迫害他们时所表现的憎恨与其说源于他们对其专制的反抗，毋宁说源于他们使之黯然失色的天才。”

独裁者对他的同僚极为蔑视，他也直认不讳：他在盥洗的时候接见巴拉斯，修完胡须后对着他的同僚漱口，仿佛他根本就不存在似的，在回答他的问题时更是傲慢至极。他对待资产阶级和议员们几乎是同样的鄙视，只有群众才能在他的眼里发现善意。“当至高无上的人民在行使他的权力时，”他说，“我们在他面前只有低头，他所做的一切都是美德和真理，不存在任何过激、错误和罪恶。”

罗伯斯庇尔患有一种被迫害妄想症，他砍掉别人的头颅不仅仅是因为他肩负着信徒的使命，还因为他相信自己处在敌人和阴谋者的包围之中。索列尔写道："尽管他所顾虑的那些同僚是如此懦弱、胆怯，但他对他们的恐惧还是与日俱增。"

罗伯斯庇尔在长达五个月的时间里所实行的绝对专制，是某种领袖权力的一个令人惊讶的例子：我们可以理解，一个暴君，在得到军队的支持下，可以轻而易举地摧毁任何一个他想剪除的人，但是，仅凭一人之力竟然成功地将一大批与他平起平坐的人送上断头台，这实在是一件不可思议的事情。

罗伯斯庇尔的权力是如此专横，以至于他可以把最显赫的国民公会议员送上革命法庭，因而也就等于送上断头台。曾经煊赫一时的吉伦特党人在他面前是如此不堪一击，他甚至对可怕的巴黎公社发起了进攻，处死了它的领袖，并代之以一个听命于他的新公社。

为了加快除掉他所不喜欢的那些人，他诱使国民公会颁布了《牧月法令》，该法令允许处死仅仅有嫌疑的人，正是借助这一法令罗伯斯庇尔四十九天内在巴黎处死了一千三百七十三人。他的同僚，成了疯狂恐怖的牺牲品，再也不敢睡在自己的家里；每次开会不到一百名代表出席；大卫说："我相信我们山岳党人将不会剩下二十个成员。"

让罗伯斯庇尔丢掉性命的正是他过分地相信了自己的权力和国民公会的懦弱。他打算让它们投票通过一项措施，该措施将允许不经过议会授权，而秩序救国委员会的命令就足以把国民公会的代表送上革命法庭，也就意味着送上断头台。几名山岳党人和平原派的一些成员合谋起来推翻他。因为他自己知道已经被列入死刑黑名单，因而也就不必害怕失去什么的塔里安，在国民公会会议上大声地控诉罗伯斯庇尔的暴政。罗伯斯庇尔希望通过宣读在手里放了很久的一份演讲稿来为自己辩护，但是他很快就意识到这是无济于事的：以逻辑的名义摧毁对手是可行的；以逻辑的手段来领导议会却是痴心妄想。合谋者的叫喊淹没了他的声音；由于精神传染的作用，在场的许多议员都跟着重复“打倒暴君！”的口号，这就足以导致罗伯斯庇尔的垮台。议会当机立断，逮捕了罗伯斯庇尔等人，并宣判了对他的指控。

巴黎公社打算营救他，但议会宣布被捕者“不受法律保护”，在这一充满魔力的口号之作用下，罗伯斯庇尔彻底倒台。

“在这一时期，被宣判不受法律保护，”威廉斯写道，“对一个法国人所产生的效应无异于被宣判患上瘟疫；宣判不受法律保护就等于对民事权的褫夺，这就好比说人们相信自己会因患者所呼吸过的空气而受到感染一样。这对那些曾经把大炮对准过议会的炮手同样有效，无须进一步的命令，只消听到公社已经‘不受法律保护’，他们立即就掉转炮口。”

罗伯斯庇尔和他的所有同伙在热月10日到21日全部被送上断头台；次日，新的一批七十名雅各宾党人紧随他们的脚步；再后一天，又有十三个人被处决。于是，持续了十个月之久的大恐怖终于结束了。

雅各宾大厦在热月的垮台是大革命期间最令人匪夷所思的心理事件之一，那些促成了罗伯斯庇尔倒台的山岳党人从未料到它竟然意味着大恐怖的结束。

塔里安、巴拉斯、富歇等人推翻罗伯斯庇尔是因为他曾经镇压了埃贝尔、丹东、吉伦特党人以及其他许多人，但是，当群众的欢呼告诉他们罗伯斯庇尔之死被当作是大恐怖的终结时，他们赶忙装得好像这是早已预料到一样。他们更多是被迫这样做的，因为平原派——也就是议会中的大多数人——曾经完全屈从于罗伯斯庇尔的控制，现在他们要猛烈地攻击这种政策，长期以来，哪怕是在他们对之憎恨至极的时候，他们也不得不在表面上装作赞同它。最可怕的事情莫过于一群人曾经恐惧过，但现在已毫无恐惧可言了：平原派要为自己在山岳党人当政期间所经历的恐怖复仇，它们反过来要对山岳党人实施恐怖。

罗伯斯庇尔在国民公会中的同僚对他的卑躬屈膝，绝不是心悦诚服地顺从于他的。独裁者让他们感到一种恐惧的心理，因此，他们对他竭尽吹捧之能事，但在这些钦佩和热情的掩饰下，内心一股强烈的仇恨在滋长着。当我们在1794年8月11日、15日和29日的《政府通报》上读到各个代表所撰写的报告，尤其是关于“罗伯斯庇尔、库通和圣茹斯特这三驾马车的阴谋”之报告时，同样会感到不可思议，就连奴隶也不会对一个倒台的主人如此恶言相加！

我们读到，“这些恶魔一度重新起用了最恐怖的马略和苏拉的伎俩”，罗伯斯庇尔被视为一个极可怕的恶棍；我们被告知“同卡利古拉一样，他不久就会要求法国人民对他的坐骑也要顶礼膜拜……他为了确保自己的安全，就把所有哪怕引起他一丝怀疑的人都处死”。

这些报告遗漏了一点，即它们所影射的马略和苏拉之权势都得到了强大军队的支持，而罗伯斯庇尔的权力则除了多次得到国民公会议员的纵容之外，没有得到过任何支持。要不是他们的极端胆怯，独裁者的权力一天也维持不下去。

诚然，罗伯斯庇尔是历史上最可憎的暴君之一，可是他与其他所有暴君所不同的是，在他所实行的暴政下，并没有士兵的支持。

我们可以这样总结罗伯斯庇尔的信条：或许除了圣斯特之外，他是雅各宾信仰最完美的化身，在他的身上，这种信仰之狭隘的逻辑、强烈的神秘主义色彩以及不折不挠的严峻无一不体现得淋漓尽致。至今仍有许多仰慕者对他崇拜不已，昂墨就称他为“热月的殉道者”。已经有人提议为他树立一块纪念碑，我对此欣然同意，因为它有助于保存这样的证据：只要领袖们知道如何去操纵运作，群众将是何等盲目，议会将是何其温顺；他的塑像将让我们回想起，就是在国民公会打算推翻他的前一天晚上，它们还在为独裁者最具威胁的措施发出赞许和欢呼。

四、富基埃·丹维尔、马拉、比约·瓦伦等人

我将用上一节文字来谈一谈某些以其残忍本性著称的革命者，他们的暴行由于掺杂了其他的一些情感、恐惧和憎恨而变本加厉。

富基埃·丹维尔是革命法庭的检察官，他给人留下的印象最为险恶。此人从前颇有慈善仁义的美名，后来却变成了一个残忍的嗜血者，以致对他的回忆只能激起人们的无限厌恶，这恰恰可以证实我在其他著作中得出的一个观点，即人的某些本性在革命时期会发生质变。

在君主制被颠覆的时候，他还相当贫困，在这场社会巨变中他渴望得到一切，却不怕失去任何东西。他属于那种在动乱时期总是乐于把无政府状态维持下去的人。

国民公会把权力移交给他，他不得不对近两千名被告的命运做出判决，在这些被告中有玛丽·安托瓦内特、吉伦特党人、丹东、埃贝尔等。

他当面处决了所有的嫌疑犯，并毫不犹豫地背叛他先前的保护人，一旦他们中的哪一个落入他的手中，他都会做出指控。大革命为富基埃·丹维尔非常低劣的灵魂提供了一个让其发挥到极致的机会。在正常的年代里，由于职业规则的限制，他一生也就是一个平静而黯淡的公务员，这正是他在革命法庭的副手或者说代理人吉贝尔—利当东的命运。迪勒尔写道："他应该和他的同僚一样为恐怖政策感到惊骇，然而，他却在帝国长官的高位上完成了使命。"

一个有序社会的最大好处之一，就是它确实能遏制那些危险分子，对于这些人，只有通过社会的约束才能控制住他们。

富基埃·丹维尔至死都没有明白为什么他会被判有罪，从革命的立场来看，对他进行审判是没有理由的。他难道不是仅仅在无条件地服从、执行他上级的命令吗？把他与派往各省的、无法控制的特派员等量齐观是不合理的，国民公会的议员审查了所有他经手的判决并最终得到了批准。他的暴行以及他审判囚犯的简便程序如果没有得到他的上司的鼓励，他们怎么可能保留自己的职位？在宣判富基埃·丹维尔有罪的同时，国民公会也等于在宣判自己那套骇人听闻的统治体制有罪。它当然理解这一事实，它把一些恐怖分子送上了断头台，而富基埃·丹维尔只是其中的一个忠实代表。

除了富基埃·丹维尔之外，我们还可以提到主持革命法庭的迪马，他也表观出了一种极度的残酷，这种残酷随着强烈的恐惧心理而与日俱增。他在外出时总要带上两把装满子弹的手枪，他为自己的住宅设置了种种障碍，来访者只能通过一个小窗口和他说话。他对任何人都完全地不信任，即便连自己的妻子都不例外，他甚至把她投进了监狱，并打算在热月前把她处决。

在国民公会所揭露的人当中，比约·瓦伦是最为疯狂，也是最为残忍的一个，他或许可以被视为野兽般凶残的一个完美典型。

哪怕是在极为愤怒与痛苦的时候，他也能保持平静，做到喜怒不形于色，并有条不紊地完成自己的任务，一项可怕的任务：在阿培监狱大屠杀时，他代表官方向刽子手表示祝贺，并许诺给他们金钱，然后就若无其事地回家了，就好像他只是在散步一样。他身兼数职：雅各宾俱乐部的主席、国民公会的议长、救国委员会的委员。他先是把吉伦特党人送上了断头台，然后是王后；他以前的资助人丹东在提到他时说“比约是口蜜腹剑的家伙”；他先后批准了里昂的炮击、南特的溺杀、阿拉斯的屠杀；他组织了残酷无情的奥伦治委员会；他参与了《牧月法令》的炮制；他曾竭力怂恿富基埃·丹维尔；在所有的死刑判决书上都有他的签名，而且通常是第一个，并往往当着同僚的面率先签字；他毫无同情心、感情和热情可言；当其他人畏惧、犹豫、退缩时，他夸口要“揪住狮子的鬃毛”自行其是；为了使他那张阴沉冷漠的面孔与他周围的热烈气氛更协调，他现在给自己套上一副黄色假发，除了比约·瓦伦那阴险的脑袋之外，任何人带了这副假发都会使人发笑；当罗伯斯庇尔、圣茹斯特和库通反过来遭难时，他又弃之而去投向敌人，并把他们推到屠刀之下……为什么？他居心何在？没有人知道：他一点野心都没有，既不爱权，也不贪财。

其实这个问题不难回答，我们已经说过，在某些罪犯那里非常普遍的对血的渴望可以很好地解释比约·瓦伦等人的行为。这一类罪犯为了杀戮而杀戮，犹如运动员的射击游戏，他们仅仅为了体验破坏的快乐。在正常时期，具有此类嗜血倾向的人，一般出于对警察和绞刑架的害怕而克制了这些冲动，一旦他们可以自由地发泄它们，任何东西都制止不住。比约·瓦伦以及其他许多人就属于这种情况。

马拉的心理状态更为复杂，这不仅是因为他对杀戮的渴望结合了其他因素——受到伤害的自尊、野心、神秘主义信仰等，而且我们还必须把他当作一个半精神错乱者来看，他一直都经受着自大症和各种顽固思想的折磨。

在大革命爆发之前，他提出了一些伟大的科学构想，但没有人对他的唠叨感兴趣；他梦想着地位和荣誉，结果只在一个大贵族家里谋得一个极低微的差事。大革命为他打开了前途无量的未来之门，他带着对没有能够认可他才能的旧制度的满腔仇恨，成了最暴虐的那伙人的首领。在公开进行了“九月屠杀”之后，他创办了一份杂志，公然抨击每一个人，并不断叫嚣要求更多的死刑。

马拉言必称人民的利益，一时成了群众的偶像，但他的大多数同僚对他却极为鄙视。就算他能逃过夏洛特·科黛的匕首，也必然躲不了断头台的铡刀。

五、大革命后幸存的国民公会成员的命运

国民公会中除了那些心理状态表现出特殊个性的成员之外，还有一些人如巴拉斯、富歇、塔里安、蒂翁维尔的梅兰等，完全没有原则和信仰可言，他们只知道牟取一己私利而已。

他们竭力从公众的不幸中聚敛了巨大的财富，在正常的年代，他们

只会被视为十足的无赖，但在革命时期，一切善恶准则似乎都消失了。

尽管还有几个雅各宾党人仍然执迷不悟，但大部分人在得到财富以后就和他们的信仰断绝了关系，并成了拿破仑的狂热追随者。康巴塞雷斯在与沦为阶下囚的路易十六的谈话中称呼他路易·卡佩，等到帝国时，他却要他的朋友们在公开场合叫他“殿下”，而在私人场合叫他“阁下”，这就充分暴露了许多雅各宾党人在对平等的渴求中所暗藏的嫉妒之心。

“大多数雅各宾党人，”马德林写道，“都非常富有，而像沙博、巴齐尔、梅兰、巴拉斯、布尔索、塔里安、巴雷尔等人都拥有城堡和地产，那些至今还不富裕的人不久也会腰缠万贯……在共和三年的委员会中，仅热月党成员中，就有一个未来的公爵，十三个未来的伯爵，五个未来的男爵，七个未来帝国的参议员，六个未来的地方议员；除了他们之外在国民公会里，还有未来的奥特朗托公爵和未来的勒戈尔特伯爵，不下于五十个共和派在十五年后都拥有了头衔、纹章外套、羽饰、马车、养老金、必要的不动产、旅馆以及城堡；富歇在死的时候资产竟达六十万英镑。”

于是曾经被严厉谴责的旧制度之特权很快又为了资产阶级的利益而重新恢复。为了实现这一结果，毁灭法兰西、焚烧整个外省、扩大苦难、使无数家庭陷入绝望、颠覆欧洲乃至在战场上牺牲几百万人的生命都是必要的！

在这一章即将结束的时候，我们再次回顾一下我们对这一时期的人们可能做出的评价。

伦理学家不得不对某些个人的道德品行作严格的区分，是非善恶，泾渭分明，因为他所依据的评判标准是社会如果要成功地维持下去就必须得遵从的标准，但心理学家不能这样：他的目标首先是理解，知道其所以然，批评将在完全的理解面前退隐消失。

人类的心灵是非常脆弱的，在历史的舞台上粉墨登场的木偶很少能摆脱那些驱动它们运转的专横力量，这些力量包括遗传、环境与现状。我们现在正试图对那些人的行为做出解释，但没有人敢肯定假如自己就是那些人，我们的行为会是什么样子。

群体篇
大众心理

第五卷

古代传统与革命原则之间的冲突

第一章
无政府状态的最后挣扎：督政府

一、督政府的心理

由于各种革命议会的部分成员是同一些人，所以，有人可能就认为他们的心理状态是非常相似的。

在正常情况下，这或许是事实，因为一种不变的环境往往意味着性格的稳定。但是，一旦当环境发生如大革命时期那样的迅速变化，人的性格必然会发生改变以适应它，督政府的情况就是如此。

督政府包括几个迥然不同的议会：两个大议会，由各自不同类别的代表组成；一个非常小的议会，有五位督政官构成。

两个较大的议会因其软弱而很容易让人回想起国民公会：它们不再受民众暴动的胁迫，督政官已经有效地防止了此类事件的再次发生，但是，它们得无条件地服从督政官的专断指令。

由选举产生的第一类代表大多数都是温和派，他们已经厌倦了雅各宾党人的暴政。新的议会梦想在法兰西的一片废墟上重建家园，并建立一个没有暴力的自由政府。

但是，由于受到命运的捉弄，这些代表跟他们的前任一样，或许可以说他们所做的事情总是与他们所希望的恰恰相反，这是大革命的一条规律，同时它也表明事件的发展往往超出人们的意志之外。他们希望适可而止，结果却仍然不加节制；他们打算清除雅各宾党人的影响，结果却被他们牵着鼻子走；他们力图挽救国家的败落，结果却带来了新的祸患；他们立志实现宗教和平，最终却用大恐怖时期更为严厉的方式迫害、屠杀牧师。

由五位督政官所组成的小议会之心理状态完全不同于下议院。每天面对新出现的困难，督政官不得不解决它们，而大议会却全然不顾现实，一心想着实现自己的抱负。

督政官中盛行的想法非常简单，他们对原则不感兴趣，他们首先想到的是如何保住自己法兰西主人的地位。为了达到这个目的，他们毫不犹豫地采取最不明智的措施，为了扫除障碍，他们甚至取消许多地区的选举。

督政官感到自己没有能力统治法国，索性就让它放任自流。他们竭力通过专制手段支配法国，却从未治理法国，而在这个节骨眼上法国最需要的就是治理。

人们往往有这样一个印象，即国民公会在历史上是一个强硬的政府，而督政府则是一个软弱的政府。事实恰恰相反：称得上强大政府的恰恰是督政府，而不是国民公会。

从心理学角度看，我们或许很容易就可以解释督政府时期的政府与此前国民公会时期的政府之间的差异，只要我们记住这样一个事实：一个由六百或七百人构成的集体非常容易受到感染性狂热情绪的影响，就如 8 月 4 日之夜贵族主动放弃自己的特权那样，甚至容易受到个别意志坚强者之一时冲动的支配，就如他们向欧洲诸君主发起挑衅那样。但是，这样的热情或冲动实在太短暂不足以拥有持久而强大的力量。而一个五人委员会则很容易为一个人的意志所左右，因而更容易受到持续的决心之影响，也就更容易遵循一个固定的行为模式。

督政府时期的政府被证明是缺乏治理能力的，但它从不缺乏坚强的意志：没有什么可以制约它的行动，无论是对法律的崇敬，对公民的顾虑，还是对公众福利的热爱；它把一种专制强加给法国，这种专制之程度不亚于大革命开始以来的任何一个政府，包括大恐怖时期的政府。

尽管它所使用的方法与国民公会的方法非常相类，并且它以一种最为残暴的方式统治着法国，但是，督政府和国民公会一样，它从来就不是法国的真正主人。

这一事实再次证明了我前面已经指出的：物质的强制不足以支配道德的力量。怎么强调也不为过的是：人类的真正指导原则乃是其历代祖先建立起来的道德架构。

我们已经习惯于生活在一个秩序井然的社会里，被庇护于法律和值得尊敬的传统之中，所以我们很难想象在这一基础已被抽空了的国家里，生活状态将会变成什么样子。对于周围的环境，我们只看到这一伟大事物令人厌恶的一方面，而很容易忘记社会只有在强加了某些限制的条件下才能存在。法律、礼仪和习俗对人类那些野蛮的自然本能构成了一种制约，这些本能在我们身上从未根绝。

国民公会以及随后的督政府的历史向我们证明：一个摧毁了自己传统结构的民族，妄图依靠并不充分之理性来充当人为的社会黏合剂，将会导致何等程度上的混乱。

二、督政府的专制统治：大恐怖的复发

为了转移人民的注意力，使军队忙于军务而无暇他顾，并掠夺以获取财富，督政官决定再次发动征服战争，这一伎俩在国民公会时期曾颇为灵验。

督政府的这一招果然奏效：军队赢得了骄人的胜利，尤其是在意大利。

一些被入侵的民族是如此天真，以致指望这些入侵者能够保护它们的利益，但它们不久就发现所有的军事行动都伴随着压迫性的税收、对教堂和国库的掠夺等。

这一扩张政策的最终结果是导致一个新的反法联盟形成，该联盟一直维持到 1801 年。

督政官对国家的状况以及自己在重建国家方面的无能漠不关心，他们首先关注的是如何与一系列的阴谋做斗争以保住自己的权位。

这项任务足以使他们自顾不暇，因为各个政治派别的武装尚未解除。国家的无政府状态已经达到这样的地步，以至于所有的人都在企盼一个强有力的手腕来恢复秩序。每个人都感觉到，督政府以及共和政体将不复存在。

一些人梦想复辟王政，一些人妄图重建恐怖体制，而其他人则在期待一位将军主政，唯有那些国有财产的购买者害怕政府发生任何变动。

督政府越来越不得人心，1797 年 5 月，议会中有 1/3 成员改选，新当选的大多数议员都对督政府体制充满敌意。

督政官当然不会因为这样的小事被牵制，他们宣布四十九个地区的选举无效；取消了一百五十四名新议员的资格，其中还流放了五十三人，

在后一批人当中有大革命时期最杰出的人物：卡尔诺、特隆松·杜·库德雷、波塔利斯等。

为了胁迫选民，军事委员会支持督政府，胡乱地处死了一百六十人；将三百三十人放逐到亚那，其中有一半的人流放不久就死了；驱逐了大批回到法国的流亡者和牧师，这就是所谓的果月政变。

这场政变主要打击对象是温和派，但也并不止于温和派；随之而来的是对激进派的迫害，督政官发现雅各宾派的议员太多了，因此宣布取消其中六十人的选举结果。

督政官的专横本性在上述事实中被一览无余，在那些措施的详细细节中明显地暴露出这一点。我们所看到的是，法国的新主人同大恐怖时期最残忍的代表们一样嗜血好杀，残酷无情。

虽然没有再架起断头台来当作家常便饭，但是他们却以流放的形式取代断头台，受害者的生存机会少得可怜。比如，将他们装在铁笼里送到罗什福尔，让他们在各种恶劣的天气中生存，然后，把他们塞到小艇上运走。

“在代卡德到贝翁内瑟之间的甲板上，”泰纳说，“那些可怜的囚犯，他们处在热带的高温下，空气的缺乏使得他们将要窒息，他们在受尽欺辱压榨之后，最终死于饥饿或窒闷；等到主亚那航程结束时，被押送的一百九十三名犯人在二十二个月后才到达代卡德，那时存活下来的只剩下三十九个人；而送抵贝翁内瑟的一百二十个人中，仅有一人幸存。”

当督政官看到每个地方都有天主教在复兴，因而他们认为这些牧师正在图谋不轨，暗地里反对他们，因此仅在一年之内，就有一千四百四十八名牧师被驱逐或送上船艇，毋庸置疑，他们中的大部分人都被草率地处死了。大恐怖事实上完全死灰复燃。

督政府的独裁专制已经渗透到各个行政部门，其中以财政部门为甚。它打算收取六亿法郎的税收，所以就强迫那些议员通过一项增税法案，但最终的结果却不甚理想，只收到了一千两百万法郎；迫不得已，它决定强制借贷一亿法郎，导致的后果就是大批工厂关闭、商业停顿和家庭失业，以这一毁灭性代价换取了四千万法郎的收入！

为了确保更加有效地控制外省，督政府通过了所谓的质押法（the Law of Hostages），这项法律使每个地区都因为各种过失上缴了一大批抵押财产。

我们很容易能够想象得到，像这样一个体制，自然太容易激起人们的憎恨了，到1799年年底，先后有十四个地区发生叛乱，四十六个地区的起义一触即发。如果让督政府继续执政的话，社会的彻底解体将是无可避免的。

单以财政方面而言，当时的社会解体已经相当严重了：无论是金融，还是工商，所有的一切都在崩溃；随着指券贬值到原来价值的百分之一，财政部的借贷收据几乎成了一纸空文；对政府债券的持有人和政府公务员来说，他们是不可能拿到报酬的。

在外国旅行者的印象中，这个时候的法国是一个饱受战争摧残，并被其居民遗弃的国家。毁坏的桥梁、堤坝和荒废的建筑物使得在交通上极为不方便；土匪常常出没于废弃已久的道路上，进行烧杀抢掠，有些地段甚至只有从这些帮伙的头目那里购买通行证以后才得以通过；工厂和商业基本歇业，在里昂，一万五千家工厂和作坊中有一万三千家被迫关闭，勒阿弗尔、波尔多、里尔、马赛、里昂等地都变成了一座座死城；当时的普遍现象就是贫穷与饥荒。

同样骇人听闻的，是道德上的混乱与失序：奢侈与享乐的欲望、豪华的宴会、珠宝以及富丽堂皇的豪宅被一个新的社会阶层独自享有，他们包括股票经纪人、军队承包商以及那些实际上靠掠夺发家的掩人耳目的金融家，他们使巴黎在表面上呈现出一幅繁华祥和的虚假景象，同时它也迷惑了许多研究这一阶段的历史学家，惊人的奢侈挥霍的背后，很少有人看见被它掩盖下普遍的穷困。

书本里的督政府编年史对于我们理解谎言所编制的历史极有帮助。近来，这一时期为题材常常出现在戏剧当中，并且这种风尚仍然有人在着，一种大恐怖后的歌舞升平留在人们的记忆中。但事实上，督政府上演的戏剧比起大恐怖来几乎没有任何改进，其残忍暴虐毫无不同。督政府最终引起了人们极大的憎恨，以致它自己都感觉到已经无法维持统治，于是它们就为自己物色了一个独裁者，这个独裁者不但能够替代自己，而且还能够保护它们的利益。

三、拿破仑的崛起

在督政府统治的后期，无政府状态及社会解体在法国已经达到这样一种程度，以致每一个人都在企盼一个精力充沛，并且可以恢复社会秩序的人。早在 1795 年，一些议员就曾经考虑过王朝复辟，但是路易十八却宣称，他要彻底恢复旧秩序，将所有财产都物归原主，并对那些参加革命的人加以严惩，因此他很快就被人抛弃了。基贝隆毫无意义的冒险最终使那些未来王权的支持者与之疏远。在整个大革命期间，保王党人所表现出的平庸无能和心胸狭窄证明对他们采取的措施大部分都是合理的。

既然不可能恢复君主制，那么，当务之急就应该寻找出一位将军，当时唯一可以承担此重任的只有一个人，那就是波拿巴。意大利战争使他声名鹊起，在穿越了阿尔卑斯山之后，他一次又一次地取得了胜利，先后攻破米兰和威尼斯，几乎无往不利。然后，他挺向维也纳，当奥地利皇帝决定战败求和的时候，他的军队仅差二十五里路就已抵达维也纳的城门。

虽然他的声望逐渐升高，但是，他并没有满足于此，为了使自己的名望得到进一步抬高，他说服督政府入侵埃及，以此削弱英国的势力，于是，1798 年 5 月，他从土伦誓师出发。

这种对威望的不断需求源于一个非常深刻的心理学观念，这一点拿破仑本人在流放圣赫勒拿岛时说得很清楚：

那些最有势力、最开明的将军，长期以来一直力劝这位出生于意大利的将军采取措施，登上共和国元首的宝座，但他断然拒绝了；他还没有把握仅靠自己的力量就可以稳操胜券。他深谙统治的艺术以及这个伟大民族所需要的东西；大革命时代的人以及议会的想法与他的想法分歧太大，他知道自己尚不可任意而为，他不愿意拿自己的声誉冒险。他决定向埃及出发，但是一旦环境许可，他就会再度崛起。

拿破仑在埃及并没有待多久，他很快就被他的朋友召回了，他在弗雷儒斯登陆，人们对拿破仑的归来饱含热情，处处张灯结彩：两位督政官和一些主要的部长早已事先做好了准备。计划在不到三个月的时间就得到了实施，雾月 18 日的政变易如反掌地取得了成功。

在摆脱了那伙压迫、剥削这个国家如此之久的邪恶小人之后，所有的派别都精神振奋。毫无疑问，法国将出现一个专制政体，但它不可能像之前的那个政体一样，令人无法接受。

雾月政变充分证明我们已经说过的一点是正确的，即那些在表面上看来似乎极为容易理解与确认的历史事件，不管有多少人亲身经历过，仍然不可能形成准确的判断。

三十年前，人们对雾月政变是怎么评价的呢？它被视为一个野心家所犯下的政治罪行。但事实上，军队在整个事件中并没有发挥太大的作用，将少数几个顽抗的议员驱逐出议会的甚至并不是士兵，而是议会自己的卫队。政变的真正发动者是政府本身，而整个法兰西都是同谋。

四、大革命持续的原因

一系列的后果都由大革命的基本原则产生：法律面前人人平等，开放公职，人民享有主权，控制国库开支等。如果我们以此来限定大革命持续的时间，那么我们可以说大革命仅持续了短短几个月。到 1789 年年中时，所有这些目标都已基本实现，接下来的岁月里没有增加什么新花样。然而，大革命实际上所延续的时间要长得多。

依据官方历史学家所给我们的期限，我们将看到，大革命只延续到拿破仑的崛起，其跨度在十年左右。

为什么会出现这样的事情呢，即在新的原则确立之后，竟然会出现这样一个混乱不堪、充满暴力的阶段？我们在对外战争中是不可能找到原因的，对外战争曾因反法联盟内部的钩心斗角以及法国的节节胜利而多次中断；我们更不可能将它归咎于法国人对革命政府的同情，因为大革命时期历届议会的统治更加令人痛恨和鄙视。无论是造反还是麻木地投票，大多数法国国民都对这种体制深恶痛绝。

法国人对革命制度的憎恶，长期以来都被人所误解，近来的历史学家对此深有揭露。作者马德林最新出版的一部关于大革命的著作，对他们的观点作了这样的总结：

从1793年开始，一部分人就一直操纵着法国大革命和共和国；现在，有3/4的法国人希望大革命可以适可而止，或者宁愿把它从那些可憎的剥夺者手中解放出来，但这些人殚精竭虑地支配着这个不幸的国家……只要他们仍然掌握着权力，大恐怖就不可避免地存在，在他们的打击下，不管是谁敢反对其恐怖政策，都必然会遭到他们的迫害。

直到督政府结束统治的时候，政府还把持在雅各宾党人手里，他们努力地维护着自己的利益和权力，希望通过谋杀与掠夺获取不义之财，因此只要任何一个人可以保证他们继续享有这些东西，他们情愿将法国交给他。他们同拿破仑议定雾月政变，就是因为路易十八满足不了他们的愿望。

但是，这样一个暴虐而软弱的政府竟然能够苟延残喘这么多年，我们到底又该做出怎样的解释呢？

这其中的原因，其实不难解释，那就是：有很大一群人可以从大革命的延续中获得巨大的利益。

这一点是根本性的原因，假如大革命只是一种理论信仰，那么它持续的时间很可能极为短暂，但是这种刚刚确立的信仰随即就脱离了纯理论的范畴。

大革命确实没有仅仅只是褫夺君主、贵族和教士的政治权力，它在将旧的特权阶级的财富和特权转移到大多数农民和资产阶级手里的同时，也为自己赢得了革命体制顽固的支持者。那些人从贵族和教士那里掠夺来财产，以极低的价格购买了土地和城堡，他们对君主制的复辟很有警觉意识，生怕一旦旧制度卷土重来，自己的利益受到侵犯。

正是因为这些原因，一个政府才能得以存活，直至一个铁腕人物出现，重新构建社会秩序。这个铁腕人物所许诺的除了大革命的道德成果之外，还包括其物质成果，波拿巴自然很清楚人们需要的是什么，所以他很快就受到了热烈的欢迎。大革命尚存争议的物质成果以及仍很脆弱的理论原则都被他的制度和法律所吸引。所以，说大革命是随拿破仑的崛起而告终的，这是很错误的观点，然而恰恰相反：拿破仑完成并巩固了大革命，而并非破坏了大革命。

第二章
秩序的恢复：执政共和

一、大革命的成果如何为执政官所认可

我们从执政府的历史中寻求到的心理学材料，就像先前阶段那样丰富。首先，它向我们揭示，一个强有力之个人的工作效率要比一个强有力之集体的效率高出许多。波拿巴很快就结束了困扰共和国十年之久的无政府状态，使社会秩序暂时得到了恢复。大革命时期的四届议会都没有做到这一点，哪怕是采用最严厉的镇压手段，然而，他只凭一人之力，却在如此短暂的时间里实现了。

波拿巴的权威立即镇压了巴黎的各种叛乱和冀望着王朝复辟的反抗，并重新确立了法兰西在精神上的统一，它曾经由于强烈的敌视和仇恨而分崩离析。波拿巴用一种个人专制代替了集体专制，使每一个人都能获得利益，毕竟他的专制远比当时的暴政要宽松。而且我们必须承认，很少有人厌恶他的统治，不久人们就怀着无限的敬畏和虔诚接受了他的统治。

过去的历史学家认为是共和政体被波拿巴颠覆了，今天看来，明显是迂腐的，事实恰恰相反：他保留了一切可以保留的共和遗产，如果没

有波拿巴，共和主义的遗产将几乎全部毁灭。正是波拿巴通过制度和法典，巩固了大革命一切可行的工作——特权的废除，法律面前的平等，等等。此外，执政府还继续称自己为共和政府。

如果没有执政府，那么复辟的君主制很可能会取代督政府，而大革命的绝大多数成果将毁于一旦。让我们假设一下，如果历史上没有出现波拿巴，那么督政府不可能在人们的普遍厌恶中幸存下来，它必然要被推翻，路易十八很可能将重登帝位。当然，十六年以后，他还是如愿以偿了，不过在这十六年中，波拿巴通过法律和习俗赋予了大革命强大的力量，以致复辟的君主根本不敢动摇它们，财产权也没有恢复到旧制度的状况。

如果督政府当时就被路易十八所取代，那么事态的结局将截然不同：他可能会将所有的旧制度都恢复，而新一轮革命势必要爆发，我们知道使查理一世垮台的原因就是因为他企图恢复原来的统治。

抱怨波拿巴的专制多少有些天真：法国人在旧制度下受着多种多样专制的压迫，而共和政体建立的是一种比君主制有过之而无不及的专制。专制那时候是一种正常情况，它如果没有带来了秩序的混乱，人们是不会反抗它的。

大众心理的一条永恒规则是：在他们制造出无政府的混乱之后，就会寻求一个能够使他们摆脱这种状态的主人。因此，波拿巴就理所当然地成了他们的对象。

二、执政官时代法国秩序的重建

一旦掌握了权力，波拿巴就得承担起重建法兰西的艰巨任务：国家现在是伤痕累累，百废待兴。在雾月政变的第二天，拿破仑就着手起草一部宪法——几乎是他独自一人操刀，这部宪法注定要赋予他绝对的权威，以使他有足够的能力统御各个派别，重整国家。只花了一个月时间，这部宪法就制定出来了。

这就是所谓的《共和八年宪法》，直到拿破仑的统治结束后，这部宪法才终止使用，这中间只有少许修改。三位执政官行使行政权，其中两位执政官只拥有建议权，因此第一执政官也就是波拿巴自己，他成了法国的唯一主宰。大臣、国务委员、大使、地方行政长官以及其他官员都受他任命，并拥有宣战或媾和的权力；他同时也拥有立法权，因为只有他可以创立法律，这些法律然后交给三个议院：参政院（the Council of State）、保民院（the Tribunate）和立法院（the Legislative Corps）讨论和投票，第四院也就是元老院（the Senate）事实上充当了宪法的护卫者。

尽管拿破仑是独裁的，但即使是在议定最琐碎的事务之前，他也要召集其他的执政官来商议；立法院在他统治期间的影响无足轻重，但若没有得到参政院的咨询，他从不签署任何法令：参政院由全法国最知名、学识最渊博的人士组成，他们将法律准备好之后，交送立法院讨论通过。由于是秘密的投票，所以他们可以自由地对法案提出批评。在波拿巴的主持下，参政院在某种程度上就是最高法庭，它甚至可以对大臣们的行为进行审查。

拿破仑对参政院非常信赖，因为它的成员都是杰出的法学家，他们每个人只负责自己的专长。波拿巴是一个非常优秀的心理学家，他从不信任那些平民出身、纸上谈兵的大多数议员，整个大革命期间，这些人给国家带来的深重的灾难，他是再熟悉不过了。

波拿巴希望实现为人民的统治，但并不求助于他们；人民在他的政府中无足轻重，他们只享有对新宪法投票的权利；偶尔他也会诉诸普遍的投票，但这种情况是相当少的。立法议会成员的填补更替由各议院相互推举产生，而不是由选举产生。

在筹划一部旨在巩固自己权力的宪法过程中，第一执政从未指望它能在重建国家方面发挥什么作用，所以在他草拟宪法的同时，也为重新建设法兰西承担了大量司法、财政和行政方面的工作。巴黎集中了各种权力，每个省（department）设省长，由一名秘书长协助工作；每个大区（arron dissement）设区长，配备一个委员会；市镇（commune）设一名市长，连同一个市政委员会工作。所有的官员均由部长任命，而不是像共和国时期那样由选举产生。

这套行政体系使一个全能的国家和一个强有力的中央政府得以确立，后来的政府继承了这套行政体系，并一直延续到今天。尽管存在种种缺陷，但是在一个自身陷于深刻分裂的国家里，为了避免地方专制，中央集权始终被沿袭。

正是由于对法国人国民性的深刻认识，这套行政组织的基础才得以建立。它很快就恢复了法国被中断了如此之久的平静与秩序。为了完成国家的精神和解，政治放逐犯被赦免，教堂重新向教徒开放。

在社会大厦的重建过程中，波拿巴还亲自操刀起草了一部法典，其中很大一部分是对旧制度习俗的借用，正如有人指出的，它是新法律对旧法律的一种过渡或妥协。

第一执政在如此短暂的时间里完成了这么繁重的任务，他首先就不得不使一部宪法赋予他绝对的权力。如果他把一切措施都提交给议会，那么他绝不可能将国家从无政府状态中解救出来。

《共和八年宪法》显然已经将共和政体转变成了一个君主政体，这个政体起码和路易十四“君权神授”的君主政体同样专制。作为适合于当时形势需要的唯一可供选择的宪法，它反映了一种心理上的必然性。

三、执政府事业成功的心理因素

所有能够对人发生作用的外部力量，最后都有可能转化为心理的力量。一个深谙谋略的统治者必须理解这些心理力量才有可能实现自己的目标，历届的革命议会对这些力量视而不见，而波拿巴却深谙如何运用它们。

历届革命议会都是由相互对立的派别组成。拿破仑意识到，要想驾驭这些派别，自己就必须要独立于任何派别之外。他深深地懂得，一个国家的精华乃是那些散布于各个政治派别之中的优秀分子，于是他对他们推崇备至，一律加以擢用。他在政府中的代理人都是从保王主义者、自由主义者、雅各宾党人等多种政治势力中分别挑选的，尽可能做到唯才是举。

波拿巴一方面接受旧制度支持者的帮助，但另一方面还是谨慎地让他们知道他打算维持大革命的基本原则，尽管如此，许多保王党人还是团结在了新政府的周围。

从心理学角度看，执政府突出的贡献之一就是它实现了宗教和平。造成法国分裂的原因与其说是政治观点上的分歧，还不如说是宗教意见的纷争。旺代一部分地区的彻底性破坏因为军事斗争的结束而终止，但它并未平息人们的心灵。既然只有一个人，即基督教会的首领可以促成和平，于是波拿巴就毫不犹豫地同他进行妥协。他与教皇签订《教务专约》乃是一个真正心理学家的明智之举，他知道道德的力量无须使用暴力来征服，武力迫害只能导致更大的危险。尽管他与教士实现了和解，但仍然竭力将他们置于自己革命心理学的控制之下，主教由国家任命并发放薪资，这样他依旧是主人。

拿破仑的宗教政策是高瞻远瞩的，然而现代雅各宾党人往往会忽视它的意义，他们一味地沉溺于自己狭隘的盲信，他们无法看清这一点：将教会从政府中分离出去就意味着又建立了一个国中之国，所以他们很容易发现自己将遇到一个阶层的反对，一个在法国境外对法国怀有敌意的主人——教皇，将会蛊惑这些人反对本国政府，给敌人一种他们本不该拥有的自由是极端危险的，无论是拿破仑还是在他之前的任何一个统治者都不会让教士独立，而我们今天的做法却与之恰恰相反。

波拿巴此时所面临的困难要远远大于他在加冕称帝以后所遇到的困难，只有对人的深刻理解才能帮助他战胜这些困难。

未来的主人目前为止还远不是真正的主人：许多地方仍有叛乱爆发，土匪还在肆无忌惮地横行，米迪地区正在经受各派党徒的兵燹之灾。

作为执政，波拿巴还不得不与一些将军进行周旋与抚慰，甚至连他的兄弟也合谋反对他。拿破仑是皇帝的时候，他没有敌对的党派要对付，但在他还是执政官的时候，他就得和所有的派别斗争，并在它们中间保持平衡。这一项任务是相当艰巨的，自20世纪以来，能够成功做到这一点的政府还不多。

成功地完成这一任务需要策略、意志以及交际手腕的一种非常巧妙的混合。作为执政官，波拿巴感到自己此时尚未有足够强大的力量，于是他就为自己建立了一条准则，用他自己的话说，就是“按照大多数所希望的那样统治”。作为皇帝，他通常不需要考虑这么多，只要根据自己的理想来统治即可。

曾经很长一段时间，有很多历史学家和诗人，都对雾月政变存在很多的争议，这样的时代已经销声匿迹了。断言“法兰西在穑月的阳光普照中获得解放”实际上是多么虚幻！维克多·雨果等人对这一时期所作的判断同样地荒谬。我们已经看到“雾月罪行”的积极同谋不仅包括政府本身，而且还包括所有的法国人，事实上，把法兰西从无政府状态中拯救出来的就是雾月革命。

有人或许要问，那些聪明饱学之士为何做出如此错误的论断呢？毫无疑问，是因为他们在根据自己的信仰看待历史事件，我们知道，真理在那些挣脱不掉信仰之束缚的人那里会发生什么样的变异。最明显的事实也会被遮蔽，事件的历史沦为梦想的历史。

希望理解我们刚才简略勾画出的这段历史的心理学家，如果他独立于任何一个党派之外，并对一切党派所具有的激情了如指掌的话，他所能做的也就仅此而已，他决不会奢望对过去横加指责，那是一个不可克服之必然性的时代。当然，拿破仑也使得法兰西付出了沉重的代价：他的壮丽史诗因两次远征的失败而落下帷幕；即使在他去世以后，他所遗留的威望还能将继承他姓氏的子嗣推上帝位，但拿破仑三世所发动的第三次远征同样功亏一篑，其影响我们至今挥之不去。

所有的这些事件都和它们的起源紧密地联系在一起，它们是一个民族在其发展过程中、在其理想演变中，为一种重要现象所付出的必要代价，那就是人们不可能试图一下子就与他们的祖先割断联系，除非他们自己的历史过程发生了深刻的变化。

第三章
最近一个世纪的传统与革命原则相冲突的政治后果

一、法国革命运动不断的心理原因

在后面检讨最近一个世纪里革命思想之演进的一章中，我们将看到，在半个多世纪里革命思想在社会各阶层中的传播速度相当缓慢。

在这一段时间里，绝大多数人民和资产阶级对革命思想并不感兴趣，只有非常有限的几个信徒受其蛊惑，但他们的影响足以激发几次革命，这主要是政府的过失。在我们考察了引发革命的心理因素之后，我们将对这些革命作检讨。

我们最近一个世纪的政治动乱史足以证明：人们更多的是受自己心理意识的支配，而不是受他们的统治者竭力强加给他们的制度之支配。

法国连续不断的革命是这个国家中心理意识迥然不同的两部分人相互斗争的结果：一部分人信仰宗教，主张实行君主制，并长期以来一直受传统的影响；而另一部分人实际上也受传统的影响，但赋予传统以一种革命的形式。

从大革命一开始，两种对立的心理意识之间的斗争就已经存在得很明显了。我们看到，尽管进行着最可怕的镇压，叛乱和阴谋却一直在进行着，直到督政府的统治结束。这就证明，过去的传统深深植根于大众的心灵之中。有那么一段时期，六十个地区都发生叛乱反对新政府，直到几次大规模屠杀之后才被镇压。

波拿巴所要解决的最棘手的问题，是在旧制度与新理想之间建立某种妥协，他必须得找到一些制度来调和造成法国分裂的这两种对立的心理意识。正如我们已经看到的，他成功地做到了这一点，主要是采取了一些折中的措施，此外就是为非常古老的事物冠以新的名称。

在他统治的时期，法兰西实现了精神上的完全统一，这在法国历史上是相当罕见的。

但这种统一依赖拿破仑的权威而存在，在他垮台之后，原来的各个派别迅速死灰复燃，并一直延续到当代。一些派别依赖着传统势力，而另一些派别则对传统势力剧烈地排斥。

如果在信徒与冷漠者之间发生这种冲突，那么它就不会持续很久，因为冷漠总是宽容的，但不幸的是两种不同的信仰之间产生了斗争。世俗的派别很快就采取了一种宗教的外表，它伪称的理性主义几乎成为最狭隘的教士精神的替代形式，近年来，尤为明显。现在，我们已经指出在不同的宗教信仰之间是不可能和解的，因此，一旦教士掌权，他们对自由思想家不可能比今天后者对前者更宽容。

在法国，大多数政治信仰的起源，甚至在老练的政治家身上都能激发强烈的仇恨，这常常让外国人大为惊讶。

在法国，不同的信仰者之间的相互憎恨、攻讦常常加速政府及内阁的倒台，少数派之间从不拒绝联合起来反对得势的党派。我们知道一大批革命的社会主义者被选进当今的议会，靠的就是保王党人的支持，这些人和他们在大革命时期一样，还是愚蠢至极。

导致法国分裂的诸原则之间的冲突已经持续了一个多世纪，而且它肯定还要延续很长一段时间，没有谁可以预见它将来可能会导致什么样的巨变。纪元之前的雅典人如果能够推知他们的社会纷争将导致整个希腊的倾覆，那么他们就不会再内讧了，但是他们如何才能预见这一点呢？

二、百年法国革命回顾

在考察了过去的一个世纪里法国所经历的革命运动的心理原因之后，我们现在就可以对这些接连不断的革命作一下大致的概括了。

反法联盟的君主在击败了拿破仑之后，将法国的疆土缩减到它原来的边界，并把唯一的君主候选人路易十八拥上了王位。

通过一个特别宪法，新国王接受了代议制政府下立宪君主的地位，他认可了大革命的一切成果：法律面前的平等、信仰自由、民事法典以及对国有财产的售出不予追究等，但投票权受到了限制，它仅限于确定税收的数目。

这部带有自由主义色彩的宪法遭到了极端保王党人的反对，他们企图复辟旧制度，归还国有财产，并重新享受原来的旧特权。

路易十八害怕这样一种反动会导致一场新的革命，于是解散了议会，温和派议员再次当选。路易十八清醒地认识到，在法国任何复辟旧制度的企图都将激起一场普遍的叛乱，因此，他能够按照既定原则继续他的统治。

不幸的是，1824 年路易十八去世后继承王位的是前阿图瓦伯爵查理十世，此人心胸狭隘，目光短浅，他吹嘘说自己从 1789 年以来从未改变过想法，他准备了一系列法律：给予流亡贵族四千万先令的赔偿、渎神法、恢复长子继承权以及授予教士的特权等等。

大多数议员对他的反对就愈加严重，1830 年，查理十世签署法令解散议会，镇压舆论自由，并开始复辟旧制度。

运动的领袖梯也尔、卡齐米尔·佩里埃、拉法夷特等人，传唤路易·菲利普——此前人们很少注意过他的存在——到巴黎，并宣布他为法国的新国王。

面对人民的冷漠以及仍然效忠于正统王期的贵族的敌意，新国王向资产阶级请求援助。一项新的选举法把选举人减少到二十万人，资产阶级在政府中占绝对支配地位。

一方面，共和主义者通过他们的秘密社团——类似于大革命时期的民众社团，在 1830 年到 1840 年发动了数次间歇性的暴动，但很快就被镇压了。

另一方面，教士和正统主义者也没有停止他们的阴谋：亨利五世的母亲德贝里公爵夫人在旺代试图起义；至于教士，他们的要求最后使他们变得如此不宽容，竟然发动了一场叛乱，巴黎的大主教官就是在这次叛乱中被毁坏的。

一场支持选举改革的运动在 1848 年演化成一场新的暴动，结果出人意料地将路易·菲利普推翻了。

一个临时政府在巴黎市政厅宣告成立，以代替倒台的君主。它宣布建立共和国，确定普选，并颁布法令要求人民对一个九百人的国民议会进行选举。

在第一次大革命中出现的心理现象如今再度重演，新成立的民众社团的领袖不时地鼓动群众胁迫议会，而其理由通常严重缺乏常识，比如要求政府去镇压波兰的一次起义等。

在拿破仑三世统治的初期，它是一个专制政府；在其后期，则是一个自由主义的政府。他的统治维持了十八年，1870 年 9 月 4 日的起义推翻了帝国，那是色当投降之后发生的事情。

自此以后，革命运动就很少发生了，唯一的一次重要的革命就是 1871 年 3 月的革命，这次革命致使巴黎的许多纪念物被焚毁，处死了两万多名起义者。

1870 年战争以后，选民们在经历了这么多的灾难后显得有些束手无策，他们把大批奥尔良派和正统派的保王党代表送进了议会。由于无法在建立君主制问题上达成一致，他们任命梯也尔为共和国总统，后来又代之以马歇尔·迈克马洪。1876 年的选举，同后来的所有选举一样，大多数共和主义者再次被选进了议会。在此之后的各种各样的议会通常都分裂为数个派别，并由此导致内阁多次更替。

然而，多亏这种党派分裂所形成的平衡，换来了四十多年的相对平静。共和国的四任总统都不是因为革命而倒台的，即使有零星的暴动，也不会造成严重的后果。

1888 年一场声势浩大的支持布朗热将军的民众运动差一点颠覆了共和国，但它最终还是安然无恙地幸存了下来，并成功击败了各个派别的进攻。

目前的这个共和国能够得以维持，有这样一些原因：首先，在相互对立的派别中还没有一个强大到可以压倒其他所有派别的程度；其次，国家首脑只具有象征性，有名无实，所以国家所遭受的不幸无法归咎于他，即使把他推翻了，那也于事无补；最后，由于最高权力分布在数千人手里，责任同时也就分散了，因此很难确定谁是始作俑者。一个暴君很容易就可以被推翻，但是对于一群匿名的小暴君，你怎么来反对他们呢?

因此，国家的暴政不断地得到延伸，这是我们历次革命的最终结果，是我们所知道的法国一切政府体制的共同特征。这种形式的暴政或许可以被看作是一种民族观念，因为法国持续动荡的唯一结果就是这一暴政的强化。国家主义（Statism）是拉丁民族真正的政治制度，其他的政府形式——共和制、君主制、帝国制——都不过只是空洞的标签、毫无意义的影子。

第四章
革命原则的新近发展

一、大革命后民主思想的逐步传播

如果一种理论一旦在人们的思想中稳固地扎下根来，并有坚硬的外壳，那么它就会经历多少代的风风雨雨而不衰，持续地发挥作用。在法国大革命中形成的那些理论也遵循这一法则。

尽管作为一种政府形式而言，大革命的历史是相当短暂的，但是，与之相反的是，大革命的原则却具有持久的生命力，这些原则以一种宗教信仰的形式深深地影响了几代人的情感和思想方向。

虽然几度中断，但大革命却薪火相传，直到今天依然可见其影响：拿破仑的作用不仅在于他颠覆了旧世界，改变了欧洲的版图，再现了亚历山大大帝当年开疆拓土的奇迹，更重要的是，由大革命及其制度所树立的新的人民权利观念已经通过他产生了深刻的影响。征服者军事上的丰功伟绩早已烟消云散，但是他致力传播的革命原则却得以传之后世。

继法兰西第一帝国之后出现的五花八门的复辟，使人们对大革命的原则多少有些遗忘了。在其后近五十年的时间里，大革命原则的传播极为缓慢，有人甚至认为，人民已经完全把这些原则抛之于脑后。只有那么几个理论家还接受革命原则的影响，作为雅各宾派简单主义精神的继承人，他们相信通过法律可以实现社会从头到脚的彻底改造；他们试图说服人们，让人们相信，第一帝国只是中断了大革命的任务，他们希望能够把这项任务继续下去。

他们期待着卷土重来，重整河山，同时，他们致力于以著述的形式传播大革命的原则。作为大革命时期革命者的忠实追随者，这些理论家从来就没有停下来问一问自己：他们的改革计划是否同人类的本性相一致。他们实际上正在为一种理想的人建立一个空想的社会（chimerical society），并且相信，一旦他们的梦想得以实现，人类将经历一次脱胎换骨的转变。

任何时代的理论家都缺乏建设性的设计，他们总是倾向于破坏。拿破仑在圣赫勒拿岛曾断言："即使专制的存在坚如磐石，那些理想主义者和那些理论家也会想方设法地将它碾为粉末。"一大群空想家如星河灿烂，如圣西门、傅立叶、皮埃尔·勒鲁、路易·布朗、基内等，在他们当中，我们发现只有奥古斯特·孔德才懂得态度和思想的转变必须先基于政治的重建。

理论家的改革蓝图绝不是支持了民主思想的传播，恰恰相反地阻碍了它们的传播。有几位理论家声称，社会共产主义（Communistic Socialism）将使大革命的雄风得以重建，结果，这使得无论是资产阶级还是工人阶级都感到恐慌。我们已经看到，对这些念头的恐惧正是导致帝国复辟的主要原因之一。

19世纪上半期，那些作者苦心经营出来的空想主义著作都无足深论，今天，我们对这些观念本身已经不屑一顾了，尽管如此，仔细比较一下宗教观念和道德观念在其中所起的作用，还是非常有趣的。改革家深信，新社会的建立，没有宗教信仰和道德信仰将会一事无成。为此，他们总是孜孜以求建立这样的信仰。

但是，这样的信仰应该建立在什么基础之上呢？答案很明显，当然是理性。既然人们可以通过理性创造出复杂的机器，那么，为什么理性就不能创造出宗教和道德这些表面上看起来如此简单的东西呢？那些改革家都深信宗教或是道德的信仰是以理性逻辑为基础建立起来的。奥古斯特·孔德对这一点再清楚不过了。他曾创立过一个所谓的实证宗教，而且至今还有一些追随者。在这个宗教里，科学家将在一个新教皇的指导下构成新的教士阶级，这个新教皇将取代天主教教皇。

所有这些观念，从长远来看，只能产生一个结果，那就是使群众越来越远离民主原则。

如果那些民主原则最后确实被普遍接受了，那么，它也不能归功于这些理论家，而只能归功于在新的环境中，人们的生活条件得到改善。伴随着科学技术的不断进步，工业得到了进一步发展，并推动了大型工场的建立。经济的扩张逐渐开始支配政府和人民的意志，并最终为社会主义，尤其是工团主义的扩张创造了一个有利的环境，社会主义和工团主义成了民主思想的当代形式。

二、大革命三个基本原则的不均衡发展

我们可以用一个警句完整地概括法国大革命的遗产，那就是，“自由、平等和博爱”。其中，平等原则所产生的影响最为深远，这是其他两

个原则所无法望其项背的。

虽然这些字眼的含义看起来十分清楚，但是，对于它们的理解会随着不同的时代、不同的人而发生改变。我们知道，不同精神状态的人会对同一字眼做出完全相反的解释，这是历史上引发各种冲突的常见原因之一。

譬如，对国民公会的代表来说，“自由”仅仅意味着拥有无限专制的权力；对一个年轻的现代“知识分子”来说，同样的一个字眼就意味着摆脱了那些让人厌恶的东西：传统、法律、高傲等；而对现代的雅各宾主义者来说，自由的意义则主要在于迫害对手的权力。

尽管政治演说家在他们的演讲中，还经常提及自由，但他们已经很少提到博爱了。他们今天要教导我们的不是社会各阶级之间的联合，而是它们之间的冲突。社会不同阶层之间以及领导它们的政党之间从未像今天这样充满了刻骨的仇恨。

自由已经变得疑窦重重，博爱也消失得无影无踪，可是，平等的原则却在肆无忌惮地疯长。在20世纪法国所发生的一切政治变革中，平等原则取得了至高无上的地位，它的发展已经达到这样一种程度，以至于我们的政治生活和社会生活、我们的法律、行为模式以及风俗习惯都必须以平等为基础，至少在理论上是这样的。平等原则构成了大革命的真正遗产。对平等的渴求——不仅是法律面前的平等，还包括地位和财产的平等——正是民主的最新产物，也就是社会主义运动的枢轴。这种渴求尽管与一切生物学和经济学的法则相背离，但它仍然非常强烈，以致在社会各个方面散布开来。一度中断的情感与理性之争，由此进入了一个新的阶段；不过，始终立于不败之地的是情感而非理性。

三、知识分子的民主与大众民主

到现在为止，一切发生巨变的思想观念都遵循两条规律：一条是，这些思想的演变非常缓慢；另一条是，它们的意义将随着接受其精神状态的不同而发生彻底的变化。

一种学说就好像是一个生物体，它只有进化以适应环境，才能得以存活：对那些瞬息万变的事物，著作是不可能做出及时回应的，所以，它们所代表的事物发展的阶段只能属于过去。著作无法反映活生生的现实，而只能反映那些死寂的东西：一种学说的书面陈述常常代表了该学说中最没有生气的部分。

我在另一本著作中已经作过探讨，制度、艺术以及语言这些要素在由一个民族向另一个民族传播的过程中是如何发生变化的；我还探讨了这些变化所遵循的规律与书本中所描述的真理是如何不同。我现在提起这个问题仅仅是为了说明，在讨论民主思想时，为什么我们很少会把注意力放在反映这一学说的文本上，以及为什么我们只关注隐藏在民主思想背后的心理因素和这些心理因素在接受了民主思想的各式人中激起的反应。

首先，我们来对大众的民主考察一下。我们得知，书本或期刊上的民主思想仅仅是来源于文人的抽象理论，民众对它们完全不了解，而且，这种理论的实现不会给民众带来任何东西。尽管从理论上说，工人可以通过一系列的竞争，冲破他们与上层阶级之间的网罗，从而进入上流社会，但是，现实生活中又有多少人能够做到这一点呢？

建立一种选择机制，就是知识分子民主的唯一目标，以便从他们当中挑选精英，充当领导阶级。如果选择是真实的，那么，这种民主本无可争议，它恰好证明了拿破仑的那句格言：“统治的真正方法就是雇用精英，但必须在民主的形式下进行。”

不幸的是，知识分子民主只能导致一小撮专制寡头的神圣权力代替国王的神圣权力，它的狭隘与暴虐有过之而无不及。自由之花并不会因此而绽放。

大众民主决不会以选举统治者为目标，平等精神和改变工人命运的渴望已经完全支配了它，因此，大众民主不接受博爱的观念，也没有太多的热情显示在自由方面。除非是在独裁制度下，否则政府是不可能实现大众民主的。因此，我们看到在历史上，大革命以来的所有专制，政府都受到了普遍热烈的欢迎；而在今天，工人阶级的公会也是按照独裁的方式运作的。

情况一直如此，而且这也正是从柏拉图时代到我们这个时代的大思想家从来就没有谁拥护过大众民主的原因。埃米尔·法盖对这一事实极为震惊，他指出：“几乎所有的19世纪思想家都不是民主主义者。当我写《十九世纪的政治思想家》一书时，这令我十分沮丧。我找不到什么人曾经是民主主义者，尽管我挖空心思想要找到这么一位，以便我能介绍他所阐述的民主学说。”

当然，他也可以找到大量的民主主义的职业政治家，但是，这些职业政治家同时也是思想家的凤毛麟角。

四、天赋不平等与民主平等

当今时代最难解决的问题之一，便是民主平等与天赋不平等之间的调和问题。我们知道民主渴望的是什么，现在就让我们来看一看自然（Nature）是如何回应这些要求的。

从古代希腊英雄时代一直到当代，民主思想曾多次激荡全球，但它却总是与天赋不平等发生冲突。一些观察家认为人与人之间的不平等是由教育造成的。

事实上，自然并不知道什么是平等，它从不均匀地赋予人们以天才、美貌、健康、活力、智力以及所有那些使一部分人比其他人优越的能力。

这些差异并不是理论所能改变的，因此，民主学说将只能停留在字面上，除非遗传的法则可以让人类在能力上实现整齐划一。

自然不但不知道如何促进平等，而且，自创世以来，它始终借助连续的差异，也就是说，借助逐渐的不平等，从而实现进步。恰恰是这些不平等才使得早期地质时代那些低微的细胞进化为高等生物，这些高等生物的出现改变了地球的面貌。

同一种现象也发生在社会当中。那种从平民阶级（popularclasses）中挑选优秀分子的民主形式，最终将导致知识贵族的产生，这一结果与那些抽象的理论家的梦想是相矛盾的，他们的梦想在于将社会中的精英分子贬低到一般人的水平。

自然的法则虽然与平等理论矛盾，却为现代社会的进步提供了机会。科学和工业要求越来越多地考虑知识的作用，由此而产生的精神上的不平等和社会地位的差别必然会进一步扩大。

因此这样一个显著的现象摆在我们眼前：法律与制度试图拉近个人之间的差距，而文明的进步则倾向于进一步扩大个人之间的差距。封建制度下的农民与男爵在知识上的差异并不是很大，但工人与工程师之间的差异却太过明显了，并且，这种差异正在与日俱增。

当能力成为促成进步的主要因素之后，每一个阶级中那些精明强干之士的地位就会直线上升，而那些庸庸碌碌的人则只能维持原状，或者每况愈下。必然性之所属，势不可当，法律又能做些什么呢？

那些无能之人声称自己在数量上占据优势，因而也就在力量上占据了优势，这无异于掩耳盗铃。优秀的大脑所做的工作将使所有的工人受益，一旦没有了这些大脑，他们将很快坠入贫穷与无政府的深渊。

在现代的文明社会当中，精英的重要角色似乎太过显而易见了，以至于无须过多强调。一个民族，无论是文明还是野蛮，其一般民众皆为平庸之辈，在这一点上，各民族之间相差无几，而前者唯一的优势就在于它所拥有的那些优秀的大脑。美国人对此有深刻的认识，所以，他们禁止中国工人移民入境，因为这些中国工人与美国工人在能力上是接近的，但他们要求的工资较低，这将对美国本土工人构成强大的竞争。虽然如此，我们还是看到，群众与精英之间的对抗性越来越强。精英在今天显得尤为重要，但也没有哪个时代的精英像今天这样难以为继。

科学、艺术以及工业的进步使一个国家的实力得到增强，促进了成千上万名工人过上幸福的生活，而这还是得益于一小部分优秀的大脑。

设想一下，如果发生什么奇迹使得社会主义早在一百年前就被人们广泛地接受了，那么，会出现什么样的后果呢？风险、投机、首创精神都将受到压制，进步将是不可能的。那些劳工还将一如既往地贫困下去；人们所获得的将只是一种一群平庸的心灵出于嫉妒而渴望实现的贫穷中的平等。人类永远都不会为了满足如此低劣的理想而终止文明的进程。

第五章
民主演进的结果

一、非理性价值对社会进化的影响

自然的法则与民主的热望并不协调；这一事实从来就没有使人们心目中的教条发生过动摇，被信仰所支配的人是不会为民主的真正价值所困扰的。

研究一种信仰的哲学家就不得不探讨它的合理性内容，但他更关心的是这种信仰对普通人的影响。

如果用理性来解释历史上曾经出现过的伟大信仰，那么，这一对比的重要性立刻就会显现出来。诸如名目繁多的神祇，如果以理性观点来看，它们仅仅是一些幻想而已，然而，它们对人类生活所产生的影响却是不容小觑的。

这一对比同样也适用于中世纪流行的诸多信仰。虽然都是些幻想，但它们却产生了深远的影响，就好像它们与现实完全吻合。

若有人怀疑，就请比较一下罗马帝国的统治和罗马天主教会的统治吧。前者的统治是相当务实的、脚踏实地而丝毫没有掺杂任何幻想的东西，而后者虽然纯粹建立在空想的基础之上，但它却是完整而强大的。

在中世纪的漫漫长夜中，正是由于教会的统治，那些半野蛮的民族才接受了社会的约束和规范，并形成了自己的民族精神——没有这种民族精神，文明自然也不会有。

教会所拥有的力量再次向我们证明，某些幻想的力量相当之强大，它甚至足以使人们产生一些与个人利益甚至是社会利益截然对立的情感。

在接下来的章节中，我们将从哲学的角度来审视民主的演进所带来的后果。我们看到，民主正在加速其演进的过程。对于中世纪的教会，它拥有一种能够深刻地影响人们心理状态的力量。在考量民主学说所导致的某些后果时，它们的力量丝毫不逊色于教会的力量。

二、雅各宾精神与民主信仰的心理

当今一代的雅各宾主义者不但继承了雅各宾派的革命原则，而且也继承了促使他成功的特殊心理状态。

在我们考察雅各宾精神（Jacobin spirit）时，我们曾经描述过这种心理状态，我们看到，它总是试图通过暴力推行其自以为真实的幻想：在法国以及其他一些拉丁国家，雅各宾精神最终变得如此普遍，以至于所有的政党都受到了它的影响，甚至包括那些保守的政党：不但资产阶级深受它的影响，而且，普通大众更是有过之而无不及。

这种雅各宾式的不宽容（Jacobin intolerance）流毒甚广，以致统治者常常肆无忌惮地采取最革命的手段来对待他们的敌人：任何一个政党只要稍加反抗，就会遭到残酷的迫害，甚至会被剥夺财产。直到今天，我们的那些统治者，其一举一动还同古代那些征服者如出一辙，被征服的人别指望从胜利者那里得到任何宽宥。

不宽容绝不是只存在于社会下层阶级，在统治阶级之间，同样盛行不宽容。米什莱早就指出，有教养的阶级实施的暴力常常甚于普通大众。当然，这些人并不会去砸毁街灯，但是，他们却足以使人人头落地。在革命的过程中，最激烈的暴力莫过于有教养的中产阶级所实施的暴力，比如教授、律师等。人们常常以为接受过古典教育的大学教授一定是温文尔雅的，但是，从他们今天的所作所为来看，情况并非如此。如果你去读一些高水平的期刊，你就会对我刚才所说的确信无疑了。

这些人的著作同他们的文章一样，对暴力的溢美之词充斥其中，人们不禁感到奇怪，这些命运的宠儿内心隐藏的仇恨怎么会如此之多呢？

他们信誓旦旦地向我们保证说，他们是受到了一种强烈的利他主义（altruism）热情的驱使，但这一点非常引人困惑。我们更愿意相信，抛开狭隘的宗教心理（religious mentality）不说，希望受到当权者的注意或希望得到一种有利可图的声望，才是他们在作品中竭力鼓吹暴力的唯一可能的解释。

在我以前的一部作品当中，我曾经从法兰西学院一位教授的著作中摘录了几段文字。在那里，作者对资产阶级加以抨击，并竭力煽动人民剥夺他们的财产，我还得出一个结论，那就是，在诸如此类著作的作者当中，一场新的革命很容易就会找到它所需要的马拉、罗伯斯庇尔和卡里埃等人。

雅各宾主义的信仰（Jacobin religion）同古代的信仰一样，对那些低能的心智具有强烈的吸引力，这些人被信仰蒙蔽了眼睛，他们相信理性是自己的指南，然而事实上，真正让他们心驰神往的只是他们的激情和冲动。

因此，民主思想的演进不仅产生了我们在前面已经提到的各种政治后果，而且它还对现代人的心理状态产生了巨大的影响。任何人在社会财富或智力上只要一超出了中等人的水平，就会招来嫉恨。这种对优越性的仇恨心理今天仍盛行于社会的所有阶级当中，从下层的工人阶级到上层的资产阶级无一例外。导致的结果就是嫉妒、诽谤、好斗、嘲讽、迫害、愤世嫉俗以及对正直、无私和知识的不信任。

在法国，从最普通的公民到那种有深厚涵养的名流，他们之间的交谈无不充满了对一切事物、一切人的诋毁和辱骂之词，甚至连那些最伟大的死者都在劫难逃。从来没有出现过这么多贬低著名人物丰功伟绩的书籍，哪怕这些人曾经被视为我们这个国家最宝贵的财富。

嫉妒和仇恨似乎在任何时候都与民主理论牵扯不清，但是这些感情从未像今天这样肆意蔓延，它让任何观察者都感到触目惊心。

其他的一些后果虽然带有间接性，但其意义之深刻毫不逊色。所有的这些影响均以一种普遍的不服从和无政府状态的形式表现出来。

社会运动继之而来，它就像一台加速运转的机器，因此，这种感情的结果将变得更加重要。这种感情在那些后果日趋严重的罢工事件当中一次又一次地暴露。

这里所引征的言论只是叙述了众所皆知的一些事实，它向我们表明：共和政体最坚定的支持者自己都认识到了社会的无序化发展。每个人都看到了这一事实，但人们也都意识到，既然到了这种地步，谁都无可挽回。实际上，这一局面完全是由心理影响造成的，它的力量远远超越了我们意志的力量。

第六章
民主信仰的新形式

一、工人阶级的发展和工团主义运动

当今社会最重要的民主问题或许源自工人阶级近来的发展，而这种发展正是由工团主义运动或公会运动造成的。

由具有共同利益的人组合在一起的集体，我们就称它为工团主义，几乎在所有的国家里，工团主义都获得了迅速的发展，以至于我们可以把它看作是一种全球性的运动，某些工团组织的财政预算甚至与一些小国比肩而立。

劳工运动（labour movement）在每一个国家都取得了不同程度的发展，这种发展表明，它并非乌托邦理论家的幻想，而是经济发展的必然结果。从它的目标、手段及其发展趋势来看，工团主义与社会主义之间，没有任何亲缘联系。在《政治心理学》（*Political Psychology*）一书中，我对此已经作了详细的论述，因此，这里我只想简要地回顾一下这两种教义之间的区别。

如果说工团主义在世界各地的扩张是以社会主义的萎缩为前提的话，那么，我再重复一遍，这仅仅是因为这种合作运动综合了现代工业专业分工所带来的某些需要。

无论处于怎样的环境下，我们都可以看到工团主义的诸多表现形式。在法国，它取得了巨大而深远的影响。由于工团主义在法国采取了革命形式——这一点我们前面已经提到，所以，它落入了无政府主义者的掌控之中，至少暂时还是这样。无政府主义者对工团主义以及其他任何形式的组织本身都不太感兴趣，他们仅仅是想利用新的学说来达到破坏现代社会的目的。无论是社会主义者、工团主义者还是无政府主义者，虽然他们在指导思想上看起来有很大不同，但是，统治阶级的暴力镇压和对他们财产的掠夺使他们有了共同的最终目标，他们因此而走到了一起。

工团主义者的学说与大革命的原则没有任何关系，甚至可以说它在许多方面与大革命是完全对立的。更确切地说，工团主义代表了向集体组织形式的一种回归，它类似于大革命期间被禁止的那些行业协会或社团。因此，工团主义所构成的这种联合正是大革命所谴责的，工团主义坚决反对大革命所建立起来的国家中央集权。

工团主义对自由、平等、博爱等民主原则没有任何兴趣，工团主义者要求其成员绝对服从纪律，这就等于取消了一切自由。

由于这些辛迪加组织还没有足够的力量在相互之间施加暴虐，所以，它们目前还表现出相互尊重的情感，勉强还可称得上博爱。但是，一旦它们强大起来，它们之间的利益对立必然会导致冲突的发生，就像古意大利共和国时期的行会组织那样，到那个时候，目前的博爱很快就会烟消云散，平等转瞬之间被最强有力的一方施加的专制所取代。

这样一种黯淡的前景看来已经为时不远了。新的力量在迅速增长，政府在它面前显得软弱无力，只能通过不断的让步和屈服聊以自保：让步这一可耻的策略一时半会儿或许派得上用场，但从长远考虑这样的危害甚大。

然而，最近，当矿工协会（MineIB' Uruon）威胁要举行罢工使英国的工业生产陷于停顿的时候，英国政府不得不在无奈之中被迫采取这种妥协退让的办法。协会为其成员要求最低的薪资保障，却不受最低工时的限制。

我们面对的是一个奇怪而危险的景象：区区一个俸禄居然威胁要让一个地区赖以生存的商业和制造业陷于瘫痪，并且，它确实在很大程度上做到了这一点。

在现有的法律条件下，矿工所拥有的力量几乎是无穷的，我们从来就没有见过与之相匹敌的力量。封建制度下的男爵能实施这样一种暴政吗？有哪个美国的托拉斯组织在行使其合法的权利时能够如此蔑视普遍利益呢？我们的法律、社会组织以及各行各业之间的密切联系已经达到了一种相当完美的程度，但是，同它还在比较粗陋的时候相比，它使我们的先辈更加容易受到重大的威胁，就像我们目前这样……当前，我们正目睹这一势力的首次示威，如果我们对此稍有疏忽，它将吞噬整个社会……政府对矿工的无理要求表示屈服，这一态度解释了某些事实，那些反抗社会的人正在取得胜利。

二、当代的一些民主政府何以会逐渐演变成官僚政府

今天，由民主思想所带来的无政府主义和社会冲突正在把一些政府

推向一个难以预料的发展过程，这一过程将使政府最后只能保留一种有名无实的权力。对于这一发展过程，我将简要地指出它的影响。专横的必然性依旧是控制事件发展的主要力量，在它的压力下，政府权力被褫夺的过程自然而然地受到了它的影响。

现在，民主国家的政府是由那些通过普选产生的代表组成的。这些代表投票，通过法律，从他们当中任命和撤换部长，并且临时行使行政权。这些部长自然是经常变动的，这是投票的要求；由于他们的继任者属于一个不同的政党，所以他们将根据不同的原则进行统治。

对这一现象的解释是很简单的，它源于这样一个事实，即那些表面上进行统治的部长，实际上只能在一个非常有限的范围内治理国家；他们的权力受到了严格的制约和支配，仅限于发表一些几乎没人关注的演说，并处理少数无关紧要的事务。

内阁部长这一表面的职权，既没有权威，也不可能持久，不过是政治家的傀儡罢了，但在其背后，却有一种隐藏的力量在暗地里发挥着作用，它的权力正在持续增长。这种神秘的力量来自惯例、特权阶层和连续性，那些部长很快就会发现，他们是根本无法同这一力量相抗衡的。在行政机器中，职责被分割得七零八落，以至于一位部长根本就不会发现有什么重要的人物在反对他。他一时的冲动将受到一个由规章、惯例以及法令构成的网络的钳制，因为他随时需要利用这一网络，并且，他自己对它所知甚少，因而根本就不敢对它稍有违背。

政府的公务员阶层为这一法则的真实性提供了一个鲜明的证据：他们得势以后，就开始变得不可一世，不时发出威胁，甚至举行罢工。因此，行政部门的权力在国家中形成了一个小的“国中之国”，并且，如果按照现在这样的速度发展下去，它很快就会成为国家中唯一的权力。在一个社会主义的政府中，将不存在其他任何权力。因此，我们所有的革命都将导致国王的地位和权力的剥夺，以便将权力和地位赋予那些不负责任的、无名而专制的政府雇员阶层。

我们不可能预见到所有那些可能给我们的未来带来阴影的冲突，乐观主义和悲观主义都是我们应该避免的；只能说，这是一种需要，它最终会为各种冲突的事物带来平衡。世界平和地按照它自己的旨意运行，而不管我们那些信誓旦旦的豪言壮语。或早或晚，我们都得设法使自己去适应环境的变化。困难是如何能尽量地避免更多的摩擦，尤其是要摆脱那些空想家的白日梦。他们即使没有力量重新建设世界，却总是竭力想颠覆世界。

雅典、罗马、佛罗伦萨以及其他许多城市都曾在历史上盛极一时，但它们最后都成了这些可怕的理论家的牺牲品，无论在何时何地，它们都导致了同一种后果，那就是：无政府状态、独裁和衰落。

但是，这些沉痛的教训并没有警醒当代为数众多的革命家，由他们的野心所激发的运动将会把他们自己吞没，他们却对此浑然不觉。所有这些乌托邦主义者唤醒了群众心目中依然泯灭的希望，刺激了他们的欲望，并且侵蚀了多少个世纪以来慢慢建立起来的对群众构成约束的堤坝。

盲目的群众与少数精英之间的斗争是人类历史上连绵不绝的事实之一，历史多次证明，失去平衡的人民主权的胜利是一种文明行将结束的显著特征。精英从事创造，而平民则倾向于破坏；前者一旦失势，后者紧跟着就开始了其钟爱的工作。

伟大的文明要想繁荣昌盛，首先就必须控制住它们所包含的低劣成分。一种民主的暴政所导致的无政府状态、独裁、扩张以及最终独立的丧失，不只是在古希腊才会发生；个人的暴政常常产生于集体的暴政。

在伟大的罗马，它完成了第一轮循环，在野蛮人的统治下，它完成了第二轮的循环。

我们在本书中研究了历史上重大的革命，但我们特别关注所有的这些革命中最重要的一次，即法国大革命。这场革命席卷了整个欧洲达 20 年之久，其影响至今余音未绝。

法国大革命为心理学提供了一个取之不尽的文献资源，任何时代都不可能在这么短的时间内积累如此丰富的经验。

我在各种不同的著作中所详细论述的那些原则，无一不可在这场伟大的戏剧中找到无数的例证，这些原则包括大众心理的短暂性、民族精神的持久性，信仰的作用，神秘主义因素、情感因素和集体因素的影响以及各种形式的逻辑之间的冲突等。

在国民公会当政期间，类似的悖论更是随处可见。国民公会的绝大多数成员都痛恨暴力；作为多愁善感的哲学家，他们热烈地呼唤自由、平等和博爱，但结果却是以最可怕的专制而告终。

在督政府统治时期也出现过同样的悖论。一开始，议会的意图是极为温和的，但它们却不断地通过血腥的政变来达到自己的目的；它们希望重建宗教和平，但最终却把成千上万的牧师送进了监狱；它们打算在法兰西的废墟上重整河山，但结果却适得其反，徒然地增加了废墟的数量。

因此，在革命时期，人们的个人意志与他们所组成的议会的行为之间存在着根本的矛盾。

真实的情况是：投身革命的人常常会受到一种无形力量的支配，使他们身不由己。尽管他们相信自己是按照纯粹理性来行动的，但实际上，他们接受的是神秘主义、情感以及集体要素的影响。他们自己当然不可能认识到这一点，而我们也不过是直到今天才开始理解的。

大革命的始作俑者不甘心接受人类本性的事实，在人类的历史上，他们第一次试图以理性的名义来改造人和社会。

任何一项以此为使命的事业，从一开始就要注定失败。那些声称能够改变人性的理论家，必然要动用一种超过以往任何一位暴君的权力。

然而，纵使他们拥有这种权力，即使革命军队取得了胜利，他们用尽了严刑酷法和接连不断的镇压，大革命留给人们的却只是一堆又一堆的废墟，并且最后不得不以独裁统治而告终。

既然经验对教育人民来说是必不可少的，那么，这样一种尝试变得毫无意义，至少我们可以从中吸取一些教训。如果没有大革命，对这一点我们恐怕很难证明，即完美的理性并不能改变人性，因而，没有一个社会能够根据立法者的意志进行重建，哪怕他们拥有绝对的权力。

民主权的原则，改革者才试图将他们的教条强加于人。在领袖的引导下，人民不断地干涉议会的决议，并犯下了最残忍的暴行。

大革命时期的大众史具有不同寻常的教育意义，一方面，它让我们看清了那些赋予大众精神以一切美德的政治家的谬误所在；另一方面，大革命的历史也在告诉我们：作为一个民族，一旦从作为文明之根基的社会制约中解脱出来，放任其本能的冲动，它很快就恢复到原来的状态，再现其祖先的野性。每一场取得胜利的大众革命都是向野蛮主义的一次暂时回归。如果 1871 年的巴黎公社持续下去的话，它就可能再次上演恐怖的一幕。由于它没有足够的力量杀那么多的人，所以它只好将首都的珍奇无比的纪念物付之一炬。

各种心理力量一旦从那些用以约束它们的枷锁中释放出来，就会发生冲突，大革命正好体现了这样一种冲突。大众的本能、雅各宾主义的信仰、古代的影响、欲望、爆发的热情，所有这些因素导致人们陷入了一场长达十年之久的激烈冲突当中，在这10年的时间里，法兰西血流成河，给我们留下的，只是一座废墟城市。

从长远来看，这似乎就是大革命的全部结果。法国大革命是人类历史上绝无仅有的大事件，因此，只有借助于分析，才能理解和领会这一伟大戏剧的实质，为我们展现不断激励着其主角的动机。在正常情况下，人们受到各种形式的逻辑的支配，这些逻辑包括理性逻辑、情感逻辑、集体逻辑以及神秘主义逻辑，它们之间或多或少能够达到一种完美的平衡，但在大变革时期，这些逻辑发生了冲突，于是，人们也就变得不是自己了。

在本书中，我们绝没有低估大革命在争取人民权利方面所取得的某些成果的重要性。然而，和其他许多历史学家一样，我们必须承认，这些成果所付出的代价，是废墟和流血；它们本来可以在稍晚的时日里通过文明的自发进程毫不费力地获得。为了赢得这几年的时间，我们经历了怎样的物质灾难和道德瓦解啊！直到今天，我们仍然在承受道德瓦解的后果。载入史册的那些残忍暴行将很难从人们的记忆中抹掉，至少今天尚存。

我们今天的年轻人更愿意采取行动，而不只停留于思考上。对于哲学家枯燥乏味的学术研究，他们不屑一顾：那种连物质的本质特征还没有弄明白的空洞思考，怎么可能会引起他们的兴趣呢？

敏于行动自然是一件好事，一切真正的进步都是行动的结果，但只有受到恰当指引的行动才是有益的。大革命时代的人都是对行动的重要性确信无疑的人，然而，他们却把幻想作为行动的指南，结果最终犯下了灾难性的大错。

对事实不以为然的行动常常不会是有利的，它声称要剧烈地改变事件的进程，但人们不能把社会当作实验室中的仪器用来做实验。我们所经历的政治剧变向我们表明，为这样的社会错误所付出的代价之惨重。

在当前的情况下，进行这样的实验几乎毫无好处。空想家在追求他们自己的梦想时，也激发了群众的欲望和热情，各个民族每天都在扩军备战。所有的人都感到在目前世界范围的竞争当中，弱小的民族几乎无立锥之地。

在欧洲的腹地，一个可怕的军事大国正在崛起：其力量正在不断增强；它渴望支配世界，以输出商品。它不久将无力养育本国逐渐增长的人口，它要为这些人口寻求生存的空间。

如果我们继续为政党纠纷、国内的明争暗斗、无聊的宗教迫害以及束缚工业发展的法律所困扰，内耗使我们的凝聚力减弱，那么，我们不久将要失去在世界上的优势地位。我们将不得不让位给那些更加团结的民族，它们能够使自己适应自然的必然性（natural necessities），而不是像我们这样妄图开历史的倒车。现在不是过去的重复：虽然在历史发展的细节中充满了不可预见的因素，但其发展的主线却遵循着永恒的法则。